PROMENADE

HISTORIQUE

DANS PARIS

ÉDOUARD FOURNIER

PROMENADE
HISTORIQUE
DANS PARIS

NOUVELLE EDITION

PARIS
E. DENTU, ÉDITEUR
3 ET 5, PLACE DE VALOIS, (PALAIS-ROYAL)
1894

PRÉFACE DE L'ÉDITEUR

—

Ce n'est pas un ouvrage inédit que nous offrons au public: le texte de cet ouvrage figure au chapitre III d'un très remarquable in-folio illustré publié, il y a trente ans, par Charpentier, de Nantes, sous le titre « *Splendeurs de Paris* »; c'est de cet in-folio que nous l'avons distrait pour en faire l'in-18 qui nous paraît appeler à compléter heureusement la collection des œuvres d'Édouard Fournier sur Paris.

Dirigée et, pour ainsi dire, illustrée par l'aimable érudit que fut Édouard Fournier, cette « *Promenade historique dans Paris* » offrira un réel in-

térêt aux amis de notre vieille capitale:
ils y cueilleront de piquantes anecdotes
de curieux renseignements sur les quartiers, les hôtels célèbres, les personnages historiques ; ils revivront, en
compagnie et sous la conduite de leur
savant et spirituel cicérone, le Paris
d'autrefois, si cher au culte de tous les
fervents de notre histoire nationale.

Si, à mesure que la grand'ville se
transforme, les souvenirs qui se rattachent aux vieilles rues démolies, aux
vieilles maisons effondrées, s'effaçaient
complètement et à jamais, ce que nous
appelons le progrès serait bien près de
la barbarie. « Heureusement, a dit
Théophile Gautier, il est des hommes
érudits et patients qui prennent note de
chaque pan de muraille renversé et conservent l'histoire de chaque pierre célèbre : ainsi fait Edouard Fournier ; il sait
où étaient la vieille maison d'Héloïse et
l'antique hôtel des Ursins habité par

Racine, le logis qui vit s'exhaler l'âme romaine du grand Corneille, le pavillon sur lequel Beaumarchais avait mis une plume en guise de girouette et d'enseigne : tout ce qu'efface le progrès profanateur, il l'écrit religieusement. »

C'est sous ce haut patronage de Théophile Gautier que nous présentons à nos lecteurs l'ouvrage « *Promenade dans Paris* » ; il leur rappellera, d'une façon saisissante et non s. ns leur laisser parfois une pointe de regret, ce que notre siècle a dû renverser dans sa marche impitoyable vers le progrès.

I

L'arc-de-triomphe. — Ses vicissitudes. — Commencé en 1806 il n'est terminé que le 29 juillet 1836. — Paris du sommet de l'arc-de-triomphe.

Il n'est pas une ville dans le monde qui puisse se vanter d'une entrée comparable, pour la majesté et pour la grandeur, à celle que présente Paris, lorsqu'on y arrive par la *barrière de l'Etoile*. Jamais capitale ne s'annonça mieux elle-même, et ne promit aussi bien dès l'abord ce que plus loin elle devra si magnifiquement tenir comme variété d'aspect, comme étendue et animation dans la perspective, comme splendeur monumentale. *L'arc de triomphe de la Grande Armée*, car c'est là son vrai nom, est sans doute l'hommage le plus grandiose qui pût être rendu à la gloire guerrière. Ainsi considéré, ce monument frappe et impose, mais si on l'examine à son point de vue véritable, c'est-à-dire comme entrée de Paris, et, passez-moi ce mot tout architectural, comme frontispice de la ville immense, il faut peut-être encore l'admirer davantage.

Ce qu'il y a d'étrange, c'est que cet édifice, qui tient sa plus incontestable beauté de l'unité de son ensemble et de l'art savant avec lequel ont été réglées les proportions de la masse, a subi, pendant les phases si longues et si diverses de sa construction, toutes les vicissitudes qui devaient mettre le trouble dans son ordonnance monumentale, et substituer aux mérites que nous reconnaissons ici, les défauts les plus contraires. Hésitation pour l'adoption des plans, contestations entre les architectes, car on avait eu d'abord la malheureuse idée d'en nommer deux, Raymond et Chalgrin, pour cette seule construction ; changement de direction, interruptions des travaux, rien en un mot, depuis le 1er frimaire an VI, date du premier projet, jusqu'au 29 juillet 1836, époque où, sauf le couronnement, il put être considéré comme achevé et fut inauguré, rien, dis-je, n'a manqué à l'arc de triomphe de l'Étoile sous le rapport de ces vicissitudes, mortelles pour l'art, dont je parlais tout à l'heure.

Il y eut pour le nom à lui donner des hésitations et des variations à l'avenant du reste. D'abord, en l'an VI, lorsqu'on eut la première idée d'un arc de triomphe, il devait être élevé en souvenir des victoires remportées par nos soldats au-delà des Alpes, et occuper une place, porter un nom qui pussent les rappeler. On avait dessein de le bâtir à la barrière d'Italie. En 1806, quand l'idée fut reprise, l'Empereur pensa de même à glorifier par ce gigantesque trophée nos grandes victoires transalpines, mais c'est aux dernières, aux plus décisives qu'il songeait. D'après une note, dictée par lui, le 14 mai, à M. Barbier, son bibliothécaire, le monument devait être appelé *arc de Marengo*. Ce n'est plus alors à la barrière d'Italie que son emplacement était marqué, mais sur le grand espace laissé vide par la démolition de la Bastille. Le projet fut soumis à l'Académie des Beaux-Arts, qui ne blâma que la place choisie. L'Empereur reconnut la justesse de la critique, et adopta définitivement, pour y asseoir l'arc de triomphe, le sommet du monticule qui domine si heureusement la grande avenue des Champs-Élysées, emplacement prédestiné pour ainsi dire, et qui, juste vingt ans auparavant, avait déjà semblé si favorable à l'architecte Ledoux, que de tous les pavillons de barrière bâtis par lui pour clore la nouvelle enceinte, ceux qu'il avait construits là étaient de beaucoup les plus beaux, comme grandeur, et même, en dépit de quelque bizarrerie de détail, comme apparence monumentale.

Une fois l'idée bien adoptée, les travaux commencèrent avec ardeur ; on voyait que l'Empereur avait commandé. Raymond et Chalgrin se disputaient toujours au sujet du plan à suivre, mais le maître avait parlé, et l'on poussait l'ouvrage sans attendre que ces Messieurs se fussent entendus. On avait déjà posé la quatrième assise des fondations, lorsqu'on se souvint que la cérémonie indispensable, surtout pour une construction de cette importance, la cérémonie de la pose de la première pierre, avait été complètement oubliée. Que faire ? Y suppléer à bas bruit, sans appareil. Les ouvriers choisirent un jour solennel, le

15 août, fête de Napoléon, et, sans rien dire aux architectes, auxquels même, il pensèrent si peu que, comme vous l'allez voir, ils oublièrent de rappeler leur nom, ils taillèrent, en forme de bouclier hexagone, une des larges pierre de Château-Landon, qui servirent pour toute la construction, et y gravèrent ces lignes : «*L'an mil huit cent six, le quinzième d'août, jour de l'anniversaire de la naissance de Sa Majesté Napoléon-le-Grand. Cette pierre est la première qui a été posée dans la fondation de ce monument. Ministre de l'intérieur, M. de Champagny.*» L'inscription de cette soi-disant première pierre, venant après la quatrième assise, n'est pas, vous en conviendrez, de la plus stricte exactitude, et notre arc de triomphe ment, quelque peu par la base ; mais, qu'importe, si la gloire qu'il consacre est une vérité. D'ailleurs, qui donc y regardera jamais ?

Pour mettre fin aux fâcheux démêlés qui avaient sans doute été la principale cause de l'omission du nom des architectes, Raymond donna sa démission, et céda ainsi toute la place à Chalgrin, dont le plan, qui a été presque complètement suivi, était d'ailleurs bien préféra-

ble au sien. Celui-ci toutefois avait perdu
à ces débats l'honneur de ne pas être
nommé sur la première pierre. Il eut le
malheur plus grand de ne pouvoir achever son œuvre. Il mourut le 20 janvier
1811, après s'être donné, lors du mariage de Napoléon et de Marie-Louise,
le chétif plaisir de suppléer à ce qui
manquait pour l'achèvement du monument, par une haute carcasse de charpente et de toile peinte. Il y avait eu ce
jour-là, dans l'arc de triomphe simulé,
plus de carton que de pierre, car la
construction définitive n'avait encore été
poussée que jusqu'à la corniche du piédestal. L'ardeur, comme vous voyez, s'é-
tait donc bientôt éteinte de ce côté ;
disons mieux, l'argent avait bientôt
manqué : ce qu'on destinait au monument
des anciennes victoires avait été dé-
voré par des victoires nouvelles. Goust
ne fut pas plus heureux que Chalgrin,
auquel il avait succédé. Les défaites arrivèrent, et l'arc de triomphe en souffrit
comme le reste, davantage même. Il
n'était plus qu'une ironie, et plutôt que
de l'achever, on eût rasé ce qui était
sorti de terre à si grand peine.

La Restauration le délaissa pendant

neuf ans, En 1823, l'expédition d'Espagne et la prise du Trocadéro ramenèrent tout-à-coup la pensée du Gouvernement vers cette jeune ruine oubliée sur les hauteurs de l'Étoile. On reprit le projet de l'achever pour le nouveau triomphateur, le duc d'Angoulême. Une ordonnance royale fut rendue, un architecte fut nommé, c'était M. Huyot, et la construction, brusquement arrêtée à la naissance du grand arc, dut désormais marcher sans interruption. Malheureusement, M. Huyot voulut remettre en œuvre quelques-unes des idées de Raymond. Il parla de modifier le plan trop simple de Chalgrin, en introduisant dans la décoration de chacune des faces quatre colonnes engagées. Il eut pour ce projet qui ne manquait pas de richesse et d'élégance, l'aveu de tous les artistes, mais non pas celui de M. de Corbières, ministre de l'intérieur, dont la parcimonie s'émut du surcroît de dépense qui devait en résulter. M. Huyot tint bon, mais n'aboutit qu'à se faire destituer. Après un intérim qui fut rempli par une commission de quatre architectes, MM. Fontaine, Gisors, Labarre et Debret, et pendant lequel fut exécuté le grand imposte décoré

de grecques, il fut réintégré. Il le devait
à la chute de M. de Corbières et à l'avé-
nement de M. de Martignac. Le ministre
était changé, mais l'économie restait la
loi du ministère. Aussi le projet coûteux
de l'architecte ne rentra pas en grâce en
même temps que lui. Forcé lui fut de
s'en tenir au plan de Chalgrin. Cette fois,
il se soumit.

La révolution de Juillet changea la
destination du monument qui fut rendu
aux gloires de la Grande-Armée, mais
laissa en place M. Huyot. En juillet 1833,
il avait conduit la construction jusqu'au-
dessus du grand entablement, il faisait
poser les premières pierres de l'attique,
et tout semblait l'assurer qu'il achèverait
l'œuvre, quand une nouvelle disgrâce
vint le frapper; M. Blouet lui succéda.
C'est à lui qu'est échu le bonheur de
mettre la dernière main à ce grand ouvrage ; ce qu'il fit en restant presque
entièrement fidèle au plan de son prédécesseur.

Depuis 1836 l'arc de triomphe est
achevé. Il ne lui manque plus que son
couronnement, ajourné jusqu'ici par l'embarras où l'on s'est trouvé pour le choix
à faire dans les nombreux projets sou-

mis au Gouvernement. Adoptera-t-on
l'idée de M. Huyot, qui voulait, surmon-
ter l'attique de gigantesque figures iso-
lées sur le ciel et représentant les grandes
villes de France ? Placera-t-on au sommet, sur une immense calotte sphérique,
la figure colossale de la France, comme
Rude le proposait, ou bien, selon l'idée
de Barye, qui semble être aussi celle du
Gouvernement, posera-t-on sur cette
vaste sphère un aigle gigantesque en
bronze aux ailes déployées ? C'est ce
qu'un avenir qu'on dit prochain nous
apprendra sans doute. Tel qu'il est déjà,
car si cet ornement accessoire doit ajouter
à sa grandeur, il n'est pas indispensable
à son effet, l'arc de triomphe de l'Étoile
est un monument complet. Bien plus,
comme ensemble, comme harmonie dans
les proportions, c'est, je le répète, un
monument presque irréprochable. Avec
son arc colossal qui ne mesure pas moins
de 29 mètres d'élévation sur 14 de largeur ; avec cette longue suite de boucliers
incrustés dans son attique, et qui portent
chacun le nom d'une grande victoire ; ce
défilé de soldats qui circulent dans la
frise, géants qui de la base paraissent
des pygmées ; ces bas-reliefs qui décorent

I.

chacune des faces, et dont quelques-uns,
celui de Feuchères, qui fait revivre dans
la pierre *le Passage du Pont d'Arcole*,
celui de Chaponnières, qui nous fait assister à *la Prise d'Alexandrie*, sont des
œuvres de premier ordre ; — oui, avec cet
harmonieux ensemble d'ornementation
glorieuse que rehausse et grandissent
encore les quatre trophées gigantesques
placés sur les pieds-droits : ceux qui
regardent l'avenue de Neuilly, *la Paix
et la Résistance*, sortis tous deux sous
la main vigoureuse d'Etex ; ceux qui font
face aux Champs-Élysées, dus l'un, *le
Couronnement de l'Empereur*, au ta-
lent solennellement calme et académique
de Cortot | l'autre, *le Départ*, au ciseau
de Rude qui n'a jamais eu plus d'ardeur,
plus de fougue, plus d'entraînement ; —
oui, encore une fois, avec tout ce grand
appareil de décoration taillé en pleine
pierre, comme en pleine histoire, l'arc de
triomphe de l'Etoile nous apparaît tel
que, dans le passé, comme dans le présent, on ne pourrait rencontrer son égal.
Il est peu de nations qui eussent pu
trouver dans leur trésor les dix millions
qui payèrent ce glorieux joyau ; moins
encore qui auraient pu recruter parmi

leurs artistes assez de talents pour suffire
à cette grande tâche d'architectes et de
sculpteurs ; mais il n'en est certes point
qui, dans une seule page de leur histoire,
auraient pu trouver et tant de triomphes
à la fois et ces trois cent quatre-vingt-
six noms de généraux vainqueurs, qui
rayonnent sur ces murs, comme sur les
tables du temple de la Gloire.

Du sommet de l'arc de triomphe se
déroule sous les yeux le panorama le
plus immense, le plus varié. Le regard
touche aux limites de l'horizon sans at-
teindre à celles du tableau que la grande
ville, débordant hors d'elle-même, anime chaque jour par un va-et-vient continuel d'oisifs ou d'affairés. Ici, à vos
pieds, c'est le petit village des Ternes
qui, au commencement de ce siècle, s'est
mis à sortir de terre comme par magie
sur la lisière de la plaine des Sablons, a
groupé une à une ses fraîches maison-
nettes autour de la villa seigneuriale qui
d'abord s'y trouvait seule, puis s'est fait
hameau, puis village avec église, et
bientôt, si on le laisse aller toujours, sera
une véritable ville, comme ses voisins
Montmartre et Batignolles. Ceux-ci, les
voilà de même à vos pieds, tout près des

portes, mais se gardant bien d'y frapper
de peur qu'on ne les entende, et, qu'é-
largissant tout-à-coup l'enceinte devenue trop étroite, on ne les prenne dans
les filets de l'octroi. Ils se croient bien in-
dépendants, sans doute, mais qu'ils se
défient de ce long rempart qui se déroule derrière eux en zigzags menaçants :
qu'ils prennent garde à cette muraille
que vous voyez d'ici se dérober sous
l'herbe et qui ne vous apparaît que
comme un tertre continu et verdoyant.
Ce sont les fortifications ; on les a construites pour défendre la ville, mais je ne
pense pas que de longtemps on en ait
besoin pour cela. Auparavant, croyez-
moi, elles auront fait office de mur d'enceinte, à la place de celui que vous sui-
vez de l'œil comme un mince linéament ;
elles auront fait rentrer dans la grande
ville cette banlieue engraissée à sa porte,
ces beaux villages heureux et repus en
toute impunité, derrière lesquels on les
voit déjà se glisser traîtreusement comme
en prévision du jour de grande surprise
où l'on viendra dire à Montmartre, à Batignolles, aux Ternes, aussi bien qu'à
la Chapelle-Saint-Denis, à Belleville, à
Ménilmontant, à Charonne, à Bercy, au

Petit-Mont-Rouge, à Vaugirard, à Grenelle, à Auteuil, à Passy : Vous appar-
tenez à la ville, vous n'êtes plus des villages, vous êtes des quartiers de Paris.

Si je ne me trompe, le chemin de fer
de ceinture dont nous voyons se dérouler
d'ici la gigantesque circonférence, peu à
peu formée tronçons par tronçons, ne
sera pas d'un médiocre secours lorsqu'on
se décidera à cette mesure importante.
Peut-être attend-on son achèvement qui
complétera le nouveau système d'enceinte, pour jeter sur toute cette banlieue mitoyenne le grand coup de filet
municipal. Doublant comme d'une ligne
de fer, la longue ligne des fortifications
dont il suit en serpentant les sinuosités,
ce rail-way au parcours circulaire a surtout pour objet de rattacher entr'eux,
comme les mailles d'un réseau, les nombreux chemins de fer que nous voyons
d'ici rayonner dans tous les sens autour
de Paris. De cette hauteur, il est vraiment curieux d'embrasser du regard
l'ensemble de ces longues lignes souvent
si inexorablement droites qu'on les voit
se perdre à l'horizon sans qu'elles aient
décrit la moindre courbure, mais souvent
souples au contraire et s'enroulant avec

grâce autour de la base des monticules
qui entourent Paris; le Mont-Valérien,
couronné de forts et placé là en senti-
nelle; Montmartre avec ses derniers
moulins, son télégraphe inutile et la
maigre verdure de ses pentes. On dit
qu'un chemin de fer, plus pressé que les
autres, et à qui il ne plaît pas de perdre
son temps pour contourner cette grosse
butte, va lui faire autant d'honneur que
si elle était le Pausilippe ou le Simplon,
c'est-à-dire va perforer d'outre en outre
ses flancs gros de plâtre. On aura de
cette façon l'immence avantage d'arriver en ligne droite à Clignancourt ! Les
Parisiens regretteront certainement
alors qu'on n'en ait pas fait autant
au Mont-Valérien, et qu'on ne leur
ait pas ainsi donné les moyens d'arriver sans détour et en quelques mi-
nutes de moins, à Rueil, à Chatou, à
tous ces centres champêtres qui leur
sont si chers. Du matin au soir, dans la
belle saison, et les dimanches mille fois
plus que les autres jours, on peut voir
de ce sommet les chemins de fer déver-
ser de quart d'heure en quart d'heure,
des fourmilières de voyageurs sur ces
agglomérations de villas. Elles sont

toutes là pressées, entassées, et cependant chacune a là prétention d'être en son coin une solitude agreste. Mais on n'est plus à Paris, c'est là le grand point. On n'a pas beaucoup mieux le calme et le silence; mais le bruit qu'on entend n'est pas du moins le même que celui de la ville. A deux pas est la Seine, qui semble s'être complu dans les mille sinuosités que d'ici nous lui voyons décrire, comme pour apporter complaisamment un peu de fraîcheur à tous ces villages coquettement éparpillés dans tous ses alentours. Auprès, on trouve toujours aussi quelque petit bouquet de bois, celui du Vésinet, par exemple, dont je vois là bas les cimes, mais qu'on va jeter bas par malheur, quelques frais taillis, quelque pente ombreuse. Et, à si petite distance de Paris, ce peu de fraîcheur, de calme et de verdure, fait bien vite croire à la campagne, comme le bois de Boulogne que je vois sous mes pieds, avec ses rochers d'emprunt et ses lacs fraîchement remplis, fait croire à la forêt de Fontainebleau et à la Suisse; comme le plaisir fait croire au bonheur, ainsi que le chansonnier l'a dit d'une si charmante façon. Je cite Béranger, et d'ici je touche du regard, presque du doigt, ce Passy qui lui fut si cher, après avoir été le séjour d'affection de Jean-Jacques Rousseau et de Franklin. Dela base même du monument qui me sert d'observatoire, de cette vaste place pour laquelle M. Hittorff élève une ceinture d'hôtels ou de palais magnifiques, et à laquelle toutes les routes dont elle est le point de départ et qui semblent en rayonner, ont fait justement donner le nom de place de l'Étoile, s'élancent deux avenues rivales, l'une conduisant à Passy, l'autre, l'avenue de l'Impératrice, rattachant l'arc de triomphe au bois de Boulogne, la porte de l'Étoile, à la porte Dauphine. L'Hippodrome, forcé d'abandonner le tertre où il semblait si solidement assis, sur le bord de la place de l'Étoile, s'est réfugié dans l'avenue de Passy, où il a maintenant pour voisinage une longue suite bariolée de maisons aux types les plus divers. Le plus modeste cottage veut prendre au moins l'apparence moyen-âge, avoir le haut pignon et la double tourelle. Ce fut long-temps le genre le plus à la mode de ce côté ; mais il paraît que le genre Herculanum et Pompéia tend à le supplan-

ter ; si bien qu'aujourd'hui, plus une
maison sera neuve, plus elle voudra se
donner un faux air de haute antiquité.
Les habitations ne sont pas encore nombreuses sur l'avenue de l'Impératrice;
mais elles ne se feront pas attendre, et
si j'en puis juger par celles que l'on
commence à y bâtir, ce ne seront pas
de ces maisons colifichets, de ces logis ar-
chaïques, où par belle passion pour une
époque, on s'en impose toutes les in-
commodités. Dailleurs, de pareils jou-
joux ne siéraient guère, comme bordure,
à cette magnifique avenue.

Si je ramène mes regards vers la gauche, j'embrasse dans son ensemble un
peu incohérent le village de Chaillot
assez mal assis sur une pente ardue et
tortueuse ; que de souvenirs j'y trouve !
Depuis le temps où le duc d'Orléans,
fils de Charles V, acheta du sire de
Coucy, son cousin, un *ostels* sis à
Chaillau-lez-Paris, jusqu'à l'époque
toute récente, où tout là haut, vers les
Champs-Elysées, dans cette sorte de
temple idalien que vous voyez au sommet
de la longue rue de Chaillot et qui semble prédestiné à l'habitation d'une jolie
femme et d'une muse, mourut, entou-

rée de regrets, l'aimable et spirituelle
Mme de Girardin ; qui, que de souvenirs,
depuis Villon, le poète gueux, qui, des
premiers, a parlé dans ses vers du château de Nigeon, l'un des *séjours* les
plus vantés de Chaillot, jusqu'à ces pauvres poètes, dont Sainte-Périne est le
refuge, et qui, en mourant de vieillesse,
s'étonnent de n'être pas morts de misère ; depuis Comynes, l'un des premiers
maîtres de cette vieille maison de Nigeon, dont Louis XI lui avait fait présent, jusqu'à la reine Catherine de Médicis qui souvent y fit résidence, jusqu'à
Bassompierre dont nous reparlerons,
jusqu'à Vivonne qui, suivant le dire de
Mme de Sévigné, y mourut « aussi pourri
de l'âme que du corps ; » enfin, jusqu'à
Barras, dont la maison, bâtie à la place
de ce vieux château, vit les dernières
années. Ce Chaillot n'est qu'un tout petit
coin, et pourtant, pour en bien parler,
il faudrait écrire une longue et sérieuse
histoire, ne dût-on commencer que par
la malheureuse reine Henriette d'Angleterre qui, d'après le conseil de Mme de
Motteville, y établit le couvent des Filles
de Sainte-Marie, sur cette même hauteur que le palais du roi de Rome devait

couronner ; — et sans oublier toutefois en
passant cette autre reine et ce roi Jacques
II qui pendant quelque temps y cachè-
rent leur royale misère, — fallût-il terminer cette chronique douloureuse à la date
du 22 février 1848, alors que de la rue
des Batailles, trop bien nommée ce jour-
là, l'émeute prit un banquet pour point de
départ et pour but un trône à renverser.
On n'aurait qu'à choisir, pour varier les
épisodes, si l'on voulait faire cette histoire
complète de Chaillot, qu'un plaisant du
dernier siècle ne croyait pourtant bonne
qu'à servir de thème pour une disserta-
tion facétieuse. J'ai déjà fait voir combien, au point de vue de l'anecdote politique, elle pouvait être intéressante.
Sous le rapport de l'histoire religieuse,
elle ne fournirait pas moins avec ses
deux couvents, celui de la Visitation
dont je viens de parler, et celui des Minimes ou des *Bonshommes*, qui, du
moins dans le langage du peuple, a
laissé son nom à la barrière établie tout
près de l'emplacement de son ancienne
église. Je ne vous décrirai pas cette barrière que vous connaissez tous mieux
que moi, et qui malgré toutes sortes de
raisons de ruine, même malgré l'incen-

die dont elle fut la proie, lorsque le peuple « en réjouissance de l'abolition des droits » y mit le feu, le 12 juillet 1789, a survécu telle que Ledoux l'avait construite et ornée en 1787. Je ne vous décrirai pas non plus l'ancienne église ; les vues qu'en a faites Israël Silvestre en donnent une idée bien plus exacte que celle qu'on en pourrait prendre dans ma description. Je me contenterai de transcrire le quatrain qui se lit au bas d'une de ses gravures, et qui contient, au sujet de la piété des Parisiens, un éloge qui n'est plus guère à faire aujourd'hui :

Que devons-nous penser de l'abrégé du monde ?
Croirons-nous qu'à Paris règne l'impiété,
Si le zèle du Ciel aux BONSHOMMES lui fonde
Pour son premier faubourg un lieu de sainteté.

C'est à saint François de Paule, fondateur de l'ordre et sa gloire, dont Louis XI parlait toujours en l'appelant le *Bonhomme*, que les Minimes de Chaillot devaient le surnom qu'on leur donne ici.

Au temps de Henri IV, dans un coin de leur voisinage, commença de s'établir une population qui depuis lors a bien grandi de ce côté, comme nombre, comme activité et variété de travail. Je parle des ouvriers, pour qui l'on construisit alors les bâtiments de la Savonnerie tant de fois remaniés, rebâtis depuis cette époque jusqu'au grand incendie du 18 novembre 1855 qui détruisit une partie des magasins de la Manutention Militaire construits sur leur emplacement. Ainsi que l'indique le nom qu'ils ont longtemps gardé, ces bâtiments servirent d'abord pour une fabrique de savon. Plus tard, on y installa la manufacture de ces *tapis à la turque*, dont Pierre du Pont avait obtenu le privilége en 1604, et qui, réunie enfin à celle des Gobelins, a conservé pour ses produits le nom spécial de *tapis de la Savonnerie*. A la fin du siècle dernier, l'industrie avait dans ces parages, sur ce même quai de Billy, un autre établissement qui a conservé jusqu'à nous un peu de la grande célébrité qu'il eut dans sa nouveauté, c'est cette fameuse Pompe à feu, dont la haute cheminée domine un petit bâtiment trapu, dernier reste et dernier souvenir de la première fondation. Si, en effet, la machine qu'on y entend mugir aspire toujours à longues gorgées dans la Seine l'eau qu'elle fait ensuite monter à 37 mètres plus haut, c'est-à-dire jusqu'aux réservoirs placés au sommet de la montée de Chaillot, ce n'est plus depuis longtemps à l'aide des procédés tout primitifs que les fondateurs, les frères Périer, avaient mis en usage. Il leur fallait un bien plus grand déploiement de force, et s'ils arrivaient au même résultat, c'était avec moins de précision, mais enfin ils y parvenaient, et c'était beaucoup pour leur temps. Aussi l'admiration alla jusqu'à l'enthousiasme et prit tous les tons. Des vers qu'on fit alors pour leur pompe à feu voici le seul distique qui soit resté :

Ici vois, par un sort nouveau,
Le feu devenu porteur d'eau.

Mais je m'aperçois que mon regard avance peu à peu, et que si je m'écoutais, je vous ferais de ce sommet de l'arc de triomphe la description générale de Paris. J'aime mieux descendre pour m'y promener avec vous.

II

Les Champs-Élysées sous Louis XIV. — Le Cours-la-Reine.— Sa vogue pendant deux siècles. — Son inondation en 1751. — L'allée des *Veuves* devenue l'avenue Montaigne. — Hôtels curieux du voisinage. — Le Colysée en 1771. — La maison du duc d'Orléans au Roule. — Sa villa de Mousseaux. — Mousseaux pendant la Révolution.

De la base du monument, lorsqu'on tourne les yeux non plus vers la campagne, mais vers la ville, le point de vue est des plus magnifiques encore. Cette large montée à pente douce que le regard toujours charmé descend jusqu'au plateau du rond-point ; cette vaste avenue qui, à partir de là, élargit ses ailes et prend les porportions d'un bois chargé d'ombrage, dont la verdure va presque se confondre avec celle des arbres des Tuileries ; la place de la Concorde qui vous apparaît de loin comme une large et blanche clairière ouverte en plein soleil entre deux parcs voisins ; tout au fond, la ligne monumentale des bâtiments des Tuileries, sur laquelle se détache la silhouette de l'obélisque qui l'interrompt sans la briser ; pour compléter ce grand cadre, partout des maisons, des hôtels, des palais, et pour l'animer, partout du mouvement, du bruit, des files de promeneurs, des cavalcades, des voitures allant et venant par centaines : tout cet ensemble est d'un effet véritablement prestigieux. Face à face avec l'arc de triomphe, cette magnifique porte, j'avais trouvé beaucoup à admirer ; maintenant que je l'ai franchie et que me voilà entré dans la ville, j'admire encore davantage.

Louis XIV avait compris ce que Paris ainsi abordé aurait de majesté et de grandeur, et en 1670 il songea à lui aplanir enfin ce vaste péristyle de verdure. Par son ordre on se mit à tailler largement dans les marais ; la rue de Chaillot qui alors se prolongeait à travers les terres, jusqu'au faubourg du Roule, en face de la petite chapelle de Saint-Philippe, fut brusquement coupée à la hau-

teur qu'elle n'a plus franchie depuis ;
trois belles allées d'ormes furent plan-
tées, des tapis de gazon furent ménagés
dans les massifs ; les chemins qui me-
naient au Roule, au faubourg Saint-
Honoré, à Chaillot, devinrent autant de
belles avenues qu'on fit rayonner autour
de cette place circulaire que nous appelons le *rond-point*, et à laquelle on fit
porter alors le nom de *place de l'Étoile*.
Celle que nous quittons l'a repris ; mais
au temps dont il s'agit, elle n'y pouvait
pas prétendre. Elle était trop éloignée,
et dominait surtout une pente trop mon-
tueuse pour qu'on la fit entrer dans ce
premier projet de 1670. Pendant plus
d'un siècle on n'y songea pas. Même
après les travaux que fit faire M. de Marigny pour adoucir la pente, travaux
considérables et qui ont laissé un souvenir jusque dans notre histoire littéraire,
puisque c'est en venant les examiner
que Grim et Jean-Jacques Rousseau se
rencontrèrent et arrivèrent à une sorte
de réconciliation ; même, dis-je, en 1764,
les Champs-Elysées n'allaient pas au-
delà de la rue de Chaillot. Encore, à
partir du rond-point, les voyait-on déjà
se rétrécir pour ne plus former qu'une

seule avenue. A la hauteur de la rue de Chaillot, celle-ci était fermée par une grille faisant retour sur la rue qu'elle fermait aussi. Elle s'appuyait sur un bâtiment composé de plusieurs étages, ce très laid corps-de-garde qui masqua l'hôtel mythologique de M. de Girardin jusqu'au jour où, las d'être offusqué, il l'acheta et le fit jeter par terre.

Avant M. de Marigny, qui a laissé trace de ses travaux aux Champs-Elysées dans le nom que portent encore et l'une des avenues qui y aboutissent et l'immense carré longtemps vide que le Palais de l'Industrie est venu occuper tout entier, le duc d'Antin, l'un de ses prédécesseurs, comme surintendant des bâtiments du roi, avait aussi fait travailler à l'immense promenade. Il s'était occupé non pas encore de son embellissement, mais de son assainissement, ce qui n'était pas inutile, comme vous allez voir. Le grand égout découvert qui venait du faubourg Montmartre par les derrières de la Chaussée-d'Antin et de la Ville-l'Évêque, traversait alors les Champs Elysées dans toute leur largeur (1).

(1) V. Enigmes des rues de Paris n. édit. p. 22.

Fossé toujours béant et infect, il roulait
ses immondices jusqu'à la Seine, où il
les déversait au bas de Chaillot, au coin
même des bâtiments de la Savonnerie.
La direction de la petite rue Basse-Saint-
Pierre indique la courbure qu'il faisait là
pour gagner la rivière. M. d'Antin le fit
nettoyer dans tout son parcours, que
nous allons suivre vivement à partir du
faubourg du Roule. Après avoir longé
les terrains de l'Orangerie et de la Pépinière du Roi, devenus depuis les magnifiques jardins de la maison Fortin, il
déviait à peine de la ligne décrite aujour-
d'hui par la rue d'Angoulême, allait cou-
per ensuite l'avenue des Champs-Elysées
sous un pont que M. d'Antin fit bâtir et
qui garda son nom ; s'avançait parallèlement avec la rue de Chaillot au milieu
de l'espace que traverse aujourd'hui l'allée de Marbœuf ; trouvait un nouveau
pont au bout d'un sentier qui portait le
nom singulier de *ruelle aux Fouet-
teurs* ; se jetait dans un vague espac
tout entrecoupé de marais et de misérables masures, dont une gravure du
temps nous a transmis la piteuse image ;
puis, lorsque dans cette trouée à travers
les terrains que les bâtiments des *Equi-*

pages Militaires, la *rue Bizet*, etc.,
occupent maintenant, il avait peut-être
effleuré au passage quelques vestiges de
cet aquéduc retrouvé en 1734, et qui,
pense-t-on, conduisait à Paris les eaux
minérales de Passy, il décrivait tout-à-
coup la courbe dont j'ai parlé, et se per-
dait dans la Seine, à l'endroit marqué
plus haut. Si je vous ai dit tout cela,
c'est bien moins pour l'intérêt du détail
qu'afin de vous montrer par ce seul
exemple la différence énorme de ce qui
était alors, avec ce qui est aujourd'hui.
Le tableau de ces vagues pâtures, de
cette sorte de désert boueux qu'un égoût
sillonne, n'est pas certes des plus agréables ; mais comme contraste avec la
splendeur et l'animation de ce qui en tient
la place, il est curieux ; c'est pourquoi
je vous l'ai fait voir.

M. d'Antin donna ses soins à une autre partie des Champs-Élysées. Il fit planter d'arbres l'avenue, dont en souvenir,
on l'a fait le parrain. Il renouvela aussi la
plantation du *Cours-la-Reine*. C'était de
tous ces passages celui qui avait toujours
été le plus fréquenté. Il menait à Chaillot,
à Saint-Cloud, en longeant la Seine ; en
deux pas on y était des Tuileries et

aussi, de la porté de la Conférence, qui lui faisait face et qui a fini, comme vous savez, par lui laisser son nom. En 1628, la reine Marie de Médicis, qui aimait beaucoup ce long promenoir, l'avait fait planter d'arbres et fermer d'une grille à chaque extrémité. Tout le beau monde ayant carrosse, le seul à qui cette sorte de parc réservé était, ouvert, accourut et fit foule à certaines heures. Ce fut une vogue qui dura près de deux siècles jusqu'à ce que les Champs-Élysées, que d'abord on n'appelait pas autrement que le *Grand-Cours*, pour le distinguer de cet autre plus petit, fussent à leur tour devenus à la mode. Sous la Régence, c'est encore le Cours-la-Reine qui avait la faveur, on y donnait des fêtes et des concerts de nuit ; plus tard, même vogue encore, quoiqu'en 1723 M. d'Antin en remplaçant un beau jour par de jeunes arbres tous les ormes séculaires, eût enlevé à la promenade son plus grand attrait ; mais le Dauphin aimait à y venir, et il n'en fallait pas davantage pour réchauffer la faveur. Quelque temps même, l'heureuse avenue, favorisée de cette préférence, s'appela le *Cours Dauphin*. Bassompierre, qu'on

2.

se plaît à rencontrer sur ce terrain du
beau monde et de la foule galante,
avait été pour beaucoup, non pas seulement dans la mise en faveur du Cours
la Reine, mais même, à ce qu'il paraît,
dans sa conservation. Il faut lui en savoir gré, pas trop cependant ; c'est
pour lui qu'il travaillait. Roi de la mode,
il n'avait pas de plus beau champ clos,
et pour aller à sa maison de Chaillot, il
n'avait pas de chemin plus commode :
« On lui a, dit Tallement, l'obligation
de ce que le Cours dure encore car ce
fut luy qui se tourmenta pour le faire
revestir du costé de l'eau, et pour faire
faire un pont de pierre sur le fossé de la
ville. » Malgré les soins qu'il prit, le
Cours, mal défendu par son quai, fut
inondé : « Le 17 ou le 18 de ce mois,
écrit Collé dans son *Journal* (mars
1751), la Seine a débordé, les fossés du
Cours et des Champs-Elysées étaient
remplis d'eau ; on y allait en bateau, l'i-
nondation a duré jusqu'au 25 ou 26 » (1).
Il faut attendre jusqu'en 1776 pour
voir le public se lasser de son caprice,

(1) V. chroniques et légendes des r. de Paris,
n. édit. p. 338.

et passer enfin du *Petit* dans le *Grand-Cours*. Le 17 septembre de cette année, les *Mémoires secrets* se décident à dire une phrase aimable pour les Champs-Elysées, qui « sont très-beaux, et commencent à attirer le public. » Les voilà consacrés par la foule, la mode y va venir et ne les quittera plus. Leur revanche sur la longue vogue du Cours la Reine commença dès lors, et dure encore. Le monde, qui les envahit, ne lui est pas revenu. C'est vainement qu'on voulut, sous la Restauration, lui rendre un peu la vie, en construisant dans son voisinage tout un quartier neuf, au milieu duquel on enchâssa, comme une perle égarée, cette merveilleuse maison dont nous reparlerons, et qui fut rapportée là pierre à pierre, de Moret dans la forêt de Fontainebleau, où elle servait de rendez-vous de chasse. La maison de François Ier, comme on l'appelle, ne porta point bonheur au *quartier François Ier*.

Avec la vogue, encore une fois, la vie s'en est décidément allée de ce coin des Champs-Elysées ; elle est avec elle remontée peu à peu vers les autres parties où nous allons la suivre.

L'allée qui est proche fut longtemps

la plus mélancolique de tous les promé-
noirs. Les veuves, à qui l'ancienne éti-
quette ne permettait pas de se montrer
en public tant que durait leur deuil, ne
trouvaient que cet endroit pour prendre
un peu l'air sans se faire voir. Le nom
d'*allée des Veuves* lui en resta, et, dé-
laissée, solitaire, elle fut bien des années avant d'en démentir la tristesse.
Aujourd'hui ce nom est changé, l'allée
s'appelle *avenue Montaigne* ; mais la
physionomie a changé bien mieux encore.
A la fin de la Révolution, une pauvre
petite guinguette, la *Buvette Champêtre,* s'était risquée à l'égayer un peu ;
Tallien s'y était fait construire, près de
l'extrémité du *Cours la Reine,* au coin
de la rue qu'on appelait alors rue des
Gourdes, une sorte de châlet, connu
longtemps sous le nom de *Chaumière-
de-Tallien,* et dans lequel il est mort en
1822, triste et pauvre, ne prenant d'aucune façon part à la gaité, à l'animation
qui montaient. C'est tout ce qui avait
été tenté pour réveiller un peu ce désert.
Maintenant tout y est bruit et fête. Regardez cette longue suite de petits cafés,
de restaurants, au milieu desquels brille
l'enseigne mouvante du *Petit Moulin*

Rouge. On est bien loin du temps où le promeneur altéré ne trouvait un peu de bière aigre et de piquette que chez le Suisse de la grille du Cours-la-Reine ; bien loin de l'époque où Jean-Jacques Rousseau donnait le plan du café des Ambassadeurs, le seul qui se trouvât alors aux Champs-Élysées ; bien loin même des premières années de la Révolution, alors qu'il n'y avait guère dans toute la promenade qu'un seul traiteur, celui chez lequel eut lieu, en juillet 1792, la sanglante rixe des Marseillais et des soldats licenciés. Voici maintenant, à l'extrémité de la ligne des restaurants de l'avenue Montaigne, voici le fameux *Bal Mabile,* avec sa monumentale entrée, le soir rayonnante d'illuminations. Je voudrais vous y faire entrer, vous mettre en connaissance avec les trois frères qui sont les propriétaires et les directeurs de ce fantastique pandæmonium de la danse échevelée, ce qui n'empêche pas que l'un deux ne soit un de nos danseurs les plus corrects, et le chorégraphe habile qui a réglé les ballets du *Prophète* ; je voudrais vous conduire encore près de l'arc de triomphe, au *Château des Fleurs,* qui est aussi leur propriété mais ce n'est pas ici le moment, et je poursuis ma course. Je passe aussi, en ne lui donnant qu'un regard, devant ce merveilleux *Jardin d'Hiver*, où tout devait venir en serre chaude, les fleurs et les talents, car on y donnait des concerts, on y faisait des expositions de tableaux, on y jouait même la comédie; mais de tout cela rien n'a fleuri complètement, pas même, à ce qu'il paraît, les dividendes de la société fondatrice.

J'arrive aux charmants hôtels qui se multiplient dans ce voisinage. C'est d'abord celui de Mme Lehon, que vous voyez un peu avant le *Jardin d'Hiver*, au coin de l'avenue Montaigne. Il a une bonne grâce d'aspect toute particulière, avec la coquetterie et les proportions élégantes d'une petite maison Louis XV, il n'a en rien les prétentions souvent trop ornées du style qu'il rappelle. — Tout auprès, l'une des grilles d'entrée entre les deux, se trouve le petit hôtel de Morny. Il n'avait qu'un rez-de-chaussée, avec une large fenêtre, encadrée de délicates sculptures; mais depuis que notre ambassadeur en Russie a, lors du mariage de Mlle le prince

Poniatowski avec Mlle Lehon, donné
pour présent de noce ce joli logis au
jeune ménage, on l'a exhaussé d'un
étage percé de deux fenêtres. —
Plus loin, est l'hôtel Lauriston, une
vraie villa royale, surtout depuis qu'on
en a agrandi les jardins. A travers la
grille dorée, l'œil du promeneur peut
en suivre les allées sablées et les longues pelouses qui se perdent derrière
le bâtiment. Au milieu du large gazon qui s'étend devant la façade, se
trouve une statue en marbre blanc de
Napoléon Ier, couronné de lauriers et
drapé à la romaine. L'hôtel qui appartient
aujourd'hui à la duchesse d'Albe, sœur de
l'Impératrice Eugénie, ne pouvait pas
s'annoncer mieux. — La maison de M. de
Girardin, dont je vous ai déjà souvent
parlé, touche à celle-ci. Elle lui a déjà
livré une partie de ses jardins, et finira
par s'y confondre tout-à-fait, quand le
journaliste millionnaire aura émigré
vers le palais qu'il fait construire dans
l'avenue de l'Impératrice. Il ne pleu-
rera guère ce vilain petit temple qui
devait être une habitation si incommode.
Mais, lui parti, si on le jette bas, je le
regretterai. D'abord, le souvenir de

Mᵐᵉ de Girardin y survit et le rend respectable, puis c'est le dernier reste de
ces grands jardins Marbœuf, de cette
Idalie, comme on les appelait, où toutes
les âmes sensibles du Directoire sont
venues s'ébattre en de grandes fêtes et
de petites orgies. C'est un spécimen de
la mythologie de brumaire et de nivôse,
et comme tel, encore une fois, il vaut
bien le regret que je lui donne par
avance.

Idalie finit tristement. La bacchanale
érotique voulut d'abord y tourner à l'é-
glogue. A la place de la Pompéïa néo-
grecque que M. Choiseuil-Gouffier s'y
était faite des débris qu'il avait rappor-
tés de son ambassade à Constantinople,
on tâcha d'y renouveler le Petit-Trianon
avec ses châlets et ses vacheries suisses.
Ce fut autant de laitage perdu. « Cet
établissement n'a pas pris, écrit de sa
plume sentimentale un des *ciceroni* du
Paris d'alors ; ces bosquets délicieux et
solitaires sont aujourd'hui ouverts pour
quinze sous à l'homme sensible qui
s'échappe du tumulte pour aller relire
Paul et Virginie. » C'est sur cet emplacement inutile que sont percées aujourd'hui l'allée et la rue Marbœuf, et

que s'étendent les jardins de l'hôtel Lauriston. Pouvait-on l'employer mieux? Les immenses terrains de la Chartreuse et du Jardin-Beaujon, qui s'étendaient depuis la rue Neuve-de-l'Oratoire jusqu'auprès de la barrière de l'Etoile, ont subi pareille métamorphose. Sur cet enclos que les fêtes de Ruggieri avaient rendu fameux en 1803, où l'on pouvait voir, encore, en 1840 les derniers débris des montagnes suisses et russes, et la grande pompe gothique établie en 1786, d'après les dessins de Paris; sur tout cela, dis-je, on a passé un niveau inexorable, puis on s'est mis à y bâtir, et tout un quartier neuf en est sorti: c'est l'avenue Châteaubriant, c'est la rue du Bel-Respiro, c'est encore la rue Fortunée ou plutôt la rue Balzac, car sa première dénomination, qu'elle devait à l'un des prénoms de la belle Mme Hamelin, propriétaire d'un de ces espaces, a été changée pour le nom du célèbre romancier, mort, on le sait, en 1850, dans l'hôtel N° 22.

Les jardins de la charmante maison Fortin, bâtie en 1795 par l'architecte Bruneau, tout près des écuries d'Artois, n'ont pas eu un sort différent: la maison, dont la façade donnait sur le Roule, a été abattue, les jardins rasés, la grande pépinière qui s'étendait derrière, entre la rue Neuve-Berry et la rue d'Angoulême, n'a pas gardé un arbre ; des rues entières sont sorties de terre à la place. C'est dans l'une, la rue Fortin, que M. Visconti s'était bâti, pour lui-même, cette villa ou plutôt cette *pallazine* qui rappelle les plus coquettes demeures des environs de Naples et de Fiésole. La mort de sa femme la lui ayant fait quitter, il la vendit à un seigneur russe.

Vers 1771, on avait construit sur le rond-point, à droite de la grande avenue, un immense établissement où se trouvaient toutes les espèces d'amusements et de curiosités. Il y avait des cafés, des cirques, des naumachies, des spectacles de toutes sortes, etc. Rien ne réussit ; le Colysée, comme on l'appelait, ne put tenir.

Aujourd'hui tout fait fortune par ici, depuis le *cirque de l'Impératrice* qui, chaque été, y fait une bonne saison, depuis les *Bouffes-Parisiens* qui y viennent jouer à la même époque dans la petite salle construite pour le prestidigitateur Lacaze, depuis Morel avec son café chantant, jusqu'au *castelletto* des marionnettes de *Guignol* et de *Gringalet*, jusqu'aux balançoires russes, flottes aériennes, billards anglais et jeux d'arbalète ; mais il n'en était pas ainsi en 1771. La foule, je vous l'ai dit, n'était pas encore venue. Et que faire quand elle n'est pas là ? Végéter, puis mourir. C'est ce que fit le Colysée qui avait eu le grand tort de la devancer. On le démolit tout entier, sauf une petite partie qui donnait sur le rond-point, et qui devint une sorte de grande guinguette mythologique et dansante sous le nom de *Salon de Flore*. Il fut vendu en novembre 1823. Le reste du terrain fut distribué en rues : celle du Colysée, la rue Neuve-Berry, la rue de Ponthieu, la rue Montaigne percée justement sur le milieu du bâtiment et des bassins. En 1816, une portion des terrains encore restés vagues appartenait à un Anglais. Elle partait du rond-point et n'allait pas moins que jusqu'à la rue du Colysée. Une nuit, le propriétaire qui était grand joueur, perdit toute sa fortune. Sa plus grosse dette était 6000 fr. qu'il devait à Drake, le marchand de chevaux. Pour s'acquitter il

lui offrit ses terrains. Drake refusa ; il a
depuis avoué bien souvent qu'il avait
fait une sottise. Il n'a jamais eu ses
6000 fr., et il aurait peut-être gagné
dix millions !

Tous ces espaces avaient dans l'origine
appartenu au second frère de Louis XVI
et constituaient ce qu'on appelait le *fief
d'Artois* (1); aussi donna-t-on à deux
rues qu'on y perça les noms des deux fils
du prince, *Angoulême* et *Berry*. C'est,
avec le nom d'une autre rue voisine, celle
des Écuries d'Artois, le seul souvenir
que le futur roi Charles X ait laissé dans
ce quartier dont le terrain avait en si
grande partie relevé de lui. Du duc d'Orléans qui dans le même temps était aussi
propriétaire de ce côté, et qui, notamment possédait au Roule une petite maison dont l'*Espion Anglais* a dit le scan-
dale, un petit théâtre, dont Collé, son
impressario, a laissé deviner les grivoi-
series, rien n'est resté. Il faut aller plus
loin, jusqu'à *Mousseaux*, sa villa préfé-
rée, pour trouver de lui quelque trace.
Encore, à ces *Folles de Chartres*,

_____

(1). V. *Chroniques et Légendes des rues de
Paris*, n. édit. p. 37.

comme on disait, dans ce grand parc, toujours entier comme étendue immense, mais si cruellement mutilé comme détails d'ornementation, tout ce qui reste n'est guère que débris. Son jardin d'hiver avec sa cascade, sa féerique illumination, sa gigantesque cheminée figurant un antre, a disparu. Le grand bassin de la naumachie n'est plus qu'une mare dont l'humidité ronge l'hémicycle de colonnes corinthiennes, empruntées, ce qu'on ne sait guère, à la galerie inachevée du tombeau des Valois à Saint-Denis. Il n'y a que les ruines gothiques qui y aient gagné ; de simulées qu'elles étaient, elles sont devenues presque vraies. Carmontelle, qui fit avec tant d'art et d'amour tous les dessins des jardins, des édifices, des fabriques, ne s'y reconnaîtrait plus lui-même. Les fêtes publiques qui furent données à Mousseaux pendant la Révolution, et dont la plus célèbre fut celle du 24 août 1797, où l'on vit pour la première fois Garnerin descendre en parachute ; le séjour de Cambacérès qui, s'il ne fut pas destructeur, ne fut pas du moins réparateur, car l'archichancelier, à qui l'Empereur avait fait cadeau de ce parc, avoua qu'il n'était pas assez riche pour l'entretenir, et le rendit ; en 1848, le campement prolongé de l'état-major des Ateliers Nationaux, avec armes et bagages, pelles, pioches et brouettes, tout cela ne contribua pas médiocrement à mettre Mousseaux dans cet état délabré. Qu'est devenu son beau temps ? Delille chantait ses *jardins toujours verts*. Marie-Antoinette — même, la veille du départ de Varennes, elle se passa encore cette envie — venait souvent cueillir de gros bouquets dans sa collection de roses la plus nombreuse, la plus rare qu'il y eût alors. Jean-Jacques Rousseau n'aimait rien tant que d'y venir herboriser, grondant fort contre la consigne qui ne permettait d'y entrer qu'avec des billets, et il compta parmi ses jours heureux celui où Mme de Genlis lui envoya la clef d'une des petites portes, avec le droit d'en faire usage à ses heures.

Les souvenirs par lesquels Beaujon survit dans ces quartiers valent bien au moins ceux qui nous y rappellent les princes. Quelques noms de rues bâties sur des terrains qu'il avait laissés inutiles, voilà pour le comte d'Artois ; les débris d'une ruineuse magnificence, voilà pour le duc d'Orléans ; un hôpital et une chapelle, voilà pour le financier. Vous voyez de quel côté est l'avantage. L'hôpital que Girardin construisit pour Beaujon en 1780, et dont celui-ci, en mourant, confia l'administration à M. de Lamoignon, avec un legs de 50,000 livres de rente, subsiste toujours, comme on sait, sous le N° 108 de la rue du Faubourg-Saint-Honoré. Il a même été beaucoup agrandi depuis la mort de son fondateur, La chapelle, construite presqu'en face par le même architecte, et, placée sous l'invocation de saint Nicolas, patron du financier, existe toujours aussi. Elle forme aujourd'hui l'angle de la rue Balzac, et du faubourg. C'est un spécimen, charmant, moins religieux que profane et mondain, de l'architecture de cette époque. Du temps de Beaujon, cette chapelle-boudoir avait pour dépendance, et pouvait-on dire, en guise de sacristie, « une salle de bains et un joli appartement de petite maîtresse. » Elle faisait corps avec le *pavillon de la Chartreuse*, qui servait à Beaujon d'habitation. Il fut occupé après lui, par le riche fournisseur Vanderberghe, dont la fille épousa en 1815, dans la petite chapelle, le général Rapp,

III

L'Elysée en 1718. — Ses premiers propriétaires :
le comte d'Évreux ; Madame de Pompadour ;
le financier Beaujon. — Ce qu'il devint pendant et après la Révolution. — Les hôtels historiques du Faubourg Saint-Honoré. — La
rue d'Anjou au XVIe siècle s'appelle rue 'des
« *Morfondus* ». — Ses nobles habitants à la
fin du XVIIe siècle. — L'église de la Madeleine. — Petite chapelle au XIIIe siècle, elle
sert de paroisse au village « *la Ville l'Évêque* ». — Sa reconstruction commencée sous
Louis XV par Sedaine.

A l'Elysée nous retrouvons encore
Beaujon et son luxe. Il fut en effet, pendant treize ans, de 1773 à 1786, propriétaire de ce bel hôtel, et les embellissements qu'il y fit exécuter par l'architecte
Boullée, n'ont pas peu contribué à en
faire, ce qu'il était même avant les derniers agrandissements, un vaste et charmant palais. En 1718, à une époque où

l'on trouvait à peine une maison dans
ce faubourg, tant le voisinage de l'égout
le rendait inabordable, Louis d'Auvergne, comte d'Évreux, avait fait construire par Mollet les premiers bâtiments
de l'Élysée. Dans ces coûteuses constructions et dans les fêtes où « il traitait
hautement, » comme dit Mathieu Marais,
les capitaines de cavalerie dont il était
le colonel, M. d'Évreux avait mené grand
train la magnifique dot que lui avait ap-
portée la fille de Crozat. Il s'était conso-
lé du ridicule de ce mariage, qui donna
à d'Allainval l'idée de son *Ecole des
Bourgeois*, en dépensant ainsi la fortune
qu'il y avait trouvée. Son hôtel, après
lui, devint la propriété de la marquise
de Pompadour, qui nulle part n'abusa
plus magnifiquement de ses richesses et
du pouvoir qu'elle tenait du roi. Pour
agrandir ses jardins, elle prit aux Champs-
Elysées un terrain qui ne leur a jamais
été rendu. C'est la partie qui termine en
hémicycle le petit parc du palais, et qui
vient brusquement interrompre la ligne
droite de l'allée Gabriel. Quand la propriété fut passée à Béaujon, on put espérer que le terrain usurpé serait restitué
à la promenade ; mais le roi lui ayant

3.

acheté l'hôtel pour y recevoir les ambassadeurs extraordinaires, puis pour y établir provisoirement le Garde-Meuble; cet espoir s'évanouit. Il n'y eut pas lieu d'y revenir pendant tout le temps que la princesse de Bourbon, à qui Louis XVI avait fini par céder l'hôtel, et qui lui donna la première le nom d'*Elysée-Bourbon*, y établit sa résidence. La Révolution arriva, et c'était le temps ou jamais de rendre à la promenade populaire ce que le royal jardin lui avait pris. On n'en fit rien. L'Élysée fut donné à loyer à des entrepreneurs; avec ses châlets, ses chaumières, restes gracieux des embellissement faits par la princesse de Bourbon, il devint, sous le nom de *Hameau de Chantilly*, un lieu de fêtes champêtres, sans distinction et sans innocence, et ses jardins ne perdirent pas un pouce de l'étendue que leur avait donnée Mme de Pompadour. Sous l'Empire on y logea des rois : Murat avant son départ pour Naples, Joseph après son retour d'Espagne. Pendant la Restauration, lorsque l'empereur Alexandre, qui était venu y camper, fut parti, le duc de Berry et sa famille y établirent leur résidence; et ce ne sont pas tous ces occupants successifs qui auraient laissé rogner la marge de leur parc. Sous Louis-Philippe qui laissa l'Élysée presque toujours désert, la chose devint praticable, mais ne fut pas tentée. Maintenant elle est plus que jamais impossible. Ce n'est pas lorsque le palais a été aussi magnifiquement réparé, embelli, qu'on songera certes à diminuer ses dépendances, on ne s'avisera pas de le rapetisser d'un côté pendant qu'on l'a agrandi de l'autre. Vous savez en effet, que tous les terrains de l'hôtel Sébastiani ont été absorbés dans l'enceinte de l'Élysée. L'hôtel lui-même a été complètement rasé, sans que personne lui ai donné un regret; on n'y a vu que la disparition du théâtre d'un crime horrible, l'assassinat de la duchesse de Praslin.

Auprès, sous le N° 51 du faubourg, se trouve un charmant hôtel qui, Dieu merci, ne rappelle pas d'aussi effrayants souvenirs. Il a été bâti en 1772, par Boullée, pour la marquise de Brunoy, et il n'a rien perdu de sa physionomie élégante. Il est sans doute un peu mythologique ; les six colonnes ioniques de sa façade sur le jardin et la statue de Flore qui couronne le faîte sentent bien leur époque, j'en conviens ; mais le tout, vu des Champs-Élysées à travers la grille, au milieu de son cadre de verdure, n'a pas moins fort bonne grâce. Le riche américain Laventworth l'habita pendant la Révolution, et Marmont en 1815. En 1843, la princesse russe Madame de Bragation y demeurait. Parmi les hôtels voisins qui se suivent en enfilade et qui ont presque tous un si grand air, se remarque celui de Mme de Pontalba, le plus neuf de tous et le plus brillant d'apparence. Visconti qui l'a bâti n'a jamais fait mieux comme dispositions élégantes d'une habitation particulière. Cet hôtel est non-seulement après l'Élysée le plus beau, mais le plus vaste aussi de tous ceux qui occupent le côté gauche du faubourg Saint-Honoré. L'envergure de sa façade n'embrasse pas moins de trois numéros. Son voisin, l'hôtel de l'Ambassade d'Angleterre, qui s'annonce solennellement par l'écusson britannique arboré sur son fronton, était, sous Louis XV, l'hôtel de Charost, et sous l'Empire, l'hôtel de la princesse Pauline Borghèse. Vous voyez que la galanterie brillante a devancé ici la diplomatie gourmée.

Les deux hôtels qui touchent celui-ci,

comptaient parmi les premiers qui eussent été bâtis dans ce faubourg. Ils dataient de 1718, comme l'Elysée. Grandhomme les avait construits, l'un pour le président Chevalier, l'autre pour sa sœur Mme Le Vieux, maîtresse de Ponsange, le mousquetaire qui la ruina, et femme de ce traitant qui, lui, ruina les hospices en 1689 et détermina leur banqueroute, « faisant, comme dit La Bruyère, du *fonds perdu...* un bien perdu. » Les gens de finance, Le Gendre, qui avait épousé la fille de Mme Le Vieux, puis Perinet, tous deux fermiers généraux, s'y prélassèrent assez longtemps ; enfin, les grands seigneurs s'y établirent : M. de Guébriand dans l'un, M. de la Trémouille dans l'autre. Sous l'Empire, ils avaient été réunis sous le nom collectif d'hôtels Montchenu, et depuis lors ils étaient passés à divers propriétaires ; lorsqu'enfin ils furent achetés par M. Pereire qui, changeant tout, bouleversant tout, fit bâtir une grosse maison, avec haute et large façade sur la rue, à la place de ces jolis hôtels, qui, suivant la tradition des nobles logis d'autrefois, étaient gracieusement assis entre cour et jardin.

L'hôtel qui fait face à la rue d'Anjou, fut bâti par Gabriel pour M. Blouin, gouverneur de Versailles, puis embelli par Molinos et Legrand pour M. de Marbœuf, en 1790. Il a été ensuite habité par le duc d'Albuféra. Son voisin, qui commence la série de ces belles demeures, est l'œuvre de L'Assurance, l'un des bons architectes du dernier siècle. C'est pour la princesse de Montbazon qu'il le construisit. Me voici au bout de la rue du Faubourg-Saint-Honoré, mais la liste des hôtels historiques qui embellissent ce quartier est loin d'être épuisée. J'en aurais bon nombre à citer encore, soit parmi ceux qui sont détruits, comme l'hôtel de Duras qui avait été bâti par Boffrand en 1718, presqu'en face de l'Elysée et près de la rue à laquelle il a donné son nom ; soit parmi ceux qui sont restés debout, comme le grand hôtel de Beauveau, dont Le Camus de Mézières donna le plan et dirigea les travaux, peu d'années avant la Révolution. Sous l'Empire, il avait eu le sort de plusieurs de ces vastes demeures que la nouvelle noblesse ne suffisait pas à peupler toutes. Il était devenu un hôtel garni sous le nom d'*hôtel du Prince de Galles*. C'était un des meilleurs de Paris, et le prince auquel il avait emprunté son enseigne, avait promis d'y venir loger si la paix lui permettait jamais de faire le voyage de Paris. Or, on sait ce que dura la guerre. En 1827, on eut le projet de construire à la place de cet hôtel un second théâtre de l'Opéra-Comique; idée assez folle pour ce temps-là, mais qui serait peut-être bonne pour celui-ci. Plus avant dans le faubourg, se trouve l'hôtel de Mme de la Vaupalière, l'une des amies et des correspondantes de Voltaire; et non loin de là, en revenant rue d'Angoulême, au coin des Champs-Elysées, je retombe au milieu de souvenirs et à la porte d'un logis du même temps. C'est la petite maison que le comte d'Artois a fait bâtir pour Mlle Contat, et qui fut habitée par la charmante comédienne jusqu'à l'époque où, devenue Mme de Parny, elle émigra rue de Provence. Le ministre des affaires étrangères d'Italie, le comte de Mareschachi, vint ensuite l'occuper, et c'est ce qui, sur les cartes du temps, lui a fait donner le nom d'*hôtel d'Italie*. Il est encore intact avec sa terrasse sur l'un des bas-côtés de la promenade, son rez-de-chaussée

fermé de longues portes à persiennes et
à perron. Il ne faut que voir cette maison
pour comprendre ce qu'étaient les
Champs-Elysées en 1780, et de quelle
manière on y entendait les habitations.
On y bâtissait, non comme à la ville,
mais comme à la campagne.

Sur le même côté, mais bien plus loin,
au coin de la place Louis XV, cette maison a sa pareille, seulement avec des
proportions plus vastes, c'est l'hôtel La
Reynière. Même terrasse basse, qu'un
mur d'appui défend seul, et qui permet
au regard de s'étendre sans obstacle sur
la promenade voisine, dont la verdure
semble ainsi se confondre avec celle du
jardin et la prolonger ; même aspect,
même physionomie faisant croire que ce
n'est pas là un hôtel ordinaire, mais un
château égaré au coin d'une ville. C'est
pour le fermier général Grimod de La
Reynière qu'il a été bâti. Au mois de
mai 1770 il n'était pas achevé. Nous devons cette date à Mme de Genlis qui pré-
tend y être venue voir d'une des fenêtres le feu d'artifice tiré sur la place
Louis XV, lors du mariage du Dauphin,
et qui se termina par un si épouvantable
accident. On y faisait très-grande chère,

et l'on disait de cette maison qu'elle était
la meilleure auberge des gens de qualité.
Mme d'Oberkick, qui la visita au temps
de sa splendeur, en raconte des merveilles : « On ne peut, dit-elle, se figurer
sans les avoir vus ce que sont ces appartements. Quelle recherche ! quelle coquetterie ! les cabinets de toute sorte,
les niches, les draperies, les porcelaines,
enfin, une véritable curiosité. Nous y
restâmes deux heures, et nous n'en avons
pas vu la moitié. » Le fils du fermier
général, illustre auteur de l'*Almanach
des Gourmands*, continua de son mieux
et autant que la Révolution, qui le ruina presque, pouvait le lui permettre, la
tradition de ce luxe et surtout de cette
bonne chère. Mais sa principale préoc-
cupation, on le sait, fut de relever, d'é-
picer le tout par des excentricités bouffonnes. Il se donnait toute sorte de qua-
lifications étranges, entr'autres celle-ci :
ancien pêcheur. Ne songeait-il pas,
lorsqu'il la prit, à l'ancien nom que portait encore la rue des Champs-Élysées,
quand son père y avait construit son
hôtel ? Elle s'appelait, sans doute à cause
de l'enseigne de quelque cabaret, *rue
de la Bonne Morue*. Après 1815, Wel-

lington habita pendant trois ans et demi
l'hôtel de la Reynière, aux frais de la
ville de Paris, « fourni de tout absolu-
ment, dit Fortia de Piles, même de mar-
mites et de casseroles. » En partant, le
noble duc, par une distraction économique, oublia le portier. L'ambassade ottomane a longtemps occupé l'hôtel La
Reynière. Elle ne l'a même quitté que
pour aller s'établir rue de Grenelle-Saint-
Germain. Maintenant c'est, je crois, un
cercle qui y siége.

Dans cette même *rue des Champs-Elysées* (1), voici quelques autres hôtels re-
commandés par d'intéressants souvenirs :
celui par exemple qui fait presque face
à l'hôtel La Reynière, et qui est tout
rempli des grands noms de l'Empire : le
maréchal Serrurier, le duc de Raguse,
etc. ; cet autre encore du même côté, au
N° 6, qui servit longtemps de demeure à
Junot, et où se donnèrent ces fêtes brillantes dont sa femme la duchesse d'A-
brantès, se laissant aller à l'exagération
des regrets et de l'imagination, a su encore embellir les merveilles dans ses

(1) Aujourd'hui rue Boissy-d'Anglas.

Mémoires et dans son livre des *Salons de Paris.*

La *rue Royale,* qui est la magnifique parallèle de cette rue des Champs-Ely-sées, n'a rien perdu de la monumentale uniformité qui lui fut donnée en 1757, de par une ordonnance royale. A peine s'est-il aventuré quelques boutiques, un relieur, un pâtissier, un sellier, au rez-de-chaussée de ces beaux hôtels ! C'est toujours la noblesse qui les habite. Du moins à l'apparence, à voir ces hautes fenêtres à draperies, ces grandes portes qui ne s'ouvrent que pour laisser sortir des domestiques en livrée, de brillants chevaux de main, de riches équipages, semble-t-il qu'elle n'en a pas délogé. On peut, avec un peu de complaisance pour le présent, se croire à l'époque où M. de Gouvernet, le marquis de Chastenet, cette spirituelle mais si méchante Mme de Coislin, le duc de Fronsac occupaient quelques-uns de ces hôtels ; mais je crois qu'il faudrait bien chercher pour y trouver quelques noms du monde lit-téraire, comme à l'époque où Suard lo-geait au N° 13 et Mme de Staël au N° 6. C'est là qu'elle mourut le 14 juillet 1817. Dans la *rue d'Anjou,* qui le dispute à

celle-ci et à la rue du faubourg-Saint-
Honoré pour la qualité des personnes
qui l'habitent, voilà de fort beaux hôtels encore. Les plus anciens datent de
loin déjà, non pas pourtant de la fin du
XVIe siècle, alors que cette rue s'appelait *rue des Morfondus,* mais bien de
la fin du XVIIe tout au moins. Ils por-
tèrent d'abord de fort beaux noms à
leur frontispice. C'étaient, au No 11,
l'hôtel de Créqui; au No 9, l'hôtel
de Contades, puis les hôtels d'Espa-
gnac, de Beaufremont, de Nicolaï, de
la Belinaye, etc. La Révolution vient,
et qui trouvons-nous dans cette rue
dépeuplée par l'émigration ? Chabot,
l'ex-capucin, qui se prélasse au No 19,
Pendant le Consulat, Moreau habita
l'hôtel placé sous le No 28; Bernadotte
l'occupa ensuite; Napoléon qui l'a-
vait acheté après la condamnation de
Moreau, le lui avait donné, et il est encore aujourd'hui la propriété de la reine
douairière de Suède. Pendant la Restauration, nous trouvons, *rue d'Anjou* :
et M. Crawfurth, dont la magnifique
galerie de tableaux prouvait le bel emploi qu'il fit de sa fortune, et le marquis
d'Aligre, et deux des grands noms du

libéralisme militant, Benjamin Constant et Lafayette ; l'un mourut au N° 15, l'autre dans l'hôtel qui porte le N° 6. Si après cette rapide visite dans les rues les plus aristocratiques de ce quartier, je vous signale en courant les modestes logis de M. Guizot et de M. de Lamartine dans la *rue de la Ville-l'Évêque*, le charmant petit hôtel Saint-Florentin qui se trouve intact au coin de cette rue et de celle *des Saussaies* ; au N° 12 de la *rue de l'Arcade*, celui du duc de Soubise, qui est resté comme le type des petites-maisons du dernier siècle, et qu'on avait rendu, pour ainsi dire, à sa première destination, quand on en fit, il y a quelques années, un lieu public assez crapuleux ; puis au N° 57 du Faubourg Saint-Honoré, l'hôtel de Castellane, qui, avec les statues de plâtre alignées sur sa façade, semble vouloir ne laisser ignorer à personne qu'il est aussi un théâtre bourgeois ; enfin, l'hôtel du duc de Lorraine à l'extrémité de la rue d'Anjou, vers la Ville-l'Évêque, je vous aurai, je crois, fait connaître la plupart des demeures recommandables à différents titres et les plus dignes d'être citées parmi celles de ces nobles parages.

Le dernier hôtel que j'ai nommé, et dont il ne reste plus un seul vestige, se trouvait à quelque distance de la première église de la Madeleine, ou plutôt de la petite chapelle qui, au XIIIᵉ siècle était déjà placée sous cette invocation, et qui servait de paroisse aux habitants du village nommé la *Ville-l'Évêque*, à cause de l'évêque de Paris, son seigneur. Elle n'était pas située où nous la voyons aujourd'hui, mais bien dans la rue même de la Ville-l'Évêque. Charles VIII en avait fait en 1491 le siège d'une confrérie pieuse assez importante et l'avait fait reconstruire en lui donnant des proportions plus en rapport avec le nombre des habitants qui déjà commençait à s'augmenter de ce côté. Deux siècles après, c'était bien mieux encore, le village était devenu une ville, et il fallait songer à agrandir de nouveau l'église. On y pourvut en 1659. La première pierre d'une *toute nouvelle église*, comme dit Loret dans sa *Muse Historique*, fut posée le 8 juillet par M. Sevin, coadjuteur de Paris. Il était temps ; l'ancienne chapelle tombait en ruine, et n'avait pas, comme dit encore Loret :

> .... Assez de splendeur,
> Ni même assez de profondeur
> Pour contenir plusieurs lignages,
> Maisons, familles et ménages,
> Qui, depuis maint an et maint jour,
> Ont fait augmenter ce faubourg.

Au nombre des gens qui, vers cette époque ou un peu plus tard, avaient établi là leur ménage, était un certain Bouteux de la Ville-l'Évêque, dont la maison était assez mal famée, d'après ce que dit Mme de Villedieu ; et Lulli, qui, préférant même au magnifique hôtel qu'il s'était fait bâtir et qu'on voit encore au coin de la rue Sainte-Anne et des Petits-Champs, la villa, ou comme on disait alors, la *maison de bouteille*, qu'il avait de ce côté, vint y mourir en 1687.

Sous Louis XV la population grossit encore ; de là un nouveau projet d'agrandir l'église. Cette fois on songe à la déplacer, à la mettre en belle évidence, dans un endroit où elle pourra compléter l'ensemble monumental dont la nouvelle place Louis XV et la rue Royale sont les plus magnifiques parties : enfin, l'on pense à la mettre où elle est. Une ordonnance royale fut rendue le 6 février 1763 ; un grand espace dépendant du prieuré *de Notre-Dame de-Grâce*, qui était occupé par les Bénédictines anglaises, et qui a laissé son nom à l'une des rues voisines, fut acheté, et Coutant d'Ivry, l'architecte nommé, se mit à l'œuvre. Le travail marcha lentement, à ce point qu'en 1774 le curé de la Madeleine ne savait pas encore au juste quelles proportions aurait sa nouvelle église, et il était utile que Sedaine, en sa qualité d'architecte, lui écrivit pour le rassurer à ce sujet. Voici quelques lignes de sa lettre datée du 13 juillet 1774 et restée inédite : « Lorsqu'on réfléchit, dit-il, qu'il y a cent ans, un moulin à vent tournait à la place même où est l'autel de la Vierge, à Saint-Roch, on ne doit pas douter que l'église de la Madeleine ne doive être construite de façon à contenir un très grand-nombre d'habitants. » Lors de la Révolution, ce fut bien pis. Ce qui marchait à peine, s'arrêta tout-à-fait. Quand vint l'Empire, les projets furent repris, mais on ne sut d'abord que faire du monument commencé. On se trouva dans le même embarras que le statuaire de la fable devant son bloc :

Sera-t-il dieu, table ou cuvette ?

Fera-t-on de ce grand bâtiment dont les assises sortent à peine de terre, le palais du Corps Législatif, la Bibliothèque impériale, le Tribunal de Commerce, le Temple de la Gloire ? Tous ces projets, le dernier principalement, furent tour-à-tour en question. Enfin, il n'est rien à quoi l'on ne songea, sinon pourtant à remettre la Madeleine dans le monument entrepris pour elle. Pendant ce temps la pauvre paroisse étouffait sous l'étroite rotonde de l'*Assomption,* tout près de la maison que Fontenelle le philosophe avait habitée un demi-siècle, en face de celle que le séjour de Robespierre avait rendue fameuse. Enfin, on la retira de cette chapelle, qui, bâtie pour une simple communauté de religieuses, les *Haudriettes* du Marais, n'avait jamais pu lui suffire. On la replaça dans ce sanctuaire, dont la forme dut bien l'étonner quand elle y entra. On lui avait promis une église, elle trouvait un temple grec.

4

Mais passons : telle qu'elle est aujour-
d'hui, la Madeleine ne nous appartient
plus ni comme histoire ni comme description. Continuons notre course, suivons les boulevards.

IV

Les boulevards. — Ses maisons curieuses. — La
 Chaussée-d'Antin. — Ses galants hôtels, et
 ses hôtels de haute noblesse. — Mirabeau à la
 Chaussée-d'Antin. — Pourquoi la rue de la
 Victoire s'appelait autrefois rue « Chante-
 Reine. » — Bonaparte l'habite avec Joséphine
 à son retour d'Italie. — Le monde des artistes
 et le monde de la finance au quartier Bréda.
 — Souvenirs que rappellent les noms des rues
 avoisinantes.

Le boulevard de la Madeleine, qui se
présente d'abord, n'a que depuis peu
d'années l'aspect brillant, la physionomie animée que nous lui trouvons aujourd'hui, et qui le rendent digne de
commencer cette longue ligne si bien
continuée par les boulevards des Capucines, des Italiens, etc. Nous l'avons vu
triste et presque désert pendant le jour,
à peine éclairé et presque dangereux, la

nuit. Depuis la place de la Madeleine
jusqu'à la rue Neuve-du-Luxembourg(1),
tout le côté droit était occupé par de
grands terrains sans constructions, débris morcelés du vaste enclos des Filles
de la Conception, dont le couvent se
trouvait à l'angle de la dernière des rues
que je viens de nommer et de la rue
Saint-Honoré. En l'an XI, on avait percé, sur un coin de cet espace, la *rue
Duphot*, qui, en venant aboutir à la
rue Saint-Honoré, avait emporté une
partie de la maison habitée par Robespierre, et dont je vous parlais tout à
l'heure. En 1807, la *rue Richepanse*,
qui doit son nom, comme la première,
à un général mort vers ce temps-là,
avait fait une autre trouée dans ces
mêmes terrains de la Conception ; mais
les deux rues et le boulevard auquel
elles aboutissaient, tout était resté désert. En l'an XII, ce coin de Paris était
si bien connu comme l'un des moins
fréquentés, que Pichegru, Moreau et La
Jolais le choisirent pour rendez-vous de
leur conspiration. C'est là, à quelque
distance du carrefour des Capucines,

(1) Aujourd'hui rue Cambon.

qu'ils se. réunirent, le 30 pluviôse, à
neuf heures du soir, pour bien concerter
les moyens d'exécution du coup de main
qu'ils préparaient contre le premier
Consul, de complicité avec l'Angleterre.
Depuis lors, l'histoire politique et révolutionnaire de ce boulévard s'est aug-
mentée de plus d'une page. Il a vu les
convois tumultueux de Dulong, de Lafayette, de Lamarque ; il a entendu, le
soir du 23 février 1848, le coup de pis-
tolet du ministère des Affaires Étrangères ; le général Changarnier y est
venu arrêter de front l'armée de l'émeute
au mois de mai 1849 ; enfin, depuis l'an
XII, tout ce que les révolutions en-
traînent de sanglants désordres et de
déroutes bouffonnes s'est agité de ce
côté ; seulement on n'y a plus, que je
sache, conspiré en plein air !
  Les habitations s'étaient peu à peu
construites, la population élégante est
arrivée ; enfin, le gaz — qui ne fut pas
l'un des premiers venus par ici, car, en
1835 les réverbères y brillaient encore
de leur fumeux éclat — avait dit son *fiat
lux* ; n'en était-ce pas assez pour que
les visiteurs sinistres n'y vinssent plus
hasarder leurs conciliabules ? Il fallut

toutefois beaucoup de temps pour ame-
ner ces embellissements, cette animation
surtout qui est le meilleur gage de la
sécurité d'un quartier. En 1817, par
exemple, j'en ai pour preuve un ordre
donné le 21 octobre par M. Anglès,
préfet de police, les vagabonds noctur-
nes pullulaient dans tous ces parages :
le boulevard, la rue Basse-du-Rempart,
etc., et il fallait prendre les mesures les
plus énergiques pour leur expulsion.
Maintenant, c'est à toute heure, au contraire, l'un des quartiers les mieux han-
tés. Les beaux magasins qui s'y firent
longtemps attendre, font ruisseler le
soir l'éclat de leur splendide illumination sur le trottoir et jusque sur la
chaussée. Leur ligne continue se prolonge sans interruption dans toute l'é-
tendue du côté droit, longtemps le plus
désert. Ils occupent le rez-de-chaussée
des magnifiques maisons bâties sur les
derniers restes des terrains dont je vous
ai parlé, et qui en grande partie avaient
fini par passer aux mains de M. le comte
Morel de Vindé, de là le nom de la
Cité Vindé, le plus bel ensemble d'habitations que nous trouvions dans cet
alignement.

L'autre côté du boulevard a un aspect différent. Ses maisons sont d'un tout autre style, si l'on peut toutefois dire qu'elles en aient une. Elles datent, pour la plupart, de la Restauration, et sont par conséquent contemporaines, soit de la *rue Godot*, qui fut percée, en 1818, à la place de l'ancienne *impasse de la Grille* et sur des terrains appartenant à MM. Godot de Mauroy frères, dont elle porte le nom; soit de sa voisine et de sa parallèle, la *rue de la Ferme-des-Mathurins*. Celle-ci qui, par son nom, rappelle la vieille métairie où Jeanne D'Arc, assiégeant Paris, fit porter les blessés de son armée, et dont on retrouve quelques restes au N° 57 de la *rue Neuve-des-Mathurins*, ne servit d'abord, lors de son percement en 1775, qu'à mettre en communication cette dernière rue et celle de *Saint-Nicolas-d'Antin*. C'est seulement en 1824 qu'elle fut prolongée jusqu'au point du boulevard d'où nous suivrons la double ligne de ses hautes et silencieuses maisons, habitées presque toutes par des magistrats ou des banquiers, et ne s'animant guère que les soirs d'hiver, à l'heure des bals et des concerts, quand les premiers étages s'il-

luminént, quand chaque trottoir de la
rue se borde d'une file de voitures.
MM. La Faulotte et Godot avaient aussi vendu les terrains sur lesquels on l'ouvrit, et que coupait auparavant une
sorte de ruelle, appelée *passage du
Chantier* de l'Ecu. Là, en effet, comme
dans tous les environs, se trouvait un
de ces immenses amas de bois à brûler,
dont les derniers n'ont disparu que pour
faire place aux beaux hôtels de la *rue
Tronchet,* aux maisons plus animées de
la *rue du Hâvre,* en face de la gare du
chemin de fer de Rouen ; enfin, plus
près du boulevard, aux habitations d'aspect aristocratique qui forment le côté
droit de la *rue de Sèze.* Encore en 1858,
au lieu de la gracieuse façade qui du fond
de cette rue regardait sur le boulevard,
on pouvait voir s'amonceler de hautes
piles de bois.

Ceci nous a peu à peu conduit jusqu'au
coin de la *rue Caumartin,* qui, vous le
devinez tout d'abord, rien qu'à l'air des
maisons qui sont à ses deux angles, n'eut
pas aussi longtemps à attendre pour devenir ce qu'elle est. En 1775, entre la *rue
des Mathurins* et celle de *Saint-Nicolas,* sur des terrains dépendants de la

fermé dont je viens de vous parler, et
tout près de l'endroit où la construction
du *Couvent des Capucins*, devenu depuis le *lycée Bonaparte*, était déjà définitivement projetée, l'on avait ouvert
la partie de cette rue, qui jusqu'en 1849
porta le nom du président de la chambre
des enquêtes, M. *Thiroux* d'Arconville.
L'entrepreneur *Sandrié* s'était chargé
des travaux. C'est le même qui a laissé
son nom au passage voisin où il avait
ses chantiers. Comme ils aboutissaient
aux anciens fossés de la ville devenus
la *rue Basse-du-Rempart*, il se faisait
appeler Sandrié des Fossés. La rue Caumartin ne tarda pas à être poussée plus
avant. En 1780, elle touchait au boulevard et prenait le nom qu'elle a gardé
et qu'elle doit au prévôt des marchands
alors en exercice. Chemin faisant, on
avait percé sur la gauche la petite rue
dont le greffier de la ville, M. *Boudreau*
fut le parrain, et cette autre qui fait retour sur la rue des Mathurins et a laquelle M. *Trudon*, l'ancien échevin,
prêta son nom. C'était un petit coin très-
ignoré; l'hôtel de Mlle Rachel l'a fait
connaître de tout le monde. Quiconque
n'a pas visité ce charmant logis, auquel

il ne manque guère que les jardins de l'hôtel de M. Mirès, qui s'étendent par derrière, y a mis certes de la mauvaise volonté. Combien de fois, en effet, cette coquette maison d'une tragédienne qui veut faire parler d'elle à Paris, même quand elle est en Egypte, n'a-t-elle pas été affichée, décrite, montrée dans tous ses détails, lors même que ses curiosités étaient des souvenirs et des reliques; que de fois n'a-t-elle pas été mise en vente... pour n'être pas vendue!

Des deux maisons formant l'entrée de la rue Caumartin sur le boulevard, et dont je vous faisais tout à l'heure regarder les façades qui rappellent si bien par leur ornementation le goût du règne de Lous XVI, il en est une, non pas celle qui a ces deux statuts mythologiques et ces faisceaux d'attributs lyriques, pour décorations, mais l'autre, celle de droite, dont je veux en quelques mots vous dire l'histoire, ou tout au moins vous raconter la fondation. En 1780, il y avait à Paris un Marseillais fort riche, qui était bien le plus grand original qui se pût voir. La gêne lui était si odieuse que, pour se débarrasser du chapeau qu'on portait alors sous le bras, et de la petite

épée qu'on devait avoir au côté, il avait
fait peindre un chapeau-cláque sur le
flanc gauche de son habit, et s'était fait
organiser, avec ressorts et charnières,
une sorte de petite brette qui ne tenait
pas plus de place qu'un couteau. Lorsqu'il courait les rues, il la portait dans
sa poche; arrivé aux endroits où il allait
en visite, il faisait jouer les ressorts,
adaptait la poignée, se passait le tout au
côté et entrait. Il n'était venu à Paris
que pour trois mois, et il y resta trois
ans. Sa famille était toujours à Marseille.
Il fallait donc prendre un parti, aller la
rejoindre ou lui dire de venir. Il hési-
tait; un de ses amis lui dit: « Décidez-
vous à tête ou pile » Il jeta un écu en
l'air : « Tête pour Marseille! » La pièce
en tombant présenta l'écusson. « Va
donc pour Paris! » cria-t-il, et il écrivit
à tout son monde d'arriver. Il fallait
le loger; il ne s'en mit pas longtemps en
peine. En passant sur le boulevard, il
voit un homme qui colle une affiche au
coin de la rue Cauhrartin nouvellement
percée. C'est un terrain à vendre, et l'affiche est posée sur la palissade même qui
l'enclôt! Il n'a donc pas une longue course
à faire pour l'aller voir; il y jette un

coup-d'œil, se rend chez le propriétaire, demande le prix. On lui dit 200,000 livres ; il répond 50,000 écus, et donne jusqu'au lendemain à midi. A l'heure dite, le propriétaire arrive et l'affaire est faite. Elle fut très bonne pour l'expéditif acquéreur. « Il fit bâtir, dit Fortia de Pile, de qui nous tenons l'anecdote, revendit le tout, à l'exception d'une maison où il était logé et où il avait plusieurs locataires ; il lui resta, tous les frais d'achat et de bâtiments remboursés, cette maison et 17,000 livres de rente assises sur ce terrain »

Cette époque de 1780 était le temps du bon marché des terrains dans ce quartier où il sont devenus si chers. On ne s'y hasardait encore qu'à grand'peine pour acheter et surtout pour bâtir. Je jurerais même que l'acquisition faite par notre Marseillais, et qui devint une si belle affaire, passa d'abord pour l'une de ses plus authentiques folies. Qui pouvait alors, en effet, venir de ce côté, près de cette rue Basse-du-Rempart qui, si bien habitée aujourd'hui et mise presque de plain-pied avec l'asphalte de la promenade, par les abaissements successifs du terrain, n'était alors en réalité qu'un fossé

bordant des marais, disgracieusement
défendu par de lourds parapets, et que
d'affreux escaliers, aux marches mal join-
tes et humides, mettaient en communication avec le boulevard ? Pour venir dans
ces bas-fonds boueux, il fallait être ex-
travagant, comme notre homme de tout
à l'heure ; avoir la passion de la solitude
en véritable anachorète, ou bien connaître
la nécessité de l'isolement, sauve-garde
de certaines existences, comme la fameuse
Mlle Duthé, qui, ne se trouvant pas satis-
faite de la petite maison qu'elle avait
dans le faubourg Saint-Denis, en face du
clos Saint-Lazare, et désirant se rappro-
cher de Paris sans toutefois y entrer, se
fit donner la petite maison qui se trouvait
jusqu'en 1843 au No 68 de la rue Basse.

Plus on se rapprochait de la Chaussée-
d'Antin, qui devait comme vous savez,
son nom à la chaussée pavée que le duc
d'Antin avait jetée sur le marais appartenant à l'hôtel-Dieu, pour établir une
communication entre la rue Louis-le-
Grand, voisine de son hôtel, et la hauteur de Montmartre, en passant par les
Porcherons ; plus, dis-je, on se rapprochait de ce grand chemin devenu une si
belle rue, et plus on rentrait dans la

partie habitable du faubourg. Déjà même
c'était une mode d'y venir loger. Les
gens de plaisir et les gens de finance,
qui sont toujours les premiers dans les
quartiers neufs où rien ne gêne, où l'on
peut se faire un petit nid commode, suivant son goût, tout aussi bien qu'une
magnifique demeure, selon sa fortune,
ne s'étaient pas fait attendre. Depuis
l'entrée du boulévard jusqu'au *chemin
d'Argenteuil* ou *des Porcherons*, aujourd'hui la *rue Saint-Lazare*, les petites maisons galantes s'étaient peu à peu
échelonnées sur cette longue voie. La
butte Saint-Roch qui, depuis le XVIIe
siècle jusqu'alors, était restée le quartier à la mode, le quartier galant, financier et bel esprit, avait elle-même été
désertée en masse pour ces parages
dont la vogue dure encore. Ainsi, pendant que d'Argental quittait la rue de la
Sourdière, pour venir non loin d'ici à la
Grange-Batelière, Mme d'Epinay faisait
de même ; elle abandonnait la rue Sainte-
Anne et venait se loger avec Grimm au
coin du boulévard et de la chaussée d'Antin dans cet hôtel où, en 1778, Mozart chassé de l'auberge de la rue du *Gros-Chenet* par la mort de sa mère, fut si heu-

reux de leur hospitalité. L'amie de Diderot, Mlle Volland, avait aussi dit adieu
à sa chambrette de la *rue du Clos-Georgeot*, et s'était installée, rue Saint-Lazare, dans un petit pavillon du *château
du Coq*, vieux manoir que Louis XI
avait visité et dont rien ne reste qu'une
porte, depuis longtemps condamnée, et
à moitié enterrée, presqu'en face de la
rue de Clichy. Peu à peu ont disparu
les bâtiments à l'aspect un peu sombre,
faisant contraste avec la physionomie
gaillarde des guinguettes environnantes,
avec la gaîté du cabaret de Ramponneau,
cette grande renommée des *Porcherons*, dont, collégien du collége Bourbon en 1836, nous avons vu, au coin de la
rue de Clichy, les derniers ombrages. Ils
ont cédé la place au manége du vicomte
d'Aure, et à cette sorte de long hangar
qui, après avoir servi à l'exposition des
bronzes de Thomire, puis à des bals assez
crapuleux, se trouve être aujourd'hui
la salle des *Concerts Sainte-Cécile*.

Les filles d'Opéra qui, nous l'avons
fait voir dans notre livre de *Paris démoli*, s'étaient longtemps complu sur la
butte Saint-Roch, avaient aussi émigré
par ici. Marie Rinteau, Mlle *Verrière*,

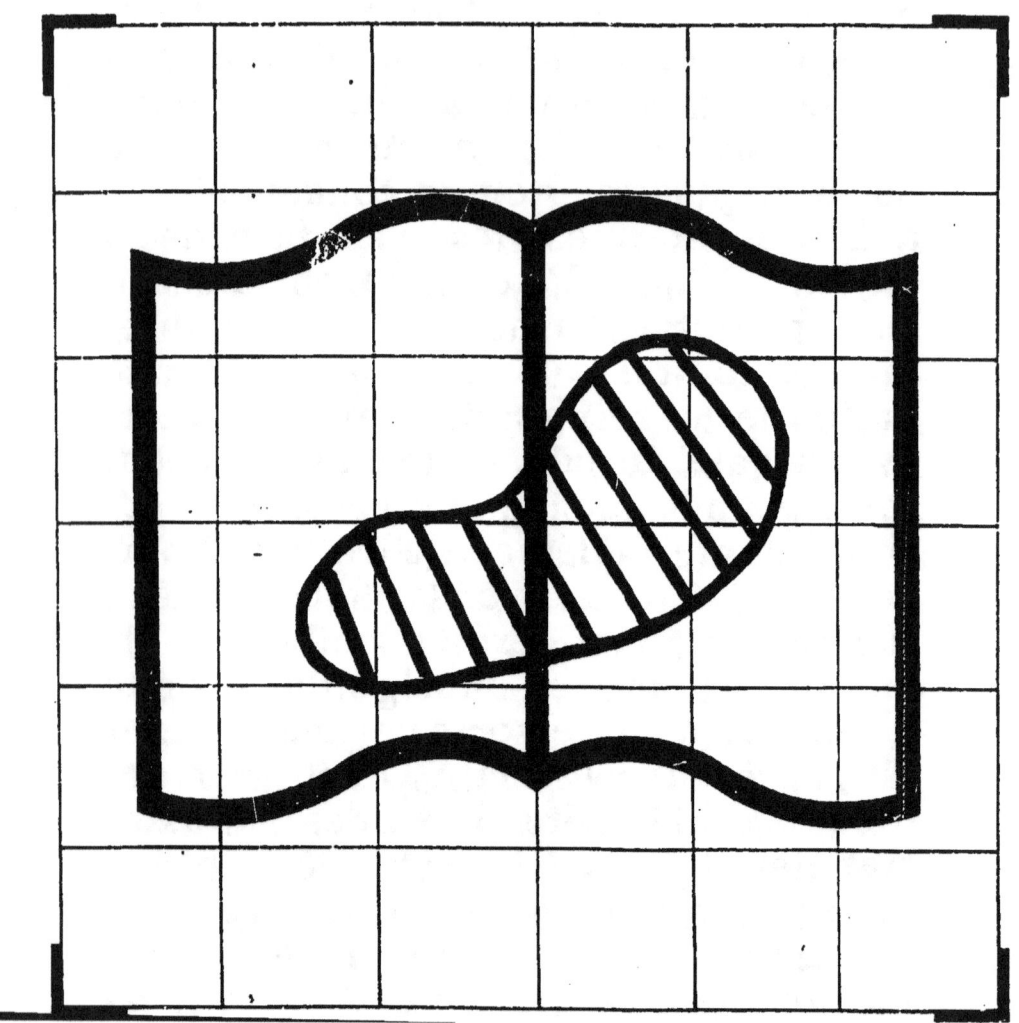

pour l'appeler par son nom de guerre ou de
théâtre, M⁰ Guimard, M⁰ Sophie Arnould, M⁰ Dervieux, etc., toutes viennent par ici ou veulent y venir. M⁰ Dervieux se fait bâtir, au N° 34 de la rue
Saint-Lazare, une charmante maison
dont « l'ameublement seul, dit quelqu'un
du temps, valait la rançon d'un roi ».
Quand cette demoiselle de l'Opéra en fut
sortie, qui vint s'y établir ? le plus riche
banquier de la Belgique, M. Vilain XIV,
puis Louis Bonaparte, grand connétable
de l'Empire, enfin, la légation des États-
Unis. Jugez par là de la beauté de cette
demeure de comédienne. Le jardin anglais était surtout merveilleux.

C'est rue de la Chaussée-d'Antin, sur
la gauche, à deux pas du boulevard, à
l'endroit même où les grands magasins
de nouveautés de la Chaussée-d'Antin se
sont installés depuis 1845, que la Guimard se fit construire un hôtel. Ledoux
en donna les plans, Fragonard en commença les peintures, mais ne les termina
pas. L'avare danseuse, l'avait chicané
sur le prix, et l'on s'était brouillé. (1).

(1) V. *Chroniques et Légendes des Rues de
Paris,* p. 345 et suivantes.

Mˡˡᵉ Guimard avait un théâtre dans son
hôtel et un autre encore à sa maison de
Pantin, où venait, comme bien vous pensez, le plus noble public, où jouait l'é-
lite des grandes troupes. A mener grand
train, on se ruine vite. Bien que dans
son désordre la Guimard poussât l'ordre
jusqu'à la plus stricte économie, elle se
trouva en 1786 dans de grands embarras
d'argent. Sa meilleure ressource était
son hôtel; elle le mit en loterie à cinq
louis le billet. Il y en avait deux mille
cinq cents. Ce fut la comtesse Du Lau
qui gagna avec un seul billet. Peu de
temps après, l'hôtel fut acquis par le
banquier Perregaux, dont Laffitte fut le
commis, l'associé et enfin le successeur.

Il n'est pas le premier des hommes de
finance qui soit venu à la Chaussée-d'Antin. En 1775, M. de Saint-Foix, des
fermes générales, s'était fait bâtir tout
près, dans la rue Basse, la jolie demeure
que nous connaissons tous sous le nom
d'*hôtel d'Osmont*. C'est l'œuvre la plus
élégante de Brongniart. Remanié en 1798
par Sobre, afin qu'il pût servir à la fois
d'habitation à M. Saint-Foix qui avait ses
appartements sur la rue, et à M. Carène
qui logeait sur le jardin, il ne perdit

rien de son gracieux aspect. Tant que Mme d'Osmont l'habita, il garda aussi son caractère élégamment aristocratique, et l'on put espérer qu'il serait encore longtemps respecté; mais depuis que des concerts s'y sont installés, on ne peut plus compter sur rien. Ces bruits-là me semblent bien sinistres pour cette belle maison qu'on appellerait un palais en Italie; ils me sonnent à l'oreille comme des glas de destruction. L'ancien *hôtel de Longueville* dans la *rue Saint-Thomas-du-Louvre* ne tomba qu'après avoir été profané par un bal public. J'ai bien peur qu'il n'en soit de même pour l'hôtel d'Osmont.

Tout près des magasins qui remplacent la maison de la Guimard, se trouvent une longue allée bordée d'arbres et au fond un bel hôtel. C'est un autre banquier, M. Necker, qui le fit bâtir par l'architecte Cherpitel, sur un emplacement retenu d'abord par Mlle Sophie Arnould. Elle voulait élever à la muse du chant un temple rival de celui de la danse; elle avait donc commandé à Ledoux une maison capable d'éclipser sa voisine. Ledoux fit les dessins, que nous avons vus à la Bibliothèque, et ce fut tout. Cette

belle guerre de jalousie et de mi-
toyenneté entre muses galantes s'éva-
pora au projet. L'hôtel bâti par Necker
fut habité sous le Consulat par le banquier Récamier et par sa femme, cette
reine de beauté et de grâce que nous retrouvons à l'*Abbaye-aux-Bois*. Sous le
gouvernement de Louis-Philippe, il servit de résidence à la légation de Belgique, et Mᵐᵉ Léhon y trôna longtemps.
Vous voyez que dans ce bel hôtel la
beauté n'a presque pas eu d'interrègne.
Il existe encore aujourd'hui, mais l'étendue de ses jardins a été bien diminuée ;
on y a pris tout le terrain dit jeu de paume du passage Sandrié.

Pour faire contraste avec ce monde un
peu mêlé de gens de finance et de femmes de théâtre, voici quelques personnes de haute noblesse qui prennent pied
de ce côté et y font bâtir. A l'angle du
boulevard et de la Chaussée-d'Antin,
c'est d'abord M. de Montmorency, pour
qui Ledoux construisit en 1772 l'hôtel
monumental dont la pharmacie Planche,
boutique natale de notre critique le
moins édulcoré, occupait le réz-de-chaus-
sée, et qui fut remplacé vers 1858
par une sorte de grand phalanstère

baroque, troué de mille fenêtres et
bariolé d'autant d'architectures différentes qu'il y a d'étages. De l'ancien hôtel rien n'est resté que la pharmacie du
rez-de-chaussée, dont les trois statues de
Toussaint, posées en cariatides au-dessus de la porte principale, semblent narguer les juleps par la belle santé de leur
sculpture. Tout au bout de la rue, de
l'autre côté, à l'angle de la rue Saint-Lazare, était un autre hôtel seigneurial,
celui de M. le Marquis de Montfermeil ;
il était voisin de la coquette maison que
Ledoux en 1771 avait bâtie pour Mlle Saint-Germain, vis-à-vis de la rue de la *Croix-Blanche*, ou rue *Blanche*, comme nous
sommes arrivés à l'appeler avec notre
manie d'abréviation.— L'hôtel de Mme de
Montesson (duchesse d'Orléans anonyme)
et bas-bleu méconnu, se trouvait vers le
milieu de la Chaussée-d'Antin (1). Vous
jugerez de l'immensité des bâtiments et
des jardins de cette grande demeure,
quand je vous aurai dit que la *Cité d'Antin* en occupe tout l'espace. Avec Mme de
Montesson, qui avait là son théâtre,

(1) *V. Chroniques et Légendes des Rues de Paris*
p. 189.

comme à son château de Saint-Assise,
c'est la comédie que nous trouvons ici ;
avec les banquiers Michel, qui viennent
ensuite y étaler tout l'éclat de leur mys-
térieuse fortune, c'est le drame ; avec le
prince de Schwartzenberg, qui en fit
l'hôtel de la légation autrichienne, c'est la
tragédie. On se rappelle, en effet, sans
qu'il me faille la raconter ici, cette fête
donnée à Napoléon et à la nouvelle impératrice Marie-Louise, fête de sinistre
passage, dont un incendie qui fit tant
de victimes, fut le dénoûment (1)

Auprès, au N° 42 de la rue de la
Chaussée-d'Antin, mourut Mirabeau,
dans une maison sur la façade de laquelle on lut, pendant quelques années,
cette inscription, due, selon les uns, à
Chénier, selon d'autres, à Talma, qui
occupa quelque temps l'appartement du
célèbre tribun : « L'âme de Mirabeau
s'exhala dans ces lieux ; hommes libres,
pleurez ! tyrans, baissez les yeux. »
Mirabeau, dont la rue qui l'avait vu
mourir prit le nom pendant deux ans,
avait impatronisé l'éloquence dans ce
quartier. Elle n'y manqua plus de repré-

(1) V. *Chroniques et Légendes*, p. 191.

sentant. Vergniaud logeait au N° 23 de
la rue de Clichy, quand on vint l'arrêter,
et le général Foy habitait l'hôtel tout
récemment rebâti qui fait le coin des
rues de la Chaussée-d'Antin et de la
Victoire. Il était assez ancien et datait
certainement de l'époque où cette dernière rue, dont les murs trop avancés
rétrécirent longtemps l'entrée, n'était
qu'un chemin marécageux qui devait
aux grenouilles y faisant leur tapage,
son nom de rue *Chante-Reine*. On sait
que l'appellation triomphante qui a
remplacé celle-ci lui vient du général
Bonaparte. Et qui plus que lui était en
droit de donner à la rue qu'il habitait,
la Victoire pour marraine ? L'hôtel qu'il
occupa avec Joséphine depuis son retour
d'Italie jusqu'au 18 brumaire, porté le
N° 52 et se voit encore intact au fond
d'une longue avenue. Ledoux, l'architecte à la mode de tout ce quartier neuf,
l'avait bâti, moins comme une maison
de ville que comme une villa pour Condorcet, le marquis philosophe, qui préféra dès lors cette demeure tranquille à
l'hôtel occupé longtemps par lui rue
Neuve-Saint-Augustin en face de l'hôtel
Richelieu. Lorsque Condorcet eut de-

vancé l'échafaud par le suicide, sa maison fut achetée par Julie Carreau, l'une
des reines de la galanterie à cette époque,
et Talma qui l'avait épousée l'occupa
plus tard avec elle. C'est de lui que
Bonaparte, son ami, avait acquis cette
demeure, au prix de 180,000 fr. A son
départ pour le palais du Petit-Luxem-
bourg, sa première étape vers les Tuileries et l'Empire, il en fit cadeau au
général Lefèvre-Desnouette, dont la
veuve en était encore propriétaire il y a
quelques années. En 1860 le charmant hôtel dont un maître de pension fut
l'un des derniers lobataires, était mis en
vente, le prix de 180,000 fr. dont je
parlais tout-à-l'heure, fut plus que dou-
blé sans qu'il fut même besoin de mettre
en ligne de compte tous les souvenirs historiques pour justifier la plus value. Tout
a si bien augmenté de ce côté, et le prix
des maisons, et par suite le chiffre des
locations ! Pour que vous en jugiez, voici
quelques passages d'une lettre écrite en
1803 par une douairière qui se vantait
d'être l'une des premières venues dans
ces parages et d'avoir suivi, à son grand
dommage, toutes les vicissitudes de
vogue et de renchérissement.

« Lorsque je vins, dit-elle, demeurer à Paris, à la Chaussée d'Antin, il y a quarante-cinq ans, c'est-à-dire en 1737, ce quartier n'était pas alors le plus beau de la capitale. J'occupais un logement au premier et assez joli pour y recevoir bonne compagnie. Les temps sont bien changés! Non que je sois ruinée par les circonstances, comme chacun dit; j'ai autant de revenu qu'auparavant, mais j'ai quarante-cinq ans de plus, et, d'étage en étage, je suis montée du premier au quatrième. L'histoire de mes déménagements serait curieuse à conter; je vous en fais grâce. Je montai au second en 1779, époque où la fureur de bâtir dans ce quartier saisit tous les capitalistes et tous les cordons-bleus de la ferme générale. Je montai au troisième en 1781, lorsque la fureur de se promener sur le boulevard Italien, ce qui lui fit donner le nom de boulevard de Coblentz, nous amena dans ce quartier toutes les merveilleuses nouvellement décrassées, les nouveaux riches du patron du Palais-Royal et tous les élégants à *paole saquée*. Je ne sais où cela s'arrêtera, mais je n'ai plus qu'un étage à monter pour être sous le toit, et ce qui va vous paraître singulier, c'est que je paie mon quatrième beaucoup plus cher que je ne payais, il y a quarante-cinq ans, mon premier.

Aujourd'hui, pour le même prix, elle ne pourrait même plus se loger au grenier; malgré sa constance pour la Chaussée-d'Antin, il faudrait bien qu'elle déménageât; mais où dans Paris se logerait-elle à meilleur marché?

L'empire eut beaucoup de ses personnages dans cet opulent quartier. La *rue du Mont-Blanc*, car, pour rester dans la couleur locale, il faut ici lui donner le nom qu'elle porta depuis 1793 jusqu'en 1816, époque où elle reprit celui de la rue de la Chaussée-d'Antin, possédait à elle seule et l'hôtel du comte Ferrand, presqu'en face de l'entrée de l'ambassade d'Autriche, dont nous avons parlé déjà, et son voisin, l'hôtel du riche M. Dickmer, qui faisait le coin de la rue Neuve-des-Mathurins; puis, un peu plus avant, le joli palais sénatorial de M. le comte Barthélémy, ancien directeur, vice-président du Sénat. Il faisait l'angle de la rue à laquelle on avait donné le nom du général *Joubert*, celui de *rue Neuve-des-Capucins* ne lui convenant plus et semblant même un anachronisme bizarre, depuis que l'ancien couvent de ces moines était devenu le lycée Bonaparte. Le prolongement de la rue de la Victoire qui aboutit au milieu de cette rue Joubert, s'est frayé passage sur une partie des terrains qu'avait occupés l'hôtel Barthélemy. Ouvrard avait aussi de belles maisons dans la rue du Mont-Blanc. Mais de tous ces hôtels, le plus vaste, le plus magnifique était celui du cardinal Fesch. Vous le connaissez déjà, car il n'était autre que celui du marquis de Montfermeil, dont je vous ai déjà montré du doigt les élégantes constructions, au coin de la rue de la Chaussée-d'Antin et de la rue Saint-Lazare. L'oncle de l'Empereur y fit de très grandes dépenses, et l'on en murmura, non pas tant peut-être à cause des sommes jetées dans ces embellissements qu'en raison du quartier un peu profane, où l'on voyait un prince de l'Eglise se montrer si prodigue en constructions, en jardins, en galeries de tableaux ; c'était là surtout le grand luxe du cardinal, et partant, celui qu'on lui reprochait le plus. Mgr Fesch apprit que l'Empereur lui-même en grondait.

tout bas, et par une lettre du 14 août 1807,
il prit l'avance sur cette plainte qui
n'avait pas éclaté encore ; il s'excusa et
pour sa galerie et pour les agrandissements de sa maison. S'il avait pris soin
de former l'une, c'est qu'il avait à cœur
d'instruire, par la vue des chefs-d'œuvre,
une pépinière d'artistes ; s'il avait accru
les proportions de son hôtel, c'est qu'il
désirait en faire le refuge d'une petite
communauté de jeunes prêtres qui iraient
prêcher aux hameaux. » Puis, se justifiant
de la rue qu'il avait choisie, et où, de
bonne foi, sa présence le scandalisait
peut-être un peu lui-même, il ajoutait :
« Votre Majesté doit encore savoir que
si j'ai préféré la Chaussée-d'Antin à tout
autre quartier, c'était pour y ranimer
par de bons exemples le feu sacré de la
Religion. Il eût été avantageux de mul-
tiplier les secours spirituels en faveur
d'un quartier qui en est presque totale-
ment privé ; et je me serais fait un plaisir de mettre à la disposition des habitants ma chapelle, toute petite qu'elle
eût été, en pratiquant une entrée séparée
et extérieure par la rue Saint-Lazare. »
L'Empereur répondit le jour même, et sa
lettre peut se résumer par une phrase qui

s'y trouve, et qui dit en une ligne ce qu'il faut penser du caractère tout mondain qu'avait gardé ce quartier, en dépit des quelques graves personnages, ses nouveaux habitants : « La Chaussée-d'Antin n'est pas un quartier convenable pour un cardinal. » Mᵍʳ Fesch fut donc obligé de renoncer à l'idée de faire de son hôtel une succursale de l'école de Rome, combinée avec un séminaire.

Comme maison d'éducation, il n'y eut alors dans cette rue du Mont-Blanc, que la modeste école où Victor-Hugo, dont la famille habitait la rue de Clichy, bégaya ses premières lettres, vers 1805. Depuis, je ne sache pas qu'il s'en soit établi d'autres, en dépit du voisinage du lycée Bonaparte (1) dont je vous ai déjà dit un mot, et qui, vous le savez, s'appela *Collége Bourbon*, de 1818 à 1848. Toutes les pensions qui desservent le lycée s'éparpillent sur la pente des rues montueuses qui aboutissent à la rue Saint-Lazare, dans la rue de Clichy, dans la rue Blanche, dans la rue Pigalle, partout enfin où ne leur manquent ni l'air ni l'es-

(1) Aujourd'hui Lycée Condorcet.

pace, ces grandes ressources de l'hygiène
de la jeunesse. Ce monde enfantin s'y
trouve mêlé à un autre qui tient à lui par
plus d'un côté, par l'ingénuité des impres-
sions, par l'ardeur et l'élan : je parle
des artistes. Ils sont en nombre sur ces
hauteurs, où l'air et le jour qui leur sont
si nécessaires aussi se prodiguent à meilleur marché que partout ailleurs. Vous
trouverez toute une nichée de peintres, de
sculpteurs, d'architectes, de comédiens,
de chanteurs dans ces rues neuves, qu'on
a disposées comme les alvéoles d'une
ruche encore incomplète, mais déjà en
travail, à la place même des jardins du
fermier général La Boissière, où nous
avons vu le dernier Tivoli, et sur l'emplacement du merveilleux Éden de M.
Boursault, pour qui l'été n'avait pas
de feu, l'hiver n'avait pas de glace. Cet
homme singulier, descendant de l'auteur
dont il portait le nom, et d'abord digne
de son ancêtre par sa misère et par son
goût pour la comédie, avait trouvé moyen
de passer de la direction du *théâtre Molière*, qu'il avait fondé rue Saint-Martin, à celle de la ferme des jeux, et s'y
était fait une magnifique fortune. Bien
qu'il aimât la dépense, ses jardins en

étaient la preuve, bien qu'il ait vécu très-vieux, il ne parvint pas à se ruiner tout-à-fait. En 1840 ces terrains lui appartenaient encore, et c'est lui-même qui y faisait tracer ces rues, dont une porte son nom, et dont une autre s'appelle *rue Léonie* du prénom de sa fille, Mme Georges Katsner. Il mourut, deux ans après, à quatre-vingt-dix ans. Si vous exceptez quelques rues, comme celle-ci, comme celle de *Perdier*, qui a été son nom à l'un des architectes chéris de Louis-Philippe, et le Pithias de M. Fontaine; comme la *rue de Moncey*, qui s'appelle ainsi en souvenir de la belle contenance du maréchal Moncey à la barrière de Clichy, qui est tout proche, vous remarquerez que toutes celles qui sont sur ces hauteurs, depuis la rue Blanche jusqu'à la rue du Rocher qui en est fort loin, portent des noms empruntés aux villes étrangères. La France n'a fourni que les noms des *rues de Douai, de Boulogne et de Calais.* Vous avez les *rues de Londres, de Milan, de Parme, de Berlin, de Hambourg, de Saint-Pétersbourg, d'Amsterdam, de Madrid, de Lisbonne, de Turin, de Moscou,* etc. Il en est là à peu près comme

au Marais, pour toutes celles qui portent
les noms de nos provinces et de nos villes : les *rues de Saintonge, de Berry,
de Bretagne, de Limoges, d'Orléans.*
Le même fait résulte d'une cause à peu
près semblable pour les deux quartiers.
Quand les rues du Marais furent baptisées ainsi, Henri IV avait conçu le projet d'une *place de France,* à laquelle elles
devaient toutes aboutir ; de même que la
plupart de celles du quartier qui nous occupe maintenant, se rattachent à la *place
de l'Europe,* que vous voyez tracée au-
dessus des bâtiments du chemin de fer
de Rouen. La place de France ne fut
pas construite, et les noms des rues du
Marais restèrent sans raison. La place
de l'Europe se bâtit, au contraire, lente-
tement sans doute ; mais malgré ses gigantesques proportions, elle s'achèvera,
surtout lorsque le voisinage des *docks*
y aura fait de plus en plus affluer
la vie du commerce. Ce qui est encore
une énigme pour beaucoup de gens
se trouvera ainsi justifié. On aura là
une sorte d'Europe en raccourci, avec
la place pour centre, et les rues adjacentes pour contrées et pour capitales.
Les artistes, ces citoyens du monde

comme on les appelle parfois, conviennent bien pour habitants à ces régions aux dénominations cosmopolites. Il y a longtemps déjà qu'ils s'y sont établis. Au dernier siècle, Mlle Dumesnil, la célèbre tragédienne, avait une petite maison à la *barrière Blanche*, et *Pigalle*, le sculpteur, avait la sienne à l'extrémité de la rue qui porte son nom depuis 1792. Il se partageait entre ce logis champêtre, assis au pied de Montmartre, et la maison plus vaste qu'il possédait à l'autre extrémité de Paris, *rue de Sèvres*, et qui, devenue une prison sous la Terreur, puis un couvent, a conservé le nom de *maison des Oiseaux*, qui lui venait d'un grand salon orné sur ses murs d'une myriade d'oiseaux voltigeant. Au bas de cette rue Pigalle est celle de la *Tour des Dames*, qui fut, dans les derniers temps de l'Empire et pendant la Restauration, le centre du quartier tout artiste qu'on appelait alors la *Nouvelle Athènes*. Mlle Mars, qui en était l'Aspasie, habitait cette petite rue, et y resta longtemps. Ce nom de *Tour des Dames*, qu'elle porte toujours, date de loin. Elle le doit à un vieux moulin bâti en forme de tourelle, que les religieuses

ou *dames* du couvent de Montmartre y
possédaient déjà au XVᵉ siècle. Plus
d'une rue de ces environs eut pour marraine une abbesse du même monastère,
qui tenait sous sa dépendance féodale
tous les terrains qui s'étendent sur la
pente de la butte. La *rue de Laval*, où
je pourrais vous faire voir une maison
dans le style Renaissance du meilleur
goût, quoiqu'elle n'ait guère été bâtie
que vers 1840, comme sa voisine de la
rue Fontaine, dont Léchesne le sculpteur, a si merveilleusement ciselé les
ornements ; la *rue de Bellefond*, où se
trouvait la fameuse petite maison du duc
de Charolais, et que la demeure de M.
de Pongerville illustre bien plus sérieu-
sement aujourd'hui ; la *rue de Rochechouart*, celle *de La tour d'Auvergne*,
celle aussi *de la Rochefoucault* ont toutes été baptisées ainsi du nom des nobles
abbesses du couvent. C'est un fait d'autant plus curieux à révéler ici, que parmi
ceux qui se sont occupés des rues de Paris, il en est peu qui s'en soient douté!
Ainsi, pour tout le monde, le nom de la
rue de la Rochefoucault semblait si bien
être dû à l'auteur du livre des *Maximes*,
que lorsqu'il s'agit d'en choisir un pour

l'une des rues voisines, on ne crut mieux faire que de lui donner celui de *La Bruyère*, l'auteur des *Caractères*.

Les moralistes n'avaient d'aucune façon rien à faire ici. Leur nom jure même avec tout ce voisinage, asile des mœurs faciles. Plus nous avancerons et plus nous les trouverons dépaysés. Nous nous rapprochons, en effet, de *Notre-Dame de Lorette*, cette église qu'on a fait si mondaine, lorsque, la déplaçant de l'humble grange qu'elle occupa jusqu'en 1800 à l'extrémité de la *rue Coquenard*, aujourd'hui la *rue Lamartine*, on la rebâtit, de 1823 à 1836, si bien parée, si bien dorée, presque profane à force de richesse, au centre du carrefour, où sa façade italienne termine agréablement la perspective ouverte par la *rue Laffitte* jusqu'au *Boulevard des Italiens*. On sait que la dernière partie du nom de cette église de Notre-Dame de Lorette est devenu depuis longtemps sous la plume du spirituel auteur des *Nouvelles à la main*, Nestor Roqueplan, la dénomination de la population féminine qui occupe les plus élégants appartements de ce quartier, surtout *Bréda Street*, comme on appelle les deux rues *Bréda* sur ces hau-

teur, dans un jargon dont les Anglais
ont importé le coûteux vocabulaire.

Ce n'est pas qu'il n'y ait dans ces
quartiers d'habitants plus sérieux. Il me
suffirait de vous dire que Malesherbes
avait son hôtel au sommet de la *rue des
Martyrs*, dont le nom se trouve ainsi
justifié, comme l'a remarqué M. de La-
cretelle ; que dans la rue Rochechouart
se trouvait aussi celui du ministre Turgot, devenu depuis la propriété de
Duprez, le fameux ténor, et je vous aurai prouvé que ces rues aux galantes
chroniques ont aussi leur grave histoire.
Mais j'avoue qu'il faut un peu la chercher. M. Thiers, dont, comme historien
surtout, la sérieuse portée ne saurait
être mise en doute, a son hôtel, *place
Saint-Georges*, non loin de la demeure
plus modeste de M. Mignet, son premier
collaborateur et son ami ; tout près de
la maison où Paul Delaroche est mort
et à fort peu de distance de l'hôtel
somptueusement doré du spéculateur
enrichi, M. Millaud, qui est là sur la
limite intermédiaire des deux mondes
auxquels son ambition est d'appartenir
d'un côté, le monde des artistes, de
l'autre, le monde de la finance.

Celui-ci, depuis le temps où nous avons trouvé Necker et M. Perrégaux à la Chaussée-d'Antin, n'a fait que s'épandre dans tous ces parages; mais il faut descendre un peu vers le boulevard pour le trouver dans les rues qui lui sont le plus chères, et auxquelles il est resté le plus fidèle. A partir de la *rue de la Ferme* et de la *rue Neuve-des-Mathurins*, où je vous ai montré, en passant, l'hôtel de M. Mirès, jusqu'au *faubourg Poissonnière*, jusqu'à la *rue d'Hauteville*, qui, elle aussi, est habitée presque tout entière par les gens de la haute commission ou de la banque, la finance trône dans toute cette partie de Paris. Le commerce qu'elle commandite, l'industrie à laquelle elle vend son argent, la Bourse où elle bat monnaie, sont de l'autre côté du boulevard; mais elle n'a pu elle-même se décider à quitter son cher faubourg. Elle est là de fondation. Thélusson, le fameux banquier du Directoire, avait devancé Laffitte et M. de Rotschild dans la rue à laquelle celui-là laissa son nom et où la demeure de celui-ci occupe encore une si belle place. L'hôtel Thélusson, dont la large porte voûtée faisait dire à

Sophie Arnould : « C'est une grande bouche qui s'ouvre pour ne rien dire » (1), fut, avec son voisin l'hôtel Murat, l'un de ceux qu'on démolit, lorsque la *rue Lepelletier* et la *rue Laffite* furent poussées, l'une, jusqu'à la *rue de Provence* seulement, l'autre, jusqu'à Notre-Dame de Lorette. Plus loin, dans la *rue Bergère*, bien avant M. Fould, dont l'élégant hôtel fait l'angle de la *rue Trévise* prolongée, nous trouvons : et M. Necker encore, et M. Rougemont de Lowendal, dont vous vous souvenez bien d'avoir vu la demeure si belle et si enviée, avec ses jardins et sa haute terrasse qu'une grille laissait voir du boulevard Poissonnière. La rue qui fait face au plus ancien hôtel du quartier *Bergère*, celui du *Comptoir d'Escompte*, rue qui a gardé le nom du riche banquier, remplace cette maison et ces jardins.

Je ne sache pas qu'avant M. de Pourtalès, propriétaire d'une partie du passage de la Boule-Rouge, il y ait eu, jusque dans ces derniers temps, beaucoup de fortunes dans l'îlot de maisons jeté entre la rue Trévise et le *faubourg*

(1) V. *Chron. et Lég. des rues de Paris* p. 391.

6

Montmartre. Jusqu'en 1835, c'était un centre de misère, où le dénûment semblait s'être perpétué sans interruption depuis Geoffroy, le pauvre *sueur* (cordonnier), et sa femme Marie, qui, au XIIIe siècle, avaient fait don de ces terrains à l'Hôtel-Dieu de Paris, à la condition que, leur vie durant, ils auraient à l'hospice asile et nourriture. On sait qu'en reconnaissance l'administration, pour qui la vente de ces terrains, si misérables lors de la donation, rapporta plusieurs millions, fit donner à l'une des rues percées sur l'emplacement de ces masures le nom de *Geoffroy-Marie*, tandis que sa parallèle prenait celui d'un autre bienfaiteur des hospices, M. de Montyon. Ce ramassis de bicoques, aujourd'hui remplacé par deux rues fort mondaines et par deux passages, à qui il ne manque que des boutiques pour être brillants, avait longtemps fait tache dans ce quartier de la finance, entre la rue Bergère où les banquiers n'ont jamais manqué, vous l'avez vu, et la rue Grange-Batelière, où nous allons trouver les hommes d'argent du XVIIIe siècle bien mieux installés encore. Sauf le grand hôtel domanial qui d'abord simple ferme hors des murs, simple *grange* crénelée, *bataillée*, comme on disait, puis villa d'une des plus riches familles parlementaires, celle du président Pinon ; sauf, dis-je, cette vaste demeure que la Révolution avait changée en hôtel garni, et qui, aujourd'hui remplacée par deux rues, avait en dernier lieu abrité la mairie du deuxième arrondissement, tous les hôtels importants de ce coin de Paris avaient été bâtis pour des gens de finance. Laborde, le banquier de la cour, s'était fait construire sur des terrains qu'il tendit de Bourdet, le fermier général, l'hôtel que Grimod de la Reynière occupa ensuite, et qui fut à Paris la dernière demeure du ministre de Louis XV, le duc de Choiseul. Il fut, depuis, envahi par l'Opéra, le petit théâtre qu'aux jours de gala l'on dressait chez M. Bourgoing, alors propriétaire de la *Grange-Batelière* (1), et sur lequel Saint-Gilles, le mousquetaire, fit jouer, le 6 mars 1706, son *Gilotin précepteur des Muses*, celui qui d'Augny, le fermier général, avait, entr'autres luxes, dans sa charmante villa dont nous allons reparler...

ler, et qui servit, en 1755, aux répétitions de l'opéra d'*Énée et Lavinie*, du centenaire Fontenelle et du jeune Dauvergne, voilà les seuls précurseurs de l'Académie de Musique dans ce quartier, banlieue hier, c'est-à-dire il n'y a pas un siècle, centre de Paris aujourd'hui !

Auprès, dans cette partie de la rue Grange-Batelière qui a pris le nom de rue Drouot, se trouvait l'hôtel Morel de Vindé, qui, par le nom de son propriétaire, rappelle les souvenirs rarement unis de la littérature et de la richesse. Celle-ci, et sous sa pire apparence, hélas ! survit seule dans le passage de l'Opéra, dont la double galerie, achevée aussi en 1823 sur l'emplacement des jardins du littéraire vicomte, est encombrée à midi et le soir, vers huit heures, par tous ces affairés de fortune qui usent les dalles du passage et l'asphalte du boulevard des Italiens, dans les mille évolutions de cet agiot interlope qu'ils appellent la *petite bourse*. Le boulevard se passerait bien de cette sorte de fièvre aux malsaines intermittences qui complique de ses mouvements sans ordre l'agitation quotidienne, si multiple, si diverse de toute faire, dont la vogue du boulevard, de côté

V

Le boulevard des Italiens. — Histoire de ses Cafés et de ses Cercles : le Café Anglais ; Tortoni, le Café riche ; etc. — L'hôtel de Richelieu. — Pourquoi est-il appelé : « Pavillon de Hanovre ».

Nous voici maintenant dans la partie la plus vivante de Paris. Nulle part on ne trouve un va-et-vient plus animé. Les industries qui vivent de la foule l'ont compris et ont afflué en grand nombre, et la foule a suffi pour les faire vivre toutes ; cette foule, en effet, n'est pas la populace. Les promeneurs ici sont gens riches pour la plupart. Les artistes s'y mêlent, et comme entr'autres illusions, ils ont celles de la fortune, ce ne sont pas les moins prodigues. Les restaurants, les cafés ont donc par ici une clientèle toute faite, dont la vogue du boulevard

6.

leur garantit la fidélité. Aussi est-il
curieux de voir comme ces officines de
gourmandise et ses refuges d'oisiveté
se multiplient sur cette ligne. Autrefois,
tout ce mouvement était au Palais-Royal,
et l'on ne trouvait guère que là, restaurants et cafés en renom. Aujourd'hui, le
centre de l'animation s'est déplacé, et se
trouve au boulevard; cafés et restaurants
ont donc suivi, « par la raison, me disait
quelqu'un, que l'estomac est toujours près
du cœur. » Le *café Anglais* est le plus
ancien, si je ne me trompe. L'immense
hôtel Choiseul, dont les longues terrasses
sur le rempart s'étendaient de la rue de
Richelieu à la rue de Grammont, venait
d'être démoli. Sur son emplacement les
rues *Neuve-Saint-Marc*, *d'Amboise*,
Grétry, *Favart*, *Marivaux* avaient été
percées, et le théâtre de la *Comédie
Italienne*, depuis l'*Opéra-Comique*, avait été bâti d'après les plans de
M. Heurtier, qui, se conformant aux
volontés très-orgueilleuses des chanteurs,
avait tourné la façade de son monument,
non pas vers le rempart, mais vers la
place. De cette façon, ces Messieurs et
ces Dames n'étaient pas exposés à ce
qu'on les appelât comédiens du boule-

vard (1). Les cabarets ne manquèrent pas
autour de la nouvelle salle. Un, entr'autres, vint s'établir au coin de la rue Marivaux et du rempart. Sombre, presque
souterrain — son carrelage humide était
à quatre pieds du sol — il n'était pas fait
pour attirer. Le public aime les entrées
engageantes. On n'entra pas au pauvre
Cabaret. Un soir pourtant, quelques
jeunes gens qui revenaient de loin s'y
risquèrent, trouvèrent le vin bon, la cui-
sine d'une propreté rare pour une taverne
de rencontre, et d'une succulence à défier
plus d'une table de bonne maison; ils
promirent de ne pas oublier ce petit coin
où l'on faisait si bonne chère. La diges-
tion ne leur fit pas perdre la mémoire ;
ils revinrent en effet, amenèrent de leurs
amis : la fortune du cabaret fut faite.
C'est aujourd'hui le *café Anglais*. Les
salles se sont éclairées, agrandies, em-
bellies, mais elles sont toujours de trois
pieds au moins au-dessous du sol du
boulevard. M. de Bourdeval était l'un
des jeunes gens à qui le cabaret avait dû
sa vogue, sa transformation. Il était
place. De cette façon, ces *Messieurs et
qu'on les appelât comédiens du Boul[evard]
(1) V. *Rues, quartiers, etc.*

bien vieux quand, en 1850, trois ans
avant sa mort, il m'en contait l'histoire.
Jamais pourtant, si ce n'est durant l'é-
migration, il n'avait manqué de venir
dîner à son cher café Anglais; de là,
hiver comme été, il s'en allait jusqu'au
Jardin des Plantes, tout en scandant
quelques vers latins, c'était une de ses
originalités; puis il revenait à l'Opéra-
Comique — avouez qu'il avait pris le
plus long — et là, perché sur les dernières marches de la descente de l'orchestre, il écoutait la fin du spectacle.
Jamais il ne s'est assis au théâtre, où il
avait ses entrées depuis plus de soixante
ans, et où il avait vu défiler tour-à-tour
et la comédie italienne, et l'opéra comique, et l'opéra italien, puis encore l'opéra
comique après la reconstruction néces-
sitée par l'incendie de 1837; jamais il n'a
vu d'une pièce que le dernier acte. Le
café Anglais a connu bien d'autres ori-
ginaux, sans compter M. de Saint-Cricq,
d'extravagante mémoire, qui logeait à
la Chaussée-d'Antin, et se faisait conduire en chaise de poste au coin de la
rue Marivaux. La voiture arrêtée, l'on
accourait, croyant en voir descendre
quelque grand seigneur russe en riche

pelisse; point, c'est un homme à longue barbe, presque en haillons qui en sortait. M. de Saint-Cricq était le Chaudruc des excentriques!

Le *café Tortoni*, qui eut pour fondateur, assez peu chanceux, l'entreprenant Velloni, et pour parrain plus heureux l'habile homme qui, de garçon, devint successeur de son maître, est presque aussi ancien que le café Anglais. Il date de 1798 à peu près; sa première vogue est donc contemporaine de celle du *boulevard de Coblentz*, ce petit coin toujours si encombré, que bornent, à l'Est, la *rue Taibout*, à l'Ouest, la *rue du Helder*. Son nom, qui ne fut jamais officiel, lui venait de la première émigration; après la seconde, en 1815, il l'échangea pour celui de *boulevard de Gand*, qu'on lui donne encore dans le monde élégant où se recrutent les belles oisives qui viennent y étager sur d'étroites chaises des toilettes, à l'ampleur desquelles ne suffirait pas tout un large canapé. C'est au printemps surtout que la foule s'y entasse pour n'y rien perdre des quelques rayons du soleil d'avril. Le boulevard de Gand est la *petite Provence* de la *fashion*. Il n'est nulle part plus brillant que sous les hautes fenêtres du *café de Paris*, ce cabaret du plus opulent dandysme, installé là depuis le 15 juillet 1822, dans les appartements somptueux que venait d'abandonner M. Demidoff, ce podagre millionnaire, dont la goutte était moins incurable que l'ennui. Maintenant que les prétentions excessives de lord Seymour, le propriétaire, ont forcé le café de Paris de déloger; maintenant que M. Martin Guépet, avec un dévouement digne de Vatel, a vendu aux enchères jusqu'à ses dernières casseroles, ne voulant pas les profaner lui-même sur d'autres fourneaux; maintenant, enfin, que c'en est fait du café de Paris et qu'il est remplacé par des boutiques aux larges ouvertures à qui certes, il ne conviendra pas d'être offusquées par toutes ces chaises encombrées de crinolines, que deviendra le boulevard de Gand?

— Tout s'en va, mais tout se remplace. Pour un café qui disparaît, combien ne s'en est-il pas établi d'autres sur cette même ligne, depuis le *café Foy*, qui occupe, au coin de la Chaussée-d'Antin et du boulevard, la place de l'ancien *théâtre des variétés françaises*, jusqu'au café Seruzier, qui, un peu au delà du Gymnase, sur le boulevard, Bonne-Nouvelle, marque l'extrême limite du Paris vraiment mondain ? Tout se compense encore une fois. Par exemple, le café Hardy, l'un des plus fameux du boulevard, celui dont le maître, vers la fin de l'Empire, avait inventé les déjeûners à la fourchette, disparaît-il tout-à-coup en 1839 ; sans tarder, Victor Lemaitre bâtit sur ses ruines cette maison où le ciseau de Rouillard a fait courir dans la frise une chasse au cerf si animée et si vivante, mais qui, remarquée du badaud à cause seulement de ses lourds balcons de fonte, surchargés de dorures, prend aussitôt chez le peuple le nom de maison dorée. Qui s'y établit d'abord ? Verdier, le restaurateur qui efface bientôt la renommée de celui qu'il remplace. Un des illustres gourmands de l'Empire, à qui n'était inconnue aucune des célébrités culinaires de Paris, disait, parlant de Hardy et de Riche, son voisin et son rival : « Il faut être bien hardi pour diner chez Riche, et bien riche pour diner chez Hardy. » et ce jeu de mots, une fois lancé, fut au dessert l'esprit de bien des dineurs. Il n'est plus possible

à présent; Riche seul survit au coin
de la rue Le Pelletier, mais, tellement
embelli, tellement agrandi, qu'il peut à
lui seul recevoir plus de mangeurs que
son rival et lui n'en pouvaient rassasier
autrefois. Un autre café qui fut aussi
très-fameux, surtout lors de la conspiration de Babœuf, qui en avait fait son
centre de ralliement, le *café des Bains
Chinois*, n'existe plus depuis 1853 déjà.
Il a subi le sort du bâtiment bizarre dont
il occupait le rez-de-chaussée. C'était,
comme vous savez, une sorte d'immense
joujou pseudo-chinois, que le génie des
étrennes semblait avoir, un beau jour,
apporté de Nuremberg, et déposé au
coin de la rue Delamichodière, désolé
de ne pouvoir le faire entrer chez Tem-
pier, le marchand de jouets voisin. Pour
n'avoir d'aucune façon à le regretter, il
suffit de regarder la belle maison qui en
a pris la place, et qui, elle aussi, car où.
ne s'en trouve-t-il pas maintenant, a,
si je ne me trompe, à son rez-de-chaussée un beau café, ou du moins un de ces
buffets que l'Exposition Universelle
avait rendus nécessaires et qui lui ont
survécu. Au premier étage se trouve le
club des Chemins de Fer, un de ces

cercles dont, au grand chagrin des épouses délaissées, le nombre va s'augmentant dans la même proportion que celui des restaurants et cafés. Ce sont des ennemis de la famille auxquels il eût fallu se prendre bien plutôt qu'aux croquemitaines de 1848, car ils sont plus dangereux et plus sournois; mais, bien entendu, l'on n'y a pas songé. Ils sont très-nombreux de ce côté. J'en connais un, le *club du Commerce*, rue Le Pelletier; un autre, le *club de la Réunion*, au coin du boulevard et de la Chaussée-d'Antin. Le boulevard Montmartre en possède trois à lui seul, en comptant l'illustre *Jockey-Club*, que le renchérissement des loyers va chasser aussi du premier étage somptueux qu'il occupe depuis si longtemps, à l'ancien hôtel du fermier général Delaage, au coin de la rue Drouot et du boulevard. Les deux autres sont : l'*Ancien Cercle*, au N° 16, et le *club des Deux-Mondes*, au N° 10, dans ce pandæmonium à cent croisées qu'on appelait, en 1824, la *maison des grands artistes*. Elle avait alors pour habitants Caraffa, Boïeldieu qui y composa la *Dame Blanche* et qui y fut reconduit en triomphe après la première représentation ; enfin, Rossini qui m'alla que plus tard se loger sous les combles du théâtre italien. Cette maison n'est plus ce qu'elle était lorsqu'elle possédait ces illustres hôtes; on l'a rebâtie en 1835; et en 1846 elle a dû laisser le *passage Jouffroy* se frayer une voie à travers son rez-de-chaussée, pour de là se prolonger à l'aise sur les terrains qui s'étendaient derrière l'hôtel d'Augny, dont je vous ai déjà dit un mot tout à l'heure. Ces terrains étaient vastes ; ils allaient de la Grange-Batelière presque jusqu'au faubourg Montmartre. D'Augny, afin de complaire à Mlle Baumenard, pour qui le vieux Brisseux lui avait bâti cet hôtel, s'y était donné le luxe d'un jardin on ne peut plus galant. Il avait un manège, une laiterie tapissée de marbre, etc. Tout cela fut gâté sous le Directoire, lorsque le marquis de Livry, de compagnie avec les fameux restaurateurs Robert et Lointier qui faisaient les soupers, eut fondé dans les salons d'Augny cette grande orgie permanente qu'on appelait le *Bal des Étrangers*. M. Aguado, plus tard propriétaire de l'hôtel, fut le dernier qui jouit de ses jardins. Maintenant il n'en reste plus trace, et c'est pitié de voir, des fenêtres qui dominent la voûte vitrée du passage Jouffroy, combien la façade qui donnait autrefois sur le verdoyant espace, est aujourd'hui serrée de près par les bâtisses environnantes. C'est à peine si le jour peut parvenir dans les bureaux de la mairie du deuxième arrondissement qui occupent maintenant l'hôtel.

Je n'en ai pas fini avec les cercles. Il s'en trouve un encore, le *club de l'Union*, au premier étage de la maison qui fait le coin de la *rue de Grammont* et du boulevard. C'est l'ancien *hôtel de Lévis*. Il datait de 1767, époque où l'on avait jeté bas l'hôtel de Grammont pour percer, de la rue Neuve-Saint-Augustin jusqu'au boulevard, la rue qui lui doit son nom. L'Ambassade de Russie était, en 1782, à l'hôtel de Lévis. Le grand-duc de Russie depuis Paul 1er, qui vint alors à Paris sous le nom de Comte du Nord, y logea. Nous sommes loin de ces temps. La *Librairie nouvelle* occupe aujourd'hui le rez-de-chaussée de la maison qui a pris la place de l'ambassade russe. Tout près de là encore un *cercle* est installé dans

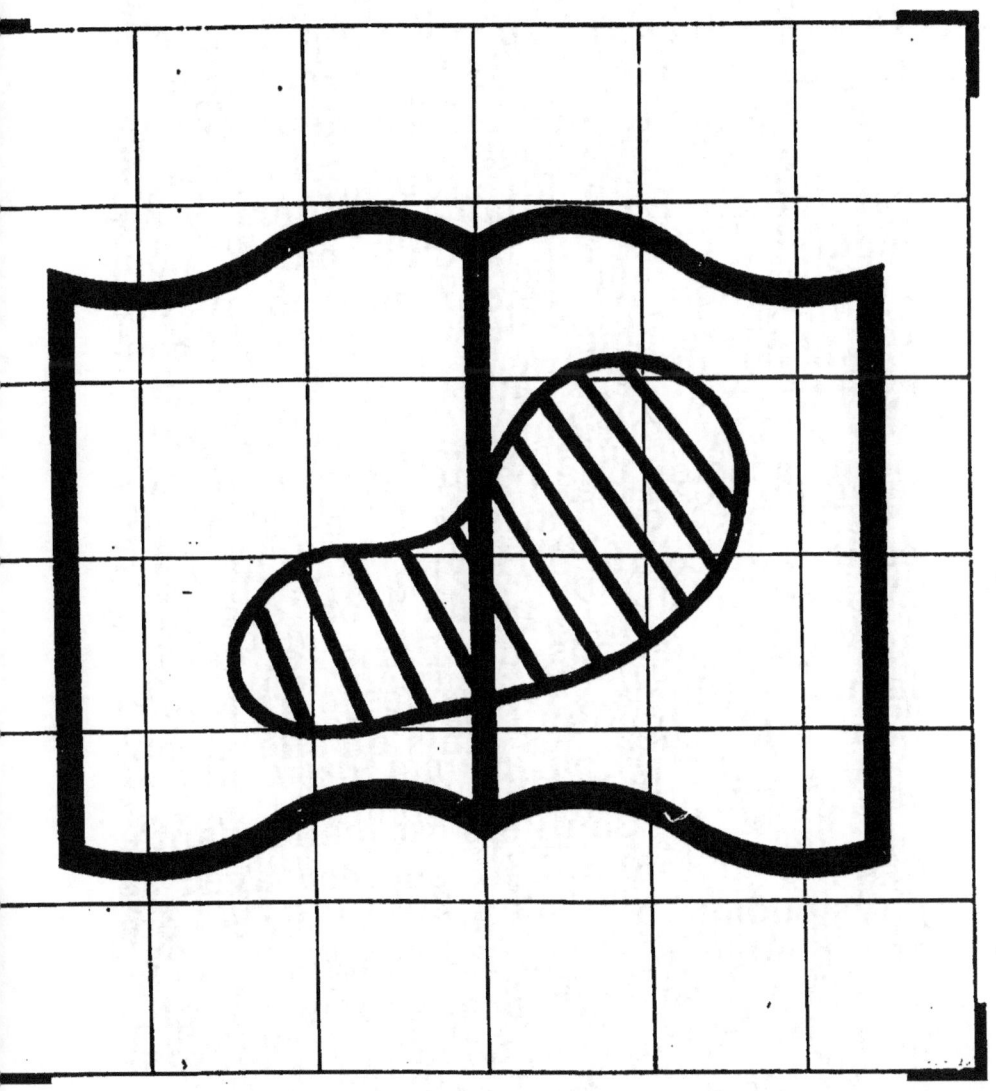

le grand hôtel qui fait le coin de la rue de Choiseul. C'est l'*hôtel Boufflers* : les galeries du *Bazar du Commerce*, ou *Bazar incendié*, comme on l'appelle depuis le sinistre qui le fit rebâtir avec une charpente de fer, en déparent un peu le rez-de-chaussée. A cela près, il est intact. Le brillant Boufflers y demeurait. C'est de là qu'il partit pour l'émigration. Au retour, en 1800, il était trop pauvre pour y rentrer. Il s'en consola de son mieux, ainsi que la marquise sa femme, pour qui il avait pu à grand'-peine acheter une petite maison de campagne près de Paris. « C'en est assez, écrit-il au comte d'Hoym, pour lui faire oublier qu'elle a perdu une des plus agréables maisons de Paris, et devant laquelle elle passe tous les jours à pied pour aller chez des amis qu'elle a conservés dans le voisinage.......

L'hôtel de Boufflers est maintenant à peu près le seul qui ait survécu avec sa physionomie à peine altérée, sur ce côté des boulevards, où les hôtels étaient en nombre et fort beaux pour la plupart. Depuis le coin de la rue *Poisson-nière*, depuis cette maison de bonne-tier, qui a pris pour enseigne aux *Li-*

mites de la ville de Paris, en souvenir de l'inscription lapidaire sottement détruite en 1839, où, par ordre du roi Louis XV, défense était faite « de bâtir au-delà du rempart ! » jusque bien loin de là, vers le boulevard des Capucines, aux environs de la rue de Luxembourg, ce n'était qu'une longue ligne d'hôtels magnifiques prenant vue sur le boulevard ou par leurs façades ou par leurs terrasses. D'abord, sur le boulevard Poissonnière, c'était l'*hôtel Montholon* qui, en devenant le *dépôt des manufactures d'Aubusson*, n'a rien perdu de son monumental aspect. C'est en raison du manque de profondeur des terrains qu'il avait dû être posé, comme il l'est, sur le bord même du boulevard. Tout l'espace qui s'étend derrière, appartenait et appartient encore à l'*hôtel d'Uzès*. C'est la plus vaste maison de ce quartier. De la rue Montmartre, auprès de la fontaine dont jadis les porteurs d'eau firent une si belle ovation au duc d'Uzès, leur bienfaiteur, elle s'étend jusqu'à la *rue Saint-Fiacre*. Une magnifique porte à colonnes et à trophées, dont Ledoux avait donné le dessin, lui servait dignement d'entrée ; mais on a craint qu'aux jours d'émeute, elle ne fut ainsi que trop bien désignée, comme maison de riche, aux menaces incendiaires ; la porte a été démolie en 1857 et aujourd'hui cette sorte de palais qui, à l'intérieur, a gardé toute son étendue et tout son luxe, s'annonce comme la plus modeste des maisons bourgeoises. L'*hôtel Montmorency* était voisin. Il occupait la plus grande partie de l'espace compris entre le coin de la *porte Montmartre* et la *rue Vivienne*. M. Thayer, qui en était propriétaire en 1800, fit percer au travers des jardins la première galerie du *passage* qui doit son nom aux *Panoramas* dont jusqu'en 1831 s'amusa la curiosité des Parisiens. En 1809, Celérier bâtit sur une autre partie de ces terrains la jolie salle des *Variétés*, gai théâtre qui n'a de classique que l'architecture de sa façade ; puis le passage s'agrandissant, et multipliant ses galeries comme un dédale, prit bientôt la meilleure part du reste. En 1830 enfin, le dernier coin fut emporté par la charmante rue qui mit en communication le boulevard avec la *place de la Bourse*. Elle s'appela rue *Neuve-Vivienne*, comme étant la prolongation de celle qu'au XVII* siècle

Louis Vivien, seigneur de la *Grange-Bateliere*, avait laissé bâtir près du Palais-Royal, sur des terrains dépendant de son fief. Ce que personne n'a remarqué, c'est que Vivien était aussi seigneur *de Saint-Marc*, les titres en font foi, et c'est pour cela qu'une des rues importantes de ce quartier n'a pas d'autre parrain que lui (1).

Après l'*hôtel Montmorency* venait l'*hôtel Lecoulteux* qui avait aussi une fort belle terrasse sur le boulevard. Lavoisier y demeurait en 1793, quand on l'arrêta sans respect, sans pitié pour son génie de savant qui eût dû lui faire pardonner ses richesses de fermier général. Pendant le Directoire, le Napolitain Garchi vint y établir, mais sur de bien plus grandes proportions, une maison rivale de celle de Tortoni. Il l'appela *Frascati*. Vastes jardins où l'on dansait jour et nuit, magnifiques salons où l'on jouait un jeu effréné, rien n'y manquait. Ce fut le jeu qui y resta le plus longtemps. Que de gens n'y ruina-t-il pas! mais, en revanche, il dota d'une

place de la Bourse. Elle s'appela rue

(1) V. *Enigmes des rues de Paris*, n. édit. p. 232 et ?. un que ?. l'Histoire de

fortune énorme les banquiers du grand
tripot : Perrin, qui, riche de seize millions,
mourut pourtant insolvable ; Bernard,
le marquis de Chalabre, Boursault, et
enfin Benazet, qui depuis la fermeture
des maisons de jeu, a transporté à Bade
la roue de la fortune, qui n'est qu'une
roulette en ses mains. Des gens qui ai-
ment les rapprochements historiques,
ont dit que Regnard, l'auteur du *Joueur*
et grand joueur lui-même, avait sa maison sur l'emplacement même occupé par
Frascati. Il est vrai que son élégant logis de poète était aussi au bout de la *rue
Richelieu*, et du même côté, mais on
n'oublie qu'une chose, c'est que de son
temps la rue de Richelieu n'allait pas
jusque-là ; elle s'arrêtait à la rue Feydeau. Adieu donc le rapprochement ;
Frascati n'est plus depuis longtemps déjà.
A la place de sa longue terrasse qui allait
de la rue Richelieu jusqu'aux Panoramas s'étend aujourd'hui une ligne de magnifiques maisons dont, avant leur récente reconstruction, Mme d'Osmond
était l'heureuse propriétaire. Les boutiques du rez-de-chaussée sont des plus
brillantes.

Nous passerons vite devant le *café*

Cardinal, où se réunissent, le soir, pêle-mêle avec les réfugiés italiens, les artistes de l'Opéra, surtout les musiciens de l'orchestre. Ce café est, comme vous savez, au coin de la rue Richelieu et du boulevard. A l'angle même on a posé le buste du cardinal de Richelieu, moins pour le faire servir d'enseigne au café, ce qui serait un peu profane, que pour rappeler qu'il est le parrain de cette rue, dont son magnifique hôtel — aujourd'hui le *Palais-Royal* — fut la première maison. Ce souvenir est une heureuse pensée, due au compositeur Elwart. On devrait l'imiter ailleurs. Arrivé à cet endroit du boulevard, le mouvement du monde, le grand courant des promeneurs se déplace. Tout à l'heure, en face de l'ancien Frascati ils étaient de ce côté. Ici, ils passent de l'autre, sans que pourtant la partie de gauche reste trop dépeuplée. Les beaux magasins, les diverses curiosités, telles que le musée photographique qui s'étale au bas de l'escalier du théâtre d'Hamilton, le prestidigitateur, et surtout le voisinage des deux galeries du *passage de l'Opéra* sont cause de cette préférence. Il en est ainsi près de tous les passages, et j'aurais pu vous le

faire remarquer à l'entrée de celui des
Panoramas, où le flot de la clientèle
friande qui afflue chez les confiseurs et
les pâtissiers renommés, fait encombrement jusque sur le boulevard. Mais
ne revenons pas sur nos pas. Longeons,
la belle série de boutiques qui s'é-
tend de la rue Favart au coin de la rue
de l'Opéra-Comique jusqu'à la rue
de Grammont. Donnons un coup-d'œil
au *Bazar incendié*, dont nous avons
déjà dit un mot, et qui est le centre com-
mercial le plus brillant, le plus varié
de ces parages ; à la *rue de Choiseul* et
au passage qui la met en communication avec la rue Neuve-des-Petits-
Champs, et dont nous reparlerons ; puis,
après un dernier regard aux riches boutiques qui ont remplacé les *Bains Chinois*, arrivons vite au *Pavillon de Hanôvre*, pour gagner la place Vendôme
par la rue de la Paix.

Le *Pavillon de Hanôvre* est le dernier débris qui soit resté debout par ici.
C'est la dernière vignette historique qui
illustre cette partie du boulevard. Il fût
bâti en 1760. Le maréchal de Richelieu
voulait que son hôtel, qui s'étendait de la
rue Neuve-Saint-Augustin jusque-là, eût,

comme les hôtels voisins, une belle vue
sur le rempart. Après la guerre du Hanôvre, où il s'était enrichi de tout ce qui
avait manqué à ses soldats, et même de
tout ce que ses soldats avaient pris à
l'ennemi, il songea décidément à se donner cette fantaisie, et c'est alors que
Charpentier et Chevotet lui construisi-
rent l'élégant pavillon. Le peuple murmura quand il vit cette magnificence un
peu effrontée ; pour la faire expier au
maréchal qui d'ailleurs se moquait bien
de ses cris, il baptisa sans tarder le
kiosque galant du nom du pays d'où l'on
savait que M. de Richelieu avait rapporté l'argent nécessaire à sa construction. Si l'on murmurait à voir la richesse
des dehors, qu'aurait-on dit de l'intérieur : de ces salons du premier étage
où se donnaient les fins soupers de M. le
maréchal ; de cette belle salle du rez-de-
chaussée qui, pour ornement, n'avait
rien moins à son entrée que deux admirables chefs-d'œuvre, les *Esclaves* de
Michel-Ange, qui sont aujourd'hui au
Louvre ! Le maréchal était très-jaloux
de son joli pavillon ; il tenait surtout
beaucoup au magnifique point de vue
qu'on avait de ses fenêtres, d'un côté,

jusqu'aux Porcherons, de l'autre, jusqu'à la Ville-l'évêque. Aussi, trouva-t-il bien osé un certain Arthur, fabricant de papier peint, qui, après avoir acheté le terrain qui se trouvait de l'autre côté de la rue Louis-le-Grand, voulut y bâtir une grande maison pour sa fabrique. Le maréchal prétendit qu'il n'avait pas le droit de lui voler sa vue avec sa lourde bâtisse ; Arthur soutint le contraire. On plaida ; mais le pauvre fabricant avait affaire à si forte partie qu'il ne put commencer ses constructions que vingt ans plus tard, c'est-à-dire seulement lorsque le maréchal fut mort. Qu'eût dit M. de Richelieu s'il eût su qu'en 1793, moins de dix ans après lui, on viendrait morceler son hôtel, percer deux rues, celles de *Hanôvre* et de *Port-Mahon*, à travers son jardin ; installer un café, celui de Juliet, dans son cher pavillon ! qu'eût-il dit surtout s'il avait pu prévoir qu'un peu plus tard encore, pendant que les bureaux de la *Caisse Hypothécaire* s'établiraient dans ses beaux appartements de la rue Neuve-Saint-Augustin, un marchand de papier, un successeur du terrible Arthur, nommé Simon, se ferait une boutique de la salle basse du *Pavil-*

lon de Hanôvre. En ce moment il sert d'écrin à cette orfévrerie qui est auprès de la vraie ce que nos élégants, nos petits Richelieu d'aujourd'hui, sont auprès du véritable.

De ce pavillon, en dépit de la maison d'Arthur devenue celle du bonnetier Desvallons, la vue s'étend fort loin, et le panorama est d'une variété et d'une animation sans pareilles, soit qu'on remonte du regard le boulevard des Italiens, soit qu'on suive jusqu'au fond la rue si régulière, si inexorablement droite de la Chaussée-d'Antin, soit que, faisant ce que nous allons faire, on se tourne du côté du boulevard des Capucines, dont la *rue de la Paix*, que nous gagnons maintenant, est le centre le plus pittoresque et le plus vivant.

VI

La Rue de la Paix. — La Place Vendôme, — Son histoire. — Ses hôtels célèbres et sa colonne.

Les premières constructions de cette rue datent de 1807. Elle fut percée sur l'emplacement des immenses terrains du *couvent des Capucines*, envahi depuis la Révolution par des amusements, des spectacles de toutes sortes, notamment par le *cirque de Franconi*. Elle prit d'abord le nom de rue *Napoléon*, qu'en 1814 elle échangea pour celui qui lui est resté. L'Empereur voulait qu'elle fût la plus belle de Paris ; elle l'est encore. Il en est dont les maisons sont d'une plus belle architecture, car presque toutes les façades ici sont plates et sans ornement, mais pas une n'est mieux habitée, mieux fréquentée. C'est le *Regent Street* de Paris, et *Regent Street* au *Quadrant*, son point le plus brillant. Les riches

étrangers ont la rue de la Paix en singulière affection ; ils ne peuvent vivre
que là, les hôtels meublés en sont pleins.
Nombre de fournisseurs avisés se sont
mis sur le chemin de cette riche clientèle
qui leur vient de tous les pays. C'est le
bazar du confortable le plus splendide et
le plus délicat. Il s'étale, en plein luxe,
et dans cette merveilleuse rue de la
Paix, et sous les arcades de sa voisine
la *rue Castiglione*, où trônent surtout
les joailliers et les changeurs, et aussi
surtout le côté droit du boulevard des
Capucines, depuis le coin où nous vous
avons fait l'histoire du papetier Arthur,
jusqu'à l'autre extrémité, vers ce brillant carrefour, sans cesse encombré des
curieux qu'attire autour de ses vitrines
l'un des plus riches magasins de ce quartier. Vous le connaissez tous, je ne vous
le nommerai donc pas. C'est un musée à
plusieurs étages et à triple face. Il occupe, on le sait, une partie de l'emplacement de l'ancien hôtel des Affaires
Étrangères ou de la *Colonnade*, comme
on l'appelait au XVIII° siècle, à cause
de deux colonnes qui se voyaient à l'entrée. Cet hôtel datait des derniers temps
du règne de Louis XIV. En 1763, le

marquis Dupleix qui était mort en disgrâce et presque pauvre, après avoir failli donner les Indes à la France ; après lui était venu M. Bertin, le ministre, plus fameux par les curiosités de toutes sortes entassées dans son hôtel que par son ministère, et par conséquent, plus digne de passer ici pour le devancier de Giroux, que pour le prédécesseur de M. Guizot. Après vendémiaire, le général Bonaparte avait établi son quartier à l'hôtel Bertin, qui, donné plus tard au prince Berthier, prit le nom d'hôtel de Wagram, qu'il garda jusqu'au moment où il devint ce que nous l'avons vu, le *ministère des affaires étrangères.*

Tant qu'il eut cette destination, on lui donna pour dépendance un autre hôtel placé du N° 101 de la même rue, et qui pendant une partie du dernier siècle avait été occupé par les lieutenants de police. De 1789 à 1791, là ; mairie de Paris s'y était installée. Après Bailly qui l'habita alors, il n'a pas eu d'habitant plus illustre que M. Mignet, directeur pendant longtemps des *archives des affaires étrangères,* dont le dépôt y avait été placé. Resté vacant après

l'émigration du ministère et de ses archives sur l'autre rive de la Seine, l'hôtel fut démoli, et une rue a été percée
sur son emplacement. Chose singulière,
cette rue nouvelle était déjà projetée
sous Louis XIV, lorsque l'on construisit
la plus grande partie de ce quartier. On
la voit très clairement tracée sur les
plans qui datent de 1680 ; et tout avait
même été si bien disposé pour son percement, qu'il a suffi d'abattre l'hôtel qui
en avait usurpé la place, pour qu'elle se
trouvât toute faite, entre la rue Neuve-
Saint-Augustin et celle des Capucines.
En face, dans cette dernière rue, se
voient encore deux jolis hôtels contigus
l'un à l'autre, et qui par l'élégante ornementation de leur façade rappellent au
mieux le bon goût de l'époque où ils furent bâtis. Tavenot en fut l'architecte
dans les premiers temps de Louis XV.
L'un appartenait au fermier général
Des Vieux ; l'autre à Castagnier, directeur de la Compagnie des Indes. Vous
voyez que nous sommes encore ici dans
le monde de la finance. C'est Louis XIV
lui-même qui l'avait attirée de ce côté.
Après la démolition de l'immense hôtel de Vendôme, acquis par le roi en

1678, dont la place que nous allons parcourir occupe le terrain et a pris le nom, Louvois, eut le projet d'établir sur son emplacement le plus vaste et le plus monumental parallélogramme, ayant sur ses quatre côtés des bâtiments qui seraient occupés, les uns, par la Monnaie, le grand conseil, le logement du chancelier de France, les autres, par les différentes académies, la bibliothèque du roi, etc. Ceux-ci devaient être à droite et envahir sur les derrières une partie des terrains de l'hôtel de Luxembourg, qui venait aussi d'être démoli, et que la rue *Neuve-de-Luxembourg* rappelle encore en en marquant la place. « Cela, dit Saint-Simon, dans une de ses notes pour le *journal* de Dangeau, avait du grand, de l'utile, et d'autant plus que Paris et la France entière sont pauvres en monuments publics. » Mais, quand Louvois fut mort, le roi, que cette grande dépense avait toujours effrayé, coupa court à l'entreprise. On ne la reprit que huit ans après, et avec des conditions tout autres. Terrain et matériaux furent concédés à la ville; la place trouvée trop grande fut diminuée de dix toises dans tous les sens, à la grande risée des

faiseurs de couplets; et, ce qu'il y eut de
pis, c'est que, par suite de ce rétrécisse-
ment, toutes les constructions déjà commencées durent être démolies. L'ordonnance royale du 7 avril 1699, en concédant
à perpétuité au prévôt des marchands
et échevins « la totalité du fonds et
la superficie de l'emplacement restant
de l'hôtel de Vendôme... » leur avait
imposé l'obligation de faire construire
la place d'après un plan nouveau, mais
avec la faculté de revendre, il est vrai,
pourvu que les cessionnaires se confor-
massent aux mêmes conditions.

C'est de ce dernier droit que la ville
s'empressa d'user. Les terrains furent
mis en vente, et les seules gens qui fussent alors en argent comptant, les financiers, s'en furent bientôt rendus propriétaires. Antoine Crozat, receveur des
finances de la généralité de Bordeaux,
arriva le premier. En 1702, sa maison,
dont le Napolitain Paul Mattei peignit
la galerie, était la seule qui fût construite. Elle occupe l'un des quatre pans
coupés de la place, celui de gauche en
entrant par la rue Castiglione. C'est
Bullet qui l'a bâtie, en se conformant
au dessin général donné par Jules-Har-

douin Mansard. Tous les ornements de
la façade, et les chapiteaux corinthiens
des quatre colonnes engagées par couple,
les armes de France, sculptés dans le
tympan du fronton, les figures assises au
sommet, etc., avaient été exécutés là,
comme ils le furent pour tout le reste
de la place, sous les ordres de Poultier,
sculpteur de l'Académie. Cet hôtel, qui
fut occupé en 1793, par Vergniaud, et
sous l'Empire par les receveurs généraux, sert aujourd'hui aux bureaux de
l'*état-major de la place*. Celui qui le
touche et qui porte le N° 9, fut achevé
cinq ans plus tard. Bullet en dirigea les
travaux, et c'est un des riches présents
que fit Crozat au comte d'Evreux, quand
il lui donna sa fille en mariage. Le maréchal d'Estrées en occupa longtemps une
partie, et l'Intendance de la Liste civile y était installée sous Louis-Philippe.
Auprès sont deux hôtels qui se sont con-
fondus en un seul pour devenir le siège
de la *Chancellerie*, à laquelle on a
réuni depuis le ministère de la Justice
et des Cultes. Le plus important des
deux, celui qui forme le milieu de la
place, fut achevé de bâtir en 1793 par
Luillier, le fermier général. Trois ans

après, il devenait la propriété de Bourvalais, l'un des plus fameux traitants de
l'époque, le *Turcaret* de Lesage. Il y
étala un luxe incroyable, qui fut sa
dénonciation. Le régent le mit à la taxe,
comme tous ses pareils. Son hôtel fut
pris pour caution et ne fut plus rendu.
Dangeau annonce, sous la date du
3 septembre 1717, qu'on s'en est emparé pour en faire la maison des chan-
celiers. C'est ce qu'il est resté, hormis
sous l'Empire et le Directoire, où il servit pour la préfecture de Paris. L'hôtel
voisin, bâti pour Villemarec, autre
traitant, et pris dans le même coup de
filet, avait été joint à celui-ci et n'en a
plus été séparé. Voilà déjà bien des
financiers. Poursuivons, nous en trouverons dans chaque hôtel. Ici, c'est Papa-
rel, dont le marquis de Lafare épousa la
fille; puis, c'est Law lui-même qui, en
1719, arrive tout gros de l'or pris dans
la rue Quincampoix, achète ce qui reste
de terrain sur la place où trônent ses
pareils, bâtit deux ou trois splendides
hôtels, et y installe sa banque, au grand
déplaisir du chancelier qui parvient,
l'année d'après, à faire déguerpir cet
agiot, son trop bruyant vis-à-vis; là au

N° 6, nous-rencontrons, mais plus tard, le fameux banquier Saint-James, qui lui aussi fut trahi par son luxe et dut rendre gorge comme Bourvalais ; plus loin, au n° 21, c'est M. Joubert, trésorier général des États de Languedoc, qui, lui, du moins, relevait son opulence par un goût éclairé des arts. Nous trouvons peu de souvenirs semblables pour réhabiliter la place Vendôme de son passé d'argent, sa seule histoire au dernier siècle.

Qu'est-ce auprès de ce bruit d'or que le spirituel babil du *Club de l'Entresol* établi sur cette place, à l'hôtel du président Hénault, chez l'académique abbé Alary, et que les causeries charmantes de Mme d'Épinay avec ses galants amis, lorsque, suivant la mode des gens de bon ton, le groupe jaseur venait le soir faire à plusieurs reprises le tour de la place Vendôme ? Quand on a tout dit sur ces financiers, reste-t-il même un coin de page pour rappeler le baquet de Mesmer, dont les prodiges s'opéraient dans un coin, et les gais tapages de la *foire Saint-Ovide*, qui, aux premiers jours de septembre, donnaient chaque année, au tableau animé de ses petites

si le commerce et l'industrie sont venus

marchands et de ses baladins-ce cadre
immense et monumental.

C'étaient les seuls instants de l'année
où le commerce et l'industrie jouassent
leur rôle, et quel rôle sur l'opulente
place. Aujourd'hui ils s'y sont donné
droit de bourgeoisie; mais s'ils y trônent, ce n'est encore que sous leur
forme la plus élégante. Ce ne sont point
des magasins, mais des salons qui les
abritent. On vend robes et manteaux de
cour dans l'un des hôtels, celui du centre, en face de la Chandellerie, où Law
vendait à prix d'or les billets de sa banque; même étalage brillant et coquet,
sous les hauts plafonds dorés de celui qui
est à l'un des angles du même côté. Pour
des toilettes écloses aux mains des fées
de la couture sous ces magnifiques lambris, ce serait déroger que de ne point
aller dans des palais. Au N° 25, dans
l'un des plus beaux hôtels qui aient été
bâtis par des traitants, loge le plus habile et le plus renommé de nos joailliers.
Le salon du financier n'a rien perdu
avec lui, il en a fait un écrin où toutes
les reines viennent chercher leur couronne. Vous voyez encore une fois que
si le commerce et l'industrie sont venus

de ce côté, c'est pour donner un éclat
nouveau et tout aristocratique à la vaste
place. Leur luxe y coudoie l'opulence
étrangère qui vient loger, soit rue Castiglione, soit sur la place même, dans l'un
des deux hôtels garnis qui s'y sont établis
sans façon. Vers 1840 Louis-Napoléon
occupa, dans celui qui forme l'angle de
la rue Castiglione et de la place, un appartement jusqu'au dix décembre. Ce
fut le premier logis qu'il prit à Paris,
au retour de son exil. On eût dit qu'en
le choisissant ainsi, vis-à-vis de la Colonne d'Austerlitz, il voulait tout d'a-
bord se mettre de plain-pied avec les
gloires de l'Empire et rentrer en fami-
liarité avec leurs souvenirs.

Les premières constructions de la seconde place ne sortaient pas encore de
terre, qu'à l'endroit même où s'élève
aujourd'hui cette colonne, on avait érigé
une statue équestre à Louis XIV. Elle
avait été faite pour orner la première
place et avait des proportions d'autant
plus colossales. C'est sur le modèle de
Girardon qu'elle avait été fondue d'un
seul jet par Keller dès le mois de décembre 1692. Elle avait vingt-trois pieds
de haut et pesait soixante-dix milliers.

On ne la posa que six ans plus tard, le
16 août 1699, sur son piedestal de marbre blanc, haut de trente pieds. Elle
resta debout jusqu'au 10 août 1792. Le
surlendemain de ce jour de crise révolutionnaire, Louis XVI, conduit en voiture, du couvent des Feuillants à la tour
du Temple, fut contraint de faire une
halte sur la place Vendôme. Le peuple
voulait se donner le cruel plaisir de lui
voir regarder la statue du grand roi jetée par terre. Un mois auparavant, on
avait fait au-devant du piédestal un immense autodafé des titres de noblesse et
des archives de l'ordre du Saint-Esprit
enlevés à la Chancellerie. Après l'assassinat de Lepelletier de Saint-Fargeau,
son corps fut placé en grande pompe
sur le même piédestal neuf de sa statue,
et y resta exposé. Le dernier débris du
monument du grand roi était encore debout, mais très-mutilé, lorsque Napoléon
eut la pensée de la gigantesque colonne,
où le bronze éternise le souvenir d'une
de ses plus glorieuses campagnes, celle
de 1805. La colonne Trajane fut prise
pour modèle, mais malheureusement elle
ne fut imitée que pour les proportions de
force et de hauteur, et non pour le mérite

8

des sculptures. Les bas-reliefs, fondus d'après les dessins de Bergeret, et qui ne couvrent pas moins de deux cent soixante-seize plaques de bronze déroulées en spirale autour du noyau en pierre de taille, ne peuvent entrer en comparaison avec les sculptures qui ornent le grand trophée romain. Ils représentent les principales scènes de la campagne d'Austerlitz. Douze cents canons pris à l'ennemi suffirent à peine pour cet immense revêtement de bronze qui, en comprenant le piédestal, s'étend sur une hauteur de soixante-onze mètres. Il fallut quatre années pour mener à fin cette colossale entreprise. La colonne, commencée le 15 août 1806, fut inaugurée le 25 août 1810. La statue de Napoléon, vêtue en empereur romain la couronnait; Chaudet l'avait sculptée, Lemot l'avait fondue. En 1814, les alliés ne pouvant renverser la colonne, voulurent au moins s'en prendre à l'impériale effigie; sur un ordre d'un aide de camp de l'empereur Alexandre, qui s'appelait M. de Rochechouart, et qui, à cause de son nom, a été confondu à tort avec M. de La Rochefoucauld, elle fut descendue de son haut sommet par les soins de Launay, le fondeur, puis brisée et employée plus tard pour la fonte du Henri IV du Pont-Neuf. La colonne resta découronnée de son héros pendant dix-neuf ans. Enfin, le 20 juillet 1833, on inaugura la statue que nous y voyons aujourd'hui et qui a le mérite de nous représenter non plus un empereur de parade, mais un Napoléon réel. Elle est due à M. Seurre. Elle domine dignement ce quartier qui est, on peut le dire, tout napoléonien, car chaque nom de rue y appelle une victoire du Directoire, du Consulat ou de l'Empire, ici c'est la *rue du Mont-Thabor* et la *rue des Pyramides*, deux souvenirs de la campagne d'Égypte, là plus près, c'est la *rue de Castiglione*, qui remplace le tortueux passage des Feuillants, seule communication qu'il y eût autrefois entre les Tuileries et la place Vendôme, puis la *rue de Mont-douly*, puis enfin la *rue de Rivoli*, vers laquelle nous reviendrons pour en suivre tout le long parcours. Maintenant notre itinéraire est de prendre le côté opposé, et qui, à cause de son chouart, La rue Neuve-des-Petits-Champs nous indique la direction que nous devons prendre en nous traçant notre route. Dou-

nons un coup-d'œil, avant d'y entrer, à
la maison de Réveillon, qui se trouve
au coin de la rue de la Paix et de celle
des Capucines, et qui nous rappelle le
grand fabricant de papiers peints, dont
le pillage au faubourg Saint-Antoine
inaugura si fatalement les sévices de 89.
Ce sinistre le chassa du quartier populaire, il émigra par ici, dans l'enclos des
Capucines, et quand la rue de la Paix en
eut pris la place il s'établit au coin.

VII

Le Quartier des Petits-Champs. — Ses hôtes illustres. — La maison de Lulli, rue Sainte-Anne. — La place Louvois. — Son histoire. — Les hôtels curieux du voisinage. — La fontaine Molière. — Le quartier Vivienne et ses maisons historiques. — La Bourse. — Elle est bâtie sur l'emplacement du Couvent des Filles Saint-Thomas.

A peine dans la rue des Petits-Champs, nous trouvons à droite celle de *Louis-le-Grand,* qui mène au boulevard ; nous n'y pénétrerons pas : nous nous contenterons de vous indiquer du doigt la maison qui fait l'angle à gauche. Rigaud, le fameux peintre, y logeait à la fin du XVIIe siècle ; c'est là qu'il avait son atelier ou plutôt son musée de portraits. Auprès est la *rue d'Antin,* où fut long-temps, au N° 3, à l'hôtel Mondragon, la mairie du deuxième arrondissement. Elle doit son nom au duc d'Antin qui la fit

8.

tracer pour donner à son hôtel, devenu
plus tard celui de Richelieu, une issue
vers la rue Neuve-des-Petits-Champs.
Lorsqu'au temps de la Fronde, l'espace
qui est occupé par la rue d'Antin et par
celle de Louis-le-Grand, sa voisine et sa
parallèle, n'était qu'un terrain vague,
où, comme on lit sur le plan de Gomboust, « se tenoit le marché aux chevaux
des samedis, » on y vit se passer une
scène des plus tragiques : le duel du
duc de Beaufort avec le duc de Nemours,
qui y fût tué. C'est là certes un précédent
sinistre, mais il n'influa d'aucune sorte
sur les habitudes des habitants de la rue
d'Antin. On y vit de la façon la plus
pacifique ; en dépit de la renommée galante de M. de Richelieu, dont l'hôtel détruit en 1840 fit place au prolongement de
la rue qui jadis lui avait servi d'avenue,
les mœurs sont là, si je ne me trompe,
décentes et rangées ; enfin, je ne vois
pas non plus que, malgré le voisinage des
Jacobins, de terroriste mémoire, il y ait
beaucoup de révolutionnaires dans la
population toute de rentiers, de magistrats et d'industries mondaines qui afflue
dans ce coin de Paris. Le cloître des Jacobins, que le club terrible, qui y tint

ses séances, fit trop bien mentir à son
antique renommée de placide et pieux recueillement, est devenu un vaste marché qui, d'un côté, se relie à la rue Neuve-
des-Petits-Champs par une petite rue
faisant face à celle d'Antin, et de l'autre,
communique avec la rue Saint-Honoré
par une rue que celle du 29 *Juillet* prolonge jusqu'aux *Tuileries*. Tout ce qui
reste du cloître-club est par ici, dans la
petite *rue Saint-Hyacinthe*. On y trouve
presqu'au coin de la *rue de la Sourdière*,
une maison à massive façade, percée de
trois portes cochères très-rapprochées
l'une de l'autre : celle du milieu servait
d'entrée au club. Au-dessous est la cave
dont Marat se fit un refuge pendant la
journée du 10 août. Quels épisodes pour
tout ce quartier heureusement rentré depuis dans sa tranquillité passée, et redevenu calme, comme au temps où l'abbé
d'Olivet avait logé ses pédantesques mais
placides pénates dans la rue de la Sourdière ! On a beau détruire, un bon hasard
ami des souvenirs sauve toujours dans
les parties les plus ravagées du Paris
historique, quelques débris où la mémoire
et le regard trouvent à se prendre et à
se fixer. Ici, par exemple, voici la porte

des Jacobins dont la vue seule réveille en nous tout un passé, dont il semble qu'elle nous aide à reconstruire le théâtre, à la manière de ces restitutions merveilleuses dont Cuvier avait le secret ; plus loin, dans une tout autre sphère de souvenirs, c'est encore le *Pavillon de Hanovre*, qui nous a permis de faire revivre l'hôtel de Richelieu sous son côté le plus élégant, et qui même peut nous servir à mesurer l'espace occupé par cette demeure immense. Partez, en effet, de ce pavillon qui marque l'extrémité des jardins de l'hôtel, et arrivez, *rue Neuve-Saint-Augustin*, jusqu'à un pan de mur servant aujourd'hui d'enclos à la maison d'un plombier, et qui est un autre fragment, mais plus modeste, de ces mêmes jardins Richelieu, et vous pourrez vous rendre compte de ce que, au XVIIe et au XVIIIe siècle, un hôtel seigneurial avec son parc occupait de terrain dans Paris.

Quelquefois le débris est moins fruste, le souvenir est plus entier ; déjà nous avons trouvé des maisons restées intactes au milieu du bouleversement complet du quartier bâti en même temps qu'elles. J'en sais une non loin d'ici qui unit à ce mérite de conservation, chaque jour plus rare, celui d'un aspect monumental tout-à-fait imposant. Je vais vous mener devant sa double façade, à l'angle de la rue Neuve-des-Petits-Champs et de la rue Sainte-Anne. En nous y rendant, nous donnerons un coup-d'œil aux boutiques si diverses et si animées de cette partie de la rue Neuve-des-Petits-Champs, multiple bazar contrastant d'une façon étrange avec la physionomie des maisons dont il occupe le rez-de-chaussée, et qui toutes furent jadis des hôtels, comme nous l'annoncent les portes cochères à modillons sculptés, et les balcons à consoles et à balustrades historiées, infaillibles insignes des habitations aristocratiques aux derniers siècles. En passant aussi nous grimperons du regard la rampe adoucie des rues construites après la Fronde sur le versant de la *butte Saint-Roch* et de la *butte des Moulins*, et qui, après avoir été habitées par le monde mêlé mais pourtant sans disparate, qui se recrutait parmi les gens le plus en renom, et dans le personnel dansant et chantant de l'ancien Opéra, se trouvent aujourd'hui réduites à la population plus sombre et moins gaîment affairée des gens de lois plaidant et consultant. A en croire Chaulieu, dans une de ses lettres, la butte Saint-Roch était de son temps le Parnasse de la chanson. Il s'en faut bien qu'il en soit encore ainsi. Maintenant, sauf en quelques parties où la vie du commerce et de l'industrie s'y réveille un peu, comme au sommet de la *rue des Moulins*, près de la *fontaine d'Amour*, et vers le carrefour des *Frondeurs*; comme dans la *rue Sainte-Anne*, et comme dans celle d'*Argenteuil*, où les marchands de bric-à-brac font leur tapage autour de la haute et morne maison, n° 18, où mourut le grand Corneille, ce quartier est partout doctoral et solennel. Connaissez-vous quelque chose, par exemple, de plus froid et de plus gourmé que la physionomie de la *rue Thérèse*, avec ses hautes portes toujours fermées et ses trottoirs solitaires où l'herbe pousse? Il y a comme un parfum de magistrature qui ferait croire que vous êtes dans quelque ville de province, aux environs du Palais de Justice. C'est le côté mort du quartier des *Petits-Champs*; l'autre, au contraire, est l'animation même. Tout y est bruit, spectacles et plaisir; vous y trouverez le *passage Choiseul*, avec ses boutiques serrées l'une contre l'autre, qui font que les travées de la longue galerie ressemblent à une double vitrine, regorgeant des marchandises les plus variées et les plus alléchantes. A l'extrémité, vers la rue de Choiseul, est le théâtre des *Bouffes Parisiens*, où la gaudriole et la chansonnette tâchent de s'élever à la hauteur de l'Opéra-Comique. Cette scène minuscule fait contraste avec son imposante voisine, la *salle Ventadour*, construite en 1826 pour l'Opéra-Comique, qui émigrait de la *rue Feydeau*; puis occupée en 1833 par le *Théâtre Nautique*; de 1838 à 1840, par le *théâtre de la Renaissance*, et enfin, depuis 1841, par l'Opéra-Italien. Voilà bien des vicissitudes; l'hôtel dont ce théâtre avait pris la place n'en avait pas eu moins. D'abord, il s'était appelé *hôtel Pontchartrain*, à cause du célèbre ministre pour qui Levau l'avait bâti; le nom d'*hôtel Ventadour* lui était ensuite venu d'un nouveau propriétaire; et, malgré d'autres changements qui l'avait transformé en *hôtel des Ambassadeurs*, puis en *ministère des finances*, c'est ce nom-là qu'il avait gardé; de là vient que la salle construite

sur son emplacement, et la rue qui lui
fait face, le portent encore. Le théâtre
n'a pas pris tout l'espace ; une partie
est occupée par les *rues Marsollier* et
Dalayrac qui l'entourent et par les *rues
Méhul* el *Monsigny* qui le font communiquer, l'une, avec la *rue Neuve-des-
Petits-Champs*, l'autre, avec la *rue
Neuve-Saint-Augustin*. De ce côté
pourtant il fallut prendre aussi le terrain de l'ancien *hôtel de Gèvres*, fameux un siècle auparavant par la maison de jeu qu'y tenait le comédien Pois-
son. Restait sur la gauche une large
marge, c'est le *passage Choiseul* qui
s'en empara. Il y faufila sa longue galerie, tandis que le petit *passage Sainte-
Anne*, qui lui est adjacent se glissait à
travers les bâtiments voisins des *Nouvelles Catholiques*, couvent cher à Bossuet et à Louis Racine, qui logèrent auprès, et dont la maison portant le nᵒ 63,
de la rue Sainte-Anne conserve les derniers restes. C'est le seul souvenir pieux
qui se trouve en ce quartier si mondain
aujourd'hui et si complètement voué aux
plaisirs lyriques.

Il y a longtemps que le séjour de Lulli
semblait l'y avoir prédestiné. Le grand

musicien, fondateur de l'opéra, logeait
dans ce voisinage, à deux pas du théâtre
où l'on pratique le mieux l'art dont il fut
en France le premier initiateur. La maison vers laquelle je vous mène, mais dont
je me suis tant éloigné, entraîné que
j'étais par l'histoire qui me faisait faire
l'école buissonnière à travers tous ces
curieux souvenirs, n'est pas autre chose,
en effet, que la demeure du célèbre Flo-
rentin. Vous la voyez d'ici avec ses
hauts pilastres à chapiteaux composites
qui donnent un si grand air aux deux
étages de sa double façade, et qui la ren-
draient digne d'avoir pour voisins, non
pas les plates maisons de plâtre qui l'entourent, mais les hôtels de la place Vendôme. C'est Lulli lui-même qui l'a fait
bâtir en 1670. Alors, tous les terrains
étaient à vendre par ici. Il en acheta
un grand espace, construisit cet hôtel
sur la partie la plus favorable, éleva
une autre maison à l'angle de la rue des
Moulins et de la rue des Petits-Champs,
et revendit le reste. Pour qu'on sût bien
que cette maison était la sienne, il y mit
son enseigne. Cherchez bien sur la principale façade, celle qui regarde rue Sainte-
Anne et qui n'a pas moins de neuf fe-

nêtres de front, tandis que la façade de
la rue Neuve-des-Petits-Champs n'en a
que cinq ; dans l'imposte de la fenètre
du milieu du premier étage, vous décou-
vrirez un faisceau d'attributs lyriques :
une timbale, des trompettes, des cor-
nets, une guitare, etc. C'est l'écusson
de l'artiste. Il doit à la musique sa fortune et sa gloire, il n'a pas voulu d'autre noblesse ; c'est à elle qu'il a demandé
son blason. Il est non loin d'ici, près de
la place Louvois, une rue qui n'a pas
quatre maisons, à laquelle on a donné
le nom de *Lulli* ; c'est une dérision. La
seule qui méritât d'avoir le grand artiste pour parrain, est la rue Sainte-Anne
où sa demeure le rappelle encore d'une
façon si vivante. Pendant la Révolution
et l'Empire, on l'avait appelée *rue Hel-
vétius*, à cause du financier-philosophe
qui l'avait longtemps habitée ; en 1815,
ce baptême trop philosophique déplut
tout naturellement, et le nom d'Helvé-
tius fut biffé. Selon moi, c'est celui
de Lulli qui eût dû le remplacer. Je
ne dis pas pour toute la rue, qui depuis la *rue Neuve-des-Petits Champs*
jusqu'à celle de *Grammont*, aurait pû
être remise sous le patronage de Sainte-

Anne, mais au moins pour toute la partie longeant la butte Saint-Roch, dont la demeure du grand homme se trouve être la première maison. Je voudrais aussi que la *rue Chabanais*, qui est tout proche d'ici, échangeât le nom qu'elle porte, et qui lui vient du marquis de Saint-Pouange-Chabanois, dont l'hôtel lui fit place en 1773, pour le nom d'un autre grand artiste, Gluck, l'auteur d'*Armide*. N'est-ce pas dans une maison de cette rue qu'il fit ce chef-d'œuvre ? Un pareil souvenir vaut bien qu'on le consacre.. Ce nom d'ailleurs ne ferait-il pas merveille en compagnie de ceux de *Rameau* de *Chérubini*, autour de cette place de Louvois, où l'on a voulu, à défaut du théâtre qui n'y est plus, et dont nous allons parler, grouper au moins les noms les plus glorieux de la scène lyrique ?

L'hôtel de l'altier ministre de la guerre sous Louis XIV occupait tout cet espace; son descendant, le bizarre marquis de Louvois, commença, en 1784, par en aliéner une partie pour le percement de la rue qui a pris son nom, le reste fut démoli pendant la Terreur, et un théâtre, bâti par Louis pour la troupe de la fameuse Montansier, en prit la place. Pendant plus d'un an, l'on y joua les plus furieuses *sans-culottides* ; puis ce genre hideux ayant cessé de faire fortune, l'opéra vint le remplacer. On l'appelait alors le *théâtre des Arts*. Il resta là depuis 1794 jusqu'au 13 février 1820, c'est-à-dire jusqu'au jour de l'assassinat du duc de Berry par Louvel. Depuis longtemps déjà le voisinage de la Bibliothèque, pour laquelle il semblait être une continuelle menace d'incendie, avait fait demander son déplacement, qui était même résolu : mais Dieu sait quand on serait passé du projet à l'exécution. Le crime de Louvel, commis près de la porte qui donnait sur la *rue Rameau*, en décida. Maudit désormais, le théâtre ne se rouvrit plus ; il fut rasé et l'on s'occupa d'élever à la place un monument à la mémoire de l'auguste victime. Les dix ans qui s'écoulèrent depuis l'assassinat jusqu'au mois de juillet 1830 ne suffirent pas pour la complète maturité de cette idée expiatoire. Quand la Révolution arriva, le monument n'était encore qu'ébauché, et vous pensez bien qu'on ne le termina point. Aujourd'hui une fontaine lavant de ses eaux jaillissantes la

place ensanglantée, semble seule y rappeler une pensée de purification.

Elle a été élevée en 1835, d'après les
dessins de Visconti, à qui l'on devait
déjà alors la jolie fontaine de la *place
Gaillon*. L'aspect en est on ne peut plus
gracieux, les formes charmantes et d'une
proportion parfaite. Des enfants à cheval sur des dauphins, et adossés à une
sorte de piédestal quadrangulaire qui
soutiennent une large vasque, composent le premier groupe au-dessus du bassin. Un autre surmonte la vasque et
semble s'en élancer : ce sont les nymphes de quatre de nos principaux fleuves,
la *Garonne*, la *Seine*, la *Saône*, la
Loire, se pressent comme les trois *cha-
rites* de Germain Pilon autour d'un fût
qu'une seconde vasque couronne. Un
vase est au sommet, ayant pour faces
quatre masques énormes de la bouche
desquels l'eau s'élance en jets abondants
dans la vasque supérieure, d'où elle retombe par vingt ouvertures dans la plus
grande, et de là dans le bassin de pierre.
Ce monument a quelque chose de svelte
et d'agile que ses grandes dimensions
ne semblaient pas permettre, et qui
ajoute d'une façon charmante à l'effet

de l'ensemble. Les artistes de la renaissance italienne n'eussent pas fait mieux; il paraît, du reste, que Visconti, pour les égaler plus sûrement, s'est inspiré de l'un de leurs plus gracieux dessins. Klagman a donné le modèle des grandes figures, toutes quatre d'un bon style et parfaitement en harmonie avec le caractère de l'architecture. Elles sont de fonte, métal économique dont il faut ici regretter l'emploi. Quand une figure appelle l'immortalité par la grâce de ses formes, elle mérite bien qu'on lui consacre une matière précieuse et impérissable. Il est vrai qu'ainsi faite de fonte et de pierre, au lieu de marbre et de bronze, la fontaine Louvois n'a pas coûté plus de 88,000 francs. Pour bien des gens ce sera un argument sans réplique. La maison que vous voyez auprès, avec une demi-rosace dans son fronton, est l'ancien *théâtre Louvois*, bâti en 1791, et fermé définitivement en 1808, après toutes sortes de vicissitudes. Picard en fut longtemps le directeur, et y fit jouer la plupart de ses comédies. Ce fut la seule époque heureuse de ce théâtre.

Les hôtels étaient en nombre par ici. Quand le Marais, si recherché pendant la

première partie du règne de Louis XIII,
eut perdu sa vogue, c'est le quartier Richelieu qui en avait hérité. En venant s'y
loger, on faisait sa cour au ministre
fondateur du Palais-Cardinal, qui le premier était arrivé dans ces parages; on
flattait aussi le choix de Mazarin, son
successeur, qui, suivant l'élan donné,
avait achevé la fortune de ce quartier,
en bâtissant son palais à la suite de celui
de Richelieu. Je ne vous ferai point
l'histoire de ces deux magnifiques demeures, devenues le Palais-Royal et la
Bibliothèque ; elle trouvera sa place
ailleurs. Les hôtels groupés aux alentours, et qui semblent attester encore la
courtisanerie empressée de ceux qui les
bâtirent, nous occuperont seuls ; chacun,
toutefois, n'aura qu'un mot, et moins comme histoire encore que comme épitaphe.
Tous, en effet, sont détruits ou méta-
morphosés ; ils ont suivi la destinée du
quartier qui d'aristocratique s'est fait in-
dustriel et marchand ; ils ont cédé la
place à quelque haute maison où l'esprit de boutique se continue du rez-de-
chaussée au faîte ; ou bien, ce qui n'est
pas certes une profanation moindre, ils
ont livré ce qui restait de leurs vastes

galeries aux comptoirs et aux magasins,
qui ne craignent point d'étager leurs
rayons sur la dorure de ces lambris.
Autrefois c'était un écusson qu'on voyait
à la porte, aujourd'hui c'est une enseigne. La destruction complète me semble préférable à cet envahissement par
la marchandise conquérante ; mieux vaut
disparaître tout-à-fait que survivre profané. L'hôtel du Jars, plus tard l'hôtel
du cardinal de Coislin et de M. de Se-
cozan, et le plus proche voisin de celui de
Louvois, est au nombre de ceux complètement démolis. C'est sur son terrain qu'on
a tracé la *rue Rameau.* L'hôtel Talaru
qui était tout près de là n'a pas survécu
davantage. Il tenait à ce petit hôtel, longtemps habité par la marquise de Lambert, et dont vous pouvez voir la porte,
rue Colbert, auprès de l'arcade. Celui-
ci touchait trop à la Bibliothèque pour
ne pas être ménagé ; on en fit une en-
clave de l'immense établissement, en
prenant le salon de l'aimable marquise
pour y placer le *cabinet des Médailles,*
et le reste des appartements, pour loger quelque conservateur. L'hôtel Talaru cependant, que les mêmes causes
ne pouvaient pas sauver, était détruit.

Les deux maisons 60 et 62, s'élevaient
à la place. Avant d'arriver à cette su-
prême vicissitude, il en avait subi bien
d'autres. Pendant la Terreur, le marquis son propriétaire avait été contraint
de le louer ; et qu'en avait fait le locataire ? une maison de détention. La
Révolution, à qui ses geôles ordinai-
res ne suffisaient pas, avait ainsi des
prisonniers en ville. Ce qu'il y a d'é-
trangement cruel, c'est que le marquis
fut un des premiers qu'on enferma dans
son hôtel devenu maison de force. Quoique sa bienfaisance fût bien connue, car
au temps de la famine, il n'avait pas
envoyé de ses terres moins de dix-sept
voitures de grains pour les pauvres, on le
garda longtemps dans cette prison, et il
n'en sortit que pour monter à l'échafaud.

Plus loin, du même côté entre la rue
Feydeau et la rue Saint-Marc, était l'hôtel du financier Nicolas Sönning, dont
les galantes aventures sont racontées
dans le petit libelle des *Partisans dé-
masqués.* Sa maison, que Dulin avait
bâtie, était fort belle. En 1790, on l'en-
tama pour construire sur ses derrières le
théâtre où parurent d'abord les admira-

blès chanteurs italiens de la troupe de *Monsieur*, et qui devint plus tard l'Opéra-Comique, sous le nom de *théâtre Feydeau*, qu'il devait à la rue dans laquelle se voyait sa façade en rotonde et à grotesques cariàtides. La *rue des Colonnes* et le *passage Feydeau* furent pris aussi en grande partie sur les jardins de l'hôtel Sonning ; restaient les bâtiments sur la rue de Richelieu : *la rue de la Bourse*, achevée en 1833, les renversa. Rien n'en subsiste, non plus que du passage, détruit lors de la construction du *théâtre des Nouveautés*, devenu le *Vaudeville*. La salle Feydeau a disparu elle-même ; deux hautes maisons portant les N°s 19 et 21, ont substitué leur façade à la sienne. Vous voyez que les ruines vont vite de ce côté ; ce qu'on y bâtit n'atteint pas un demi-siècle. Le marteau même y est impitoyable, il démolit sans rien laisser.

Je cherche en vain dans tout le voisinage, je trouve à peine trois ou quatre anciens hôtels dont il reste quelques vestiges. Celui de Crussol, qui était demeuré longtemps intact au coin de la *rue Villedo*, vient d'être complètement rasé ; celui qui se voyait à l'angle des *rues de*

Richelieu et *de Ménars*, n'existe plus
depuis 1850, et il faut avouer que la
magnifique maison qu'on a bâtie à sa
place ne le fait pas regretter. Dans cette
dernière rue, qui ne fut longtemps qu'une
impasse conduisant à la vaste demeure
qui lui donna son nom, survivent encore
deux hôtels dont la physionomie rappelle
bien le temps de leur construction ; l'un
est, je crois, celui qu'habita M. de la Live,
beau-frère de la spirituelle Mme d'Epinay.
Quant à l'hôtel de Ménars, dont je viens
de dire un mot, il y a prescription pour
le regret qu'il devrait inspirer. Il est démoli depuis quatre-vingt-dix ans. M. de
Grancey l'avait bâti tout près de la *porte
Richelieu*, située, comme vous savez, à
la hauteur de la rue Feydeau. Il avait
de cette façon vue sur le rempart, magnifique avantage qui lui fut enlevé lorsque, la démolition de la porte Richelieu
ayant permis de bâtir plus avant dans la
rue, le financier Crozat vint insolemment
lui murer sa perspective. Vous connaissez l'hôtel qu'éleva celui-ci ; c'est le
même qui devint *l'hôtel de Choiseul*, et
sur l'emplacement duquel je vous ai
fait voir en passant la construction
de l'Opéra-Comique et le percement des

rues qui l'environnent. Quand l'hôtel de Choiseul fut démoli, son voisin, l'hôtel de Ménars n'existait plus depuis quinze ans. Il avait été emporté en même temps que *l'hôtel de Grammont*, lorsque celui-ci avait fait place à la jolie rue qui le rappelle encore. Elle va, comme vous savez, de la *rue Neuve-Saint-Augustin* au boulevard; cet espace énorme, l'hôtel de Grammont l'occupait tout entier. Quand on le mesure, on ne trouve rien d'exagéré dans ce que dit Boileau du luxe criant et de l'immensité des *jardins toujours verts* du financier Môléron (Monnerot), qui en avait été le premier propriétaire. Il n'en est rien resté, la rue de Grammont a tout effacé. Il en est de même des autres hôtels qui s'alignaient sur le côté droit de la *rue Neuve-Saint-Augustin* et qui tous s'étaient pressés là, pour prendre vue sur le rempart, et prolonger jusqu'à Montmartre la perspective de leurs vastes jardins. De ces magnifiques maisons, assises sur le bord du boulevard, comme celles du faubourg Saint-Honoré, sur la lisière des Champs-Elysées; de ces hôtels, dont on peut admirer l'enfilade continue sur le plan de 1735, il n'a survécu

ni une façade, ni un portail. Qu'est devenu l'hôtel de Lorges, que Mansard
avait construit? La rue à qui M. *Delamichodière* donna son nom en 1777,
s'est frayé passage sur son emplacement. Qu'a-t-on fait de l'hôtel de Ferriol
où furent élevés d'Argental, Pont de
Vesle et l'aimable Aïssé? Une prosaïque maison faisant face à la rue Monsigny, s'élève à la place. Et le grand hôtel de Tresmes, où le retrouver ? La rue
de Choiseul en occupe le terrain. En
somme, dans tout ce quartier Richelieu,
après les deux maisons de la rue de Ménars, et sans compter, bien entendu, le
palais Mazarin, je ne trouve rien d'à
peu près intact que l'hôtel où le costumier Babin entasse ses défroques de
carnaval et de comédie bourgeoise. Il
est au N° 21 de la rue de Richelieu.
Le style des façades extérieures, l'ample et monumentale désinvolture de l'escalier, l'ornementation des chambres aux
plafonds élevés, aux riches corniches,
tout y sent bien l'époque à laquelle il
fut bâti; mais pour qui le fut-il? Si
j'écoutais la tradition transmise de locataire en locataire, le maréchal de Richelieu en aurait été le premier possesseur;

mais cette tradition ne doit pas être
exacte. J'aime mieux retrouver dans cet
hôtel celui que Champlain construisit
pour le frère du contrôleur général Dodun! La description qu'en donne Germain
Brice se rapporte à merveille avec ce
qu'il est encore. Cette maison, dit-il,
« perce dans la rue Traversière ». Or,
celle dont je parle ici a vue en effet sur
la *rue Traversière* et sur celle *du Clos-
Georgeot* par les fenêtres de sa seconde
façade.

Les appartements qu'on y trouve de
ce côté, et qui ne le cèdent point en
beauté à ceux qui regardent la rue de
Richelieu, furent occupés pendant quelque temps par le *café de la Régence*
et par son *cercle des Echecs*. — Ce
doyen des cafés de Paris, forcé par les
démolitions de déguerpir du rez-de-
chaussée tortueux que, depuis les derniers temps de Louis XIV, il occupait
au coin de la *place du Palais-Royal*,
était venu attendre ici qu'on lui eût construit, non loin de son ancien emplacement, les nouvelles salles dont il a
pris possession, en 1859, et où il s'est
réinstallé avec son antique tradition,
qu'illustrent les souvenirs de Diderot,

de Jean-Jacques Rousseau et de Philidor, compositeur habile, mais plus grand joueur d'échecs (1). Le XVIIIe siècle fut pour ce café l'époque glorieuse. Ici, dans ces beaux appartements de l'hôtel Dodun, il n'était donc pas dépaysé ; il était bien chez lui. Ce n'est pas tout ; il s'y trouvait vis-à-vis d'une maison que Voltaire habita quelque temps, celle-là même où il styla Le Kain à la tragédie, sur la scène qu'il avait improvisée dans les combles de l'hôtel et qu'il appelait « le théâtre de mon grenier. » Cette maison qui appartint à M. de Pongerville, de l'Académie Française, est au coin de la rue du Clos-Georgeot. Voilà bien des souvenirs littéraires ; j'en trouverais d'autres sans beaucoup de peine : Thomas Corneille, par exemple, vécut longtemps dans cette dernière rue. Quant à sa voisine, dont nous venons de parler, la rue Traversière, on sait qu'elle a troqué son nom, beaucoup trop mal famé, pour celui plus recommandable de *rue Fontaine-Molière*. Elle le doit au monument que vous voyez à l'une de ses extrémités,

(1) V. Chroniques et Légendes des Rues de Paris n. édit. p. 230.

au carrefour formé par sa réunion avec
la rue Richelieu.

Ce monument, hommage bien tardif,
puisqu'il s'est fait attendre cent soixante-
onze ans, a été élevé sur la proposition
de M. Régnier, l'un des meilleurs comédiens du Théâtre Français, et solennellement inauguré le 15 janvier 1844. Visconti en a donné le plan ; M. Seurre
aîné a fait le modèle de la statue de
bronze, un peu gauche, un peu lourde,
qui nous représente Molière assis et mé-
ditant ; Pradier a sculpté les deux gracieuses figures de marbre, la Comédie
sérieuse et la Comédie enjouée, qui, le
regard levé vers Molière, semblent attendre pour écrire qu'il ait parlé. Chacune d'elles tient à la main une longue
liste déroulée. Ici, sont les titres des
pièces les plus sérieuses du poète : *Tar-
tufe* le *Misanthrope*, etc, ; là, sont les
comédies plus gaies : *Sganarelle, Georges Dandin*, etc. Au devant de cet ensemble monumental est une vasque, dans
laquelle trois têtes de lion vomissent
une eau abondante. On n'est pas, Dieu
merci, admis à y puiser ; deux bornes
placées à quelques pas du bassin sont
réservées au service public. Il n'en est

pas moins regrettable qu'on ait cru devoir greffer une fontaine sur ce monument. C'est donner à penser qu'après l'avoir fait si longtemps attendre, on a voulu encore le marchander au grand homme et ne le lui accorder qu'à la condition qu'il aurait son utilité. Il est à double fin; c'est-à-dire tout autant pour la commodité des porteurs d'eau que pour la gloire de Molière ! Une époque comme la nôtre, avec ses petites combinaisons *utilitaires*, ne devait pas faire autrement. C'est d'après quelques faits de ce genre qu'on la jugera plus tard.

On a aussi critiqué l'emplacement choisi; je n'y trouve pourtant rien à redire. Ce choix était assez commandé par le voisinage de la maison où mourut le grand homme, ainsi que le rappelle l'inscription, en lettres d'or placée au-dessous du second étage. Cette maison porte le N° 34 de la rue Richelieu et donne aussi sur la rue Montpensier. Molière s'y trouvait à la proximité de son théâtre, situé, comme on sait, dans la partie du Palais-Royal voisine de la rue des Bons-Enfants et de la rue Saint-Honoré. Il n'avait pour s'y rendre qu'à traverser le jardin, sur lequel, d'ailleurs, devaient

donner ses fenêtres, car les galeries qui
en interceptent la vue aux habitants de
la rue Montpensier, n'ont été élevées
que plus de cent ans après. C'est vers
l'époque de cette construction que la
maison dut être aussi rebâtie et devint
ce qu'elle est aujourd'hui, un obscur passage faisant communiquer la rue Richelieu avec la rue Montpensier. Nous la
trouvons désignée dès 1787 sous le nom
de *passage Hulot*, qu'elle porte encore.
M. Hulot en était alors le propriétaire.
Du temps de Molière, elle appartenait,
ainsi que quelques-unes de celles qui l'a-
voisinent, au célèbre chirurgien Dionis.
Ce fait curieux, qui avait jusqu'alors
échappé à tout le monde, donne l'expli-
cation d'une anecdote relative aux comiques contestations de la femme de
Molière avec celle du médecin, son propriétaire, et à la colère de celui-ci, fu-
rieux de loger dans sa maison l'ennemi
acharné du docte corps. Il voulait lui
donner congé, mais Molière le calma en
acceptant une augmentation de loyer. Il
renouvela bail et resta. Ce fait, trop peu
remarqué à l'acte Ier de la comédie d'*E-*
lomire Hypocondre, où il est raconté,
trouvé sa preuve dans la découverte quel

j'ai faite du nom du docteur propriétaire.
— Saint-Simon, l'apôtre utopiste, habita
cette même maison ; c'est là qu'il tenta
de se suicider. L'appartement qu'il occupait était-il celui de Molière ? Je ne sais.
Il y avait, du reste, longtemps qu'il n'y
devait plus subsister aucun souvenir du
poëte. Tout a dû disparaître, lors de la
transformation de la maison, où rien,
ni dans la façade, ni dans la disposition des appartements, ne rappelle les
logis du XVIIe siècle.

J'ai dit que dans ce quartier il en était
presque partout ainsi : je ne puis que le
répéter, mais preuves en main. Allez rue
Vivienne, où étaient les grands hôtels
Colbert, de Tubœuf, de Torcy, etc. Qu'en
reste-il ? L'hôtel Colbert — qui, après
celui de Mazarin, était le plus vaste du
quartier, car il avait englobé dans son
enceinte ceux de Vanel et de Bautru —
a été complétement démoli sous la Restauration. Il ne lui suffisait pas d'avoir
été déshonoré dès 1720, lorsque le Régent qui l'avait acheté de la marquise
de la Carte, ne l'avait trouvé bon qu'à y
mettre ses écuries ; il fut complétement
rasé en 1828, pour faire place au grand
bazar vitré qui va, en équerre, de la rue

Vivienne à la rue Neuve-des-Petits-Champs, et auquel, par un reste de déférence pour le passé, on a bien voulu donner le nom de *passage Colbert*. La *galerie Vivienne*, située tout auprès, est de cinq ans plus ancienne. Elle reproduit parallèlement, mais avec des proportions un peu plus grandes, la disposition de son voisin. Elle est moins large, sauf dans la partie qui aboutit à la rue Neuve-des-Petits-Champs ; elle n'a pas non plus, comme le passage Colbert, une haute et vaste rotonde bien éclairée au point de réunion des deux galeries, mais elle rachète ces désavantages par l'éclat des boutiques, la variété et l'animation du commerce. La vie est ici ; la mort chez le voisin. Il n'a fallu rien abattre d'important pour construire la galerie Vivienne ; elle s'est faufilée entre l'hôtel Colbert, qui était encore debout alors, et l'hôtel Tubœuf, dont il reste quelques débris dans la maison portant le N° 18 de la rue Vivienne, mais qui rappelle bien peu pourtant ce qu'il était, quand il fut bâti par Le Muet et décrit par Sauval. La façade massive, dans le goût de celle de l'hôtel de Beauvais, que nous vous ferons voir rue Saint-

Antoine, est la partie demeurée la plus intacte. De l'hôtel de Torcy il reste moins encore. Il se trouvait vis-à-vis de la rue Colbert et de la grande maison, propriété de M. le duc Pasquier, qui est appelée à disparaître, quand on fera de la Bibliothèque un parallélogramme parfait, en continuant jusqu'à la rue Colbert la galerie enfin dégagée et si bien mise en vue du côté de la rue Vivienne. Cet hôtel Torcy était très-vaste. Ses jardins joignaient par derrière ceux des Petits-Pères, c'est-à-dire qu'ils allaient jusqu'à la hauteur de la rue nouvelle de *la Banque*; et les bâtiments étaient assez considérables pour qu'on en pût faire deux hôtels, dont l'un, à la fin du XVIIIe siècle, s'appelait hôtel de Bezons. Vous voyez que la démolition des grandes demeures seigneuriales ou leur transformation en maisons de commerce ou d'industrie s'est faite aussi rapidement de ce côté que dans la rue Richelieu. Je vous ai dit que l'hôtel Colbert était devenu un passage; l'hôtel que L'Assurance bâtit pour le financier Desmarets, et qui devint plus tard l'hôtel de Montmorency-Luxembourg, n'a pas eu un sort différent. C'est le même qui, vous le savez, fut démoli pour faire place au passage des Panoramas. Il n'en reste que la porte principale qui sert maintenant d'entrée à la galerie centrale du passage, dans la rue Saint-Marc, en face de la petite rue Montmorency. Ne vous étonnez donc plus de l'aspect grandiose de cette haute porte à colonnade, si peu en harmonie avec le bazar, dont on l'a contrainte d'être le frontispice : c'est pour un palais du XVIIe siècle qu'on l'a construite et ornée ainsi.

Je ne vois d'à peu près intact, de ce côté, qu'un seul hôtel, celui qui fait l'angle de la rue Vivienne et de la place de la Bourse, et qui porta longtemps au-dessus de sa porte le nom d'un journal aujourd'hui mort, *le Plan*. C'est l'ancien hôtel Bignon de Blanzy. Il date lui aussi du XVIIe siècle ; et, pendant plus de cent ans, il s'en fallut de beaucoup qu'il se trouvât en aussi belle vue. Il avait pour vis-à-vis, au lieu de la place de la Bourse, l'énorme couvent des *Filles-Saint-Thomas*, qui, après avoir subsisté de 1640 à 1808, n'a pourtant laissé qu'un souvenir, le nom de la rue qui fait suite à la *rue Neuve-Saint-Augustin*. L'es-

pace occupé maintenant par la Bourse
et par la place ne suffisait même point
pour le cloître et ses dépendances. Le
terrain compris entre la place et la rue
Feydeau avait aussi été envahi, et il avait
fallu, pour plus d'aisance, supprimer la
petite rue Saint-Jérôme qui, vers 1630,
prolongeait la rue Vivienne jusqu'à cette
dernière, appelée alors *rue Neuve-des-
Fossés-Montmartre.* Les bâtiments et
les jardins de ce couvent si vaste n'é-
taient pas que pour les religieuses. On
y admettait des locataires. Mlle d'Ette y
logeait, et l'appartement de la fameuse
Mme Doublet, ce bureau d'esprit, où
chacun apportait son contingent pour
les *Nouvelles à la Main*, qui sont devenues les *Mémoires secrets* de Bachaumont, s'y trouvait aussi (1). C'est, je le répète, en 1808, qu'on fit table rase pour
construire, sur la belle partie de l'immense emplacement, une bourse, édifice
indispensable demandé par le commerce
depuis plus d'un siècle. Il n'y en avait
eu jusqu'alors que de provisoires: d'a-
bord à l'*hôtel du Trésor*, dépendance

(1) V. *Chroniques et légendes des Rues de
Paris* n. édit. p. 281.

de l'ancien palais Mazarin, d'où les spéculateurs, enjambant la rue Neuve-des-Petits-Champs, débordaient jusqu'au perron du Palais-Royal; puis, pendant la Révolution, à l'église et sur la place des Petits-Pères, où ce qu'on appelle aujourd'hui la *coulisse* se nommait le *ruisseau*, vu la différence des lieux ; enfin, au Palais-Royal même, dans la galerie Virginie, et en dernier lieu dans l'hôtel qui fut ensuite occupé par les commissaires-priseurs. On tournait, pour ainsi dire, autour de l'endroit où devait s'élever le monument définitif. La construction, retardée par les désastres de l'Empire, dura près de vingt ans. Commencée en 1808, elle ne fut terminée qu'en 1827. Brongniart qui en avait donné le plan, était mort en 1813, laissant à Labarre l'honneur d'achever l'entreprise, mais après avoir bien mérité toutefois qu'une des rues voisines prît son nom. Je ne dirai qu'un mot de la place dont il est le centre. Ici, lui faisant face, voici le théâtre construit pour les *Nouveautés*, occupé ensuite par l'*Opéra Comique*, et enfin par le *Vaudeville* ; auprès voici de brillantes boutiques, où l'art, sans trop se dégrader, tâche de se faire

marchandise ; puis des cafés où l'on joue
peu, mais où l'on spécule beaucoup, ce
qui, dit-on, est la même chose ; de gros-
ses maisons où l'on fait affaire de tout,
et souvent de tout rien ; des entreprises
d'annonces, des bureaux pour embarque-
ment de toutes sortes, *trains de plaisir*
et autres ; des cabinets de correspondance
d'où partent des nouvelles de tout genre,
où celui qui était riche hier, écrit qu'il
liquide aujourd'hui ; des marchands de
tableaux, chez qui les Crésus improvi-
sés dans le temple grec voisin vont, au
plus juste prix, se créer un goût et se
faire une collection ; des fripiers très-
habiles sur la hausse et la baisse, car ils
vendent régulièrement à ceux que l'une
a enrichis les défroques de ceux que l'autre
a ruinés. Vous voyez que c'est un centre curieux mais assez triste. Ce qui l'é-
gayait un peu, c'était la double rangée
d'arbres qui bordait chaque côté du monument et y formait une promenade
chérie des bonnes et des enfants du quartier. On l'a fait disparaître. L'espace
sablé qu'ombrageaient ces quelques arbres a été enfermé dans la grille qui sert
de ceinture à la Bourse. On n'y admettra
plus que ces spéculateurs du trottoir, qui,

à partir du jour où l'on avait exigé un franc pour droit d'entrée dans ce temple de la Fortune, s'étaient vus forcés de rester à la porte. Comme on ne veut pas d'un tel encombrement, on parquera dans le périmètre élargi tous ces affairés de la spéculation besogneuse, et on ne réclamera d'eux pour cela que la moitié du droit ordinaire. S'il en est qui ne puissent risquer cinquante centimes pour tenter la fortune mise ainsi au rabais, on les évincera sans pitié.

VIII

Le quartier Montmartre du Moyen-âge au
XVIII° siècle. — Ses hôtels princiers et financiers. — La place des Victoires. — Sa physionomie sous Louis XIV. — La Banque à l'hôtel de Toulouse. — Les beaux hôtels de la
rue des Bons-Enfants jadis; ce qu'ils sont
aujourd'hui. — D'où vient le nom de la Cour
des fontaines. — Encore la place des Victoires et sa statue de Louis XIV. — Un reste
de l'enceinte de Charles V sous les fondations
du monument. — La butte Bonne-Nouvelle,
foyer de pestilence sous Henri II. — La rue
de Cléry et ses hôtes artistes ou lettrés. —
Le passage du Caire prend d'abord le nom
de *Foire du Caire*. David-d'Angers l'habite
en 1808.

Auprès du centre animé dont nous
venons de parler en est un autre qui
ne l'est guère moins : c'est l'espace occupé par la rue Montmartre et ses adjacentes, depuis le boulevard jusqu'à la
pointe Saint-Eustache, où la longue et
bruyante voie vient confondre son ani-

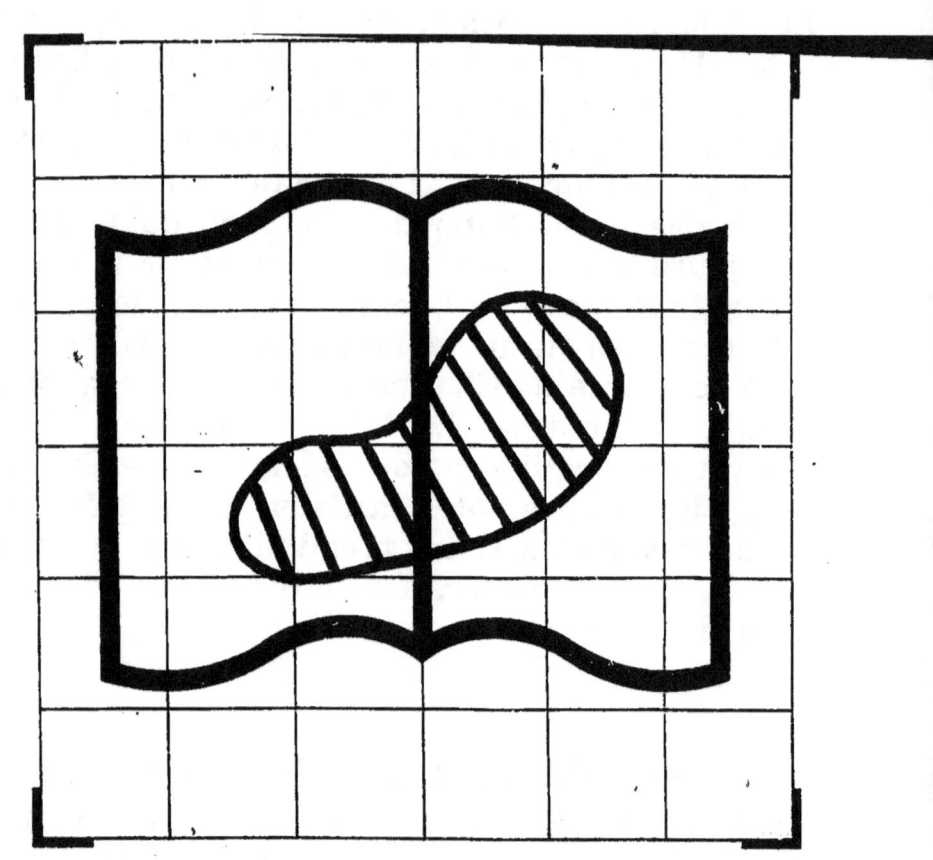

mation avec celle des halles. Nous la retrouverons plus tard de ce côté ; remontons vers l'autre, en nous contentant de
montrer du doigt chaque point curieux
de ce long parcours et chacune des rues
importantes qu'on rencontre à droite et
à gauche. Voici d'abord, à gauche, tout
près de l'église, la *rue du Jour* ou plutôt du *Séjour*, comme on l'appelait autrefois, à cause des bâtiments, écuries
et manéges qui y formaient l'un des *séjours* du roi. Il ne faut pas l'oublier, en
effet, tout ce quartier fut trés bien habité
au moyen-âge : on n'y voyait que de
grands logis, de magnifiques hôtels. Sur
l'emplacement où la *Halle aux Blés*
fut construite de 1763 à 1767 — moins
la coupole toutefois qui ne fut élevée que
dix ans plus tard — se trouvait l'immense hôtel des Rois de Bohême, qui
passa plus tard au duc d'Orléans, frère
de Charles VI, puis devint un couvent
de *filles repenties*, puis, au XVIe siècle,
fut appelé *hôtel de la Reine*: Catherine
de Médicis l'ayant en partie fait rebâtir,
et y ayant, entr'autres choses, fait élever, comme observatoire astrologique,
la haute colonne qui se voit encore, en-
châssée, comme un joyau d'une autre

époque, dans la muraille de la Halle aux Blés, vis-à-vis la rue de Vannes (1). Un hôtel rival, mais qui fut conservé moins longtemps intact, se trouvait non loin de là, c'est l'hôtel du Comte d'Artois, qui s'étendait sur une grande partie de l'espace compris entre la *rue Mauconseil* et celle *du Petit-Lion*, entre la *rue Saint-Denis* et la *rue Montorgueil;* cette dernière même, à cause de ce voisinage, s'appelait encore il n'y a pas trente ans *rue Comtesse-d'Artois*, depuis la pointe Saint-Eustache jusqu'à la rue Mauconseil. Les ducs de Bourgogne devinrent un peu plus tard propriétaires de l'hôtel, et lui laissèrent leur nom. On trouve encore, au fond de la cour de la maison N° 23 de la *rue du Petit-Lion-Saint-Sauveur*, une haute tour quadrangulaire du XVᵉ siècle, reste intéressant de cette grande demeure (2). La partie supérieure de l'escalier est à peu près intacte. On y voit se développer l'image sculptée d'un arbre aux

(1) V. *Énigmes des Rues de Paris,* n. édit. p. 269.
(2) V. *Chroniques et Légendes des Rues de Paris* n. édit. p. 83.

rameaux noueux entremêlés de rabots au fer acéré. Le rabot était la devise du duc de Bourgogne depuis que le duc d'Orléans, son ennemi, avait adopté pour la sienne le bâton plein de nœuds. C'était une sorte de menace figurée que l'assassinat de la rue Barbette ne réalisa que trop bien. Les *Confrères de la Passion* s'établirent, en 1543, dans la partie des bâtiments qui donnaient sur la rue Mauconseil, et leur théâtre, à cause de cet emplacement, s'appelait encore au XVIIe siècle, *Théâtre de l'hôtel de Bourgogne*. On n'y représentait plus de mystères alors, mais des tragédies et des comédies jouées par la troupe rivale de celle de Molière. Les Comédiens Italiens la remplacèrent; réunis à ceux de l'Opéra-Comique, ils donnèrent leurs représentations rue Mauconseil, jusqu'à l'époque de la construction de la *Salle Favart*, que nous vous avons montrée sur le boulevard Italien. Le théâtre, abandonné en 1784, devint, la *Halle aux Cuirs*.

Pour bien comprendre comment un théâtre, qui n'était rien moins que populaire, surtout depuis le temps où les comédies française et italienne y avaient

pris la place de la Farce, put prospérer
pendant des siècles au milieu de ce quartier, exclusivement commerçant et populaire aujourd'hui, il faut se figurer
telle qu'elle était alors, et non telle qu'elle
est maintenant, toute la partie de Paris
qui s'étend des halles au boulevard et du
Palais-Royal à la rue Saint-Denis. La
noblesse, en ce temps-là, se mêlait volontiers au peuple ; la bonne intelligence
n'était pas rompue, et l'on vivait de part
et d'autre en voisins qui se connaissent
et qui s'entendent. Vous venez de voir
deux des plus puissants princes du
royaume, habitant, au XIVe siècle, les
environs du quartier le plus populaire.
Au XVIIe siècle il en est encore ainsi.
A l'époque de la Fronde, par exemple,
où demeure le duc de Beaufort ? Tout
près d'ici, derrière Saint-Leu, dans ce
grand hôtel, qu'un passage maintenant
démoli et qui se nommait, à cause de lui,
passage Beaufort, avait remplacé. Le
roi des halles, comme vous voyez, logeait au cœur de ses États. L'hôtel de
Vic, qui fut habité, au XVIe siècle, par
Guillaume Budée, et dont la *rue Neuve-
Bourg-l'Abbé*, en se frayant passage, a
pris une partie, était aussi tout près de

là, en pleine rue Saint-Denis. Vous faut-il un autre exemple du peu de répugnance qu'avaient autrefois les gens de cour à se mêler aux gens du peuple, et à se les donner pour voisins ; allez rue Montmartre, au coin de la *rue Tiquetone*, vous y trouverez les restes de l'hôtel avec magnifique jardin qu'habita longtemps le duc de Béthune-Charost. Il fût bâti dans la première partie du règne de Louis XIV, lorsque ce quartier, qui avait été longtemps l'une des extrémités de Paris, ainsi que l'indiquait le nom de la *rue du Bout-du-Monde* — aujourd'hui *rue du Cadran* — était peu à peu devenu plus central par suite du reculement des remparts jusqu'à la rue Saint-Marc, puis enfin jusqu'à leur emplacement actuel. Maintenant je ne trouve plus par ici qu'un grand seigneur, encore n'y demeure-t-il pas : il se contente d'y être propriétaire. C'est le général tunisien Ben-Ayet, à qui appartient tout le passage du Saumon. Lorsqu'il arriva de Tunis, il y a quelques années, avec ses trésors, il ne trouva rien de mieux à acheter que ce long passage, l'endroit de Paris qui lui rappelait le mieux les bazars de son pays. L'animation, le continuel va-et-vient des passants, la richesse et la variété des boutiques, tout lui en plaisait ; il ne lui semblait qu'un peu trop étroit, aussi voulut-il l'agrandir. Il projeta d'acheter tout un côté de chacune des deux rues parallèles au passage : les *rues Mandar* et *du Cadran*, et d'établir sur l'espace, dont il aurait pu ainsi disposer, un immense bazar, Le projet n'eut pas de suite. Le passage du *Saumon* doit de s'appeler ainsi à l'enseigne d'une maison dont il a pris la place, et qui remontait au XIVᵉ siècle. Ce ne fut d'abord qu'une cour irrégulière dont Jaillot marqua le tracé dès 1773. Il est devenu ce qu'il est depuis 1827, moins ses deux galeries transversales, dont l'une aboutit à la rue du Cadran, l'autre à la rue Mandar, et qui sont toutes deux de construction récente. Ce passage est le centre le plus vivant d'un quartier fort animé, Pour retrouver mouvement pareil, il faut franchir la *rue Montorgueil*, suivre la *rue Marie Stuart*, et gagner le passage du *Grand-Cerf*, ainsi que le passage *Bourg-l'Abbé*, son vis-à-vis. La rue Saint-Denis qui les sépare leur communique beaucoup de son animation. Le passage Bourg-l'Abbé, trait d'union en-

tre la rue Saint-Denis et le boulevard de
Sébastopol, s'est animé davantage encore
depuis l'ouverture de cette large voie.

A voir ce quartier tel qu'il est, envahi
tout entier par la petite industrie et le
menu commerce, on ne croirait guère
qu'en 1778, on eut l'idée d'y établir un
de nos grands théâtres. Lorsque la
comédie italienne quitta la rue Mauconseil, on voulut lui bâtir une salle à l'endroit où se trouvait l'auberge du *Grand-
Cerf*, dont le passage a pris la place et
le nom. Aujourd'hui, pareil projet serait
folie, alors il était raisonnable. Une
partie de l'élite mondaine, public envié
des théâtres, se trouvait encore par ici.
Le Marais n'est-il pas tout près ? Dans
les rues les plus proches : celle de *Montmorency,* celle de *Michel Lecomte*,
où trônent maintenant la joaillerie, la
bimbeloterie, l'*article de Paris*, je pourrais vous montrer de beaux hôtels : rue
Michel Lecomte, celui du président de
Briou, et celui qu'habitèrent, au XVIIIᵉ
siècle, les banquiers Necker et Thélusson. D'Alembert, quand il logeait dans
cette même rue, chez la bonne vitrière,
avait un assez triste gîte, mais un beau
voisinage.

Si nous revenons vers les quartiers
Saint-Denis et Montmartre, nous y
trouvons, à la même époque, des gens
de même qualité : rue *Neuve-Saint-
Merry*, c'est *Jabach*, grand financier,
mais plus grand amateur ; rien ne le
rappelle de ce côté, si ce n'est son nom
donné au passage qui va de la rue Neuve-
Saint-Merry, au Nº 108 de la rue Saint-
Martin, qui fut percé sur les débris de
son hôtel. *Rue Quincampoix, rue de
Venise*, ce sont des financiers encore.
Les Lanquiers *Lombards*, qui ont donné
leur nom à la rue voisine, y vinrent les
premiers, puis ce fut la banque de Law
avec ses actions du Mississipi. L'agiot,
la Bourse, était alors rue Quincampoix ;
et comme le Tribunal de Commerce ne
doit jamais s'en trouver loin, il siégeait
tout près, derrière Saint-Merry, dans la
rue qui en a pris le nom de *rue des
Juges-Consuls*. Après ces financiers des
quartiers Saint-Martin et Saint-Denis,
venons à ceux du quartier Montmartre.
Ils se sont groupés *rue de la Jussienne,
rue Coq-Héron, rue Platrière*, comme
s'il tenaient à serrer de près leur quartier général, cet *hôtel des Fermes*, bâti
au XVIIᵉ siècle, à la place de l'hôtel

Séguier, et dont rien n'est resté qu'une grande cour faisant communiquer la *rue Grenelle-Saint-Honoré* avec celle *du Bouloi*.

Dans la *rue Platrière*, le surintendant des finances, Bullion, s'était fait bâtir par Levau, en 1630, un bel hôtel qui servit plus tard pour les ventes aux enchères. De là, le nom d'*hôtel Bullion* donné aux divers lieux où les commissaires-priseurs ont fait depuis leurs encans. La maison qui fait face est célèbre: l'auteur d'*Emile* y logea ; et la rue Platrière en a pris le nom de *rue Jean-Jacques Rousseau*. Le duc d'Épernon y possédait un vaste hôtel, dont M. d'Hervart — encore un financier — devint le propriétaire vers le milieu du XVIIᵉ siècle. C'était un homme d'argent, mais qui se donnait tous les luxes intelligents ; Mignard fut son peintre, La Fontaine son hôte. Cent ans après, quand l'hôtel fut passé à M. d'Armenonville, on y montrait encore le salon et le cabinet où Mignard avait peint ses fresques; la chambre où La Fontaine était mort. Où retrouver ces souvenirs, maintenant que les services *de l'administration des Postes* ont bouleversé l'hôtel d'Her-

vart ? Auprès, rue de la Jussienne, au
N° 16, voici l'un des hôtels de Dupleix,
nabab improvisé qui conquit à la France
tout ce monde indien que la France ne
sut pas garder. Mme Dubarry, puis
Penuchot, organisateur du *pacte de
famine*, habitèrent ensuite cet hôtel.
Celui qui porte le N° 7 de la rue Coq-
Héron, date de 1730 ; il fut bâti pour le
fermier général Thoinard, sur une partie
de l'emplacement de l'hôtel possédé sous
Louis XIII par Fontenay Mareuil. La
maison de Banque des Frères Enfantin
s'y installa sous l'Empire ; ensuite vint
M. Dupin l'aîné, qui tenait cette propriété de sa belle-mère ; il la vendit à
la ville, et les bureaux de la *Caisse
d'Épargne* y furent établis. Cette destination est une sauvegarde pour cette
jolie demeure, type charmant et complet
des hôtels du dernier siècle. Il ne reste
rien de celui qui était contigu, et qui
s'étendait jusqu'au coin de la *rue Coquillière*. Sous Louis XIV, le ministre
Chamillard ; sous l'Empire, le banquier
Delessert en furent les propriétaires.
De hautes maisons le remplacent ;
entr'autres, celle de l'imprimerie Dubuis-
son, pandæmonium du journalisme, d'où

plus de soixante feuilles de toute nuance
et de tout format s'échappent chaque
semaine.

Une seule officine typographique est
comparable à celle-ci : vous la trouverez plus haut, vers la partie de la rue
Montmartre qui se rapproche du boulevard. C'est l'imprimerie de la rue du
Croissant, N° 8, où le *Siècle* et le *Cha-
rivari* se publient depuis leur fondation.
Cette maison, transformée selon les
exigences de ces nouveaux hôtes, eut
aussi pour premier maître un financier,
mais un financier devenu grand ministre,
Colbert. Comme tout parvenu, il aime
à posséder et à bâtir. La petite maison
de la *rue Grenier-Saint-Lazare*, qui
l'a vu commis de Fouquet, où son père
est mort, ne peut lui suffire ; l'hôtel de
la *rue des Rats*, près la place Maubert,
pas davantage ; il lui faut l'espace qu'on
ne trouve que dans les quartiers neufs.
Nous l'avons vu rue des Petits-Champs ;
maintenant le voici qui s'étend à l'aise
sur la lisière du rempart, car la porte
Montmartre se voyait en face du carrefour des rues Saint-Marc et Feydau.
Là, son hôtel touchait à l'un des *préaux*
chéris des joueurs de boule : aux *Jeux-*

Neufs, dont la *rue des Jeûneurs* est un souvenir défiguré. Dans la *rue du Mail*, qui doit son nom à une cause pareille, puisqu'elle fut tracée sur l'emplacement du vieux Mail, fameux sous Henri IV, Colbert possédait un autre hôtel le seul qui garde de lui un souvenir visible (1). Dans les chapiteaux des trois pilastres corinthiens qui donnent tant de caractère à la façade, s'enroule le *Coluber* armes parlantes, du ministre. Il se retrouvait aussi dans la coiffure du mascaron, clé de voûte de la porte cochère ; de prétendues réparations l'ont fait disparaître, en 1858.

Ne croyez pas que nous en ayons fini avec les gens de finance ; comme sous Louis XIV, il n'y avait par ici que rues et maisons neuves, il est tout naturel que nous les y trouvions en nombre. L'hôtel de Samuel Bernard, par exemple, était *rue Notre-Dame-des-Victoires*. L'espace laissé presque vague, tant il était immense, dans la maison qui porte le N° 16, peut permettre d'en mesurer l'étendue. La *place des Vic-*

(1) V. *Énigmes des rues de Paris*, n. édit. p. 322.

toires, elle-même, se rattache par son origine à l'un des financiers du temps de la Fronde, M. d'Eymery. Son hôtel occupait, entre les *rues Croix-des-Petits-Champs* et *de la Vrillière*, le terrain que la place envahit en 1685. L'espace, quoique vaste, ne pouvait suffire à l'exécution du projet adulateur conçu en l'honneur du roi par M. de la Feuillade. En bon courtisan, il démolit son propre hôtel ; acheta, moyennant 200,000 livres, que la ville lui rendit, celui de la Ferté-Senneterre ; y joignit la maison d'Hautmann, intendant des finances, puis celle de Perrault, et rasa tout : la place se trouva faite. La statue qui devait l'orner l'était déjà. La Feuillade avait commandé d'abord une statue équestre en marbre, mais il y renonça quand elle fut achevée. Il préféra le groupe de bronze doré dont Desjardins fit le modèle, et qui fut fondu à l'hôtel Saint-Chaumont. On y voyait Louis XIV, en habit de sacre, couronné par une Victoire ailée dont le pied posait sur un globe. L'inauguration eut lieu le 18 mars 1686 ; et tout d'abord songeant aux financiers du voisinage, on fit, selon Saint-Simon, courir ce quolibet :

« Henri IV est avec son peuple sur le Pont-Neuf ; Louis XIII avec les gens de qualité à la place Royale ; Louis XIV avec les maltôtiers à la place des Victoires. » Lors de l'inauguration, on ne voyait encore qu'une partie des façades à pilastres d'ordre ionique, dessinées par Hardouin Mansard, et qui sont d'un effet si élégant, si grandiose. Elles ont malheureusement perdu beaucoup depuis que d'immenses enseignes les masquent et les plastronent : les unes mutilant les mascarons des clefs de voûte ; les autres empiétant sur les chapiteaux des pilastres. Les quatre candélabres gigantesques qu'on plaça, l'un, au coin de la *rue Vide-Gousset* ; l'autre, en face, *rue du Petit-Reposoir* ; le troisième, au coin de la *rue Croix-des-Petits-Champs*, et le quatrième, au coin de la *rue de la Feuillade*, n'existaient pas non plus encore en 1686. « C'est le soleil entre quatre lanternes, » avait-on dit de ces fanaux d'un faste ridicule, dont la pâle lumière se réflétait à grand'peine sur la dorure neuve du groupe royal. On les supprima en 1718 mais le monument fut conservé jusqu'à la Révolution. Après trois jours d'efforts, les 11, 12 et 13 août

1793, il fut jeté par terre et brisé. Les quatre statues des nations enchaînées, qui se voyaient aux angles du piédestal, furent seules épargnées ; on les porta aux Invalides, où elles ornent les points les plus saillants de la principale façade. En attendant l'effigie équestre qui se voit aujourd'hui au centre de la place, et dont il sera parlé en son temps, on vit se succéder sur l'espace rendu disponible des monuments de diverses sortes et de diverses formes : le premier fut une grossière pyramide de planches, sur les faces de laquelle on lisait les noms, alors nouveaux, de nos quatre-vingt-six départements, et la liste, encore assez courte de nos récentes victoires. On se donnait ainsi une raison de ne pas débaptiser la place.

Quant à celle-ci, quelle avait été sa physionomie ? quelles personnes avaient habité ses hôtels ? La noblesse, le clergé, la finance, la science même, tout s'y était rencontré, et souvent dans la même maison, soit à la fois, soit à tour de rôle. Voyez, par exemple, le défilé des hôtes qui se sont succédé dans l'hôtel situé au coin de la *rue des Fossés-Montmartre*, à droite : d'abord, le maréchal de L'Hospital, puis

M. de Pomponne, puis le financier amateur Bonnier de la Mosson, puis M. de
Saint-Albin, archevêque de Cambray ;
puis la famille de Massiac, qui laissa son
nom à l'hôtel ; puis encore, pendant
quelque temps après sa création, la
Banque de France, enfin le grand manu-
facturier Ternaux. Dans un autre de ces
hôtels, voici Charles, le physicien, avec
son aérostat que le peuple lui rapporta
triomphalement après une première
ascension. Auprès, est la maison qu'habita Bossuet. Ce séjour du grand évêque
suffirait pour racheter quelques taches
que nous trouvons dans le passé de la
place des Victoires ; voire la présence
d'un tripot dans un de ses hôtels à la fin
du règne de Louis XV.

L'or devait toujours jouer un rôle de
ce côté : les traitants partis, arrivent les
banquiers du pharaon ; ceux-ci décam-
pent vers le Palais-Royal ; surviennent
d'autres manieurs d'argent : ceux de
l'agiot, à qui l'église des Petits-Pères,
qui est tout près, sert de bourse provisoire ; enfin, vous avez vu la Banque à
l'hôtel Massiac, et vous allez la retrouver à l'hôtel de Toulouse.

Je ne veux dire ici qu'un mot de cet

hôtel, commencé en 1620 pour M. Phelippeaux de la Vrillière. François Mansard en fit les dessins ; et la grande galerie, pour laquelle on dut empiéter sur la rue Neuve-des-Bons-Enfants par une trompe en saillie, dont on admire encore le hardi travail, fut peinte vers 1645 par Fr. Perrier. Elle ne sert plus que pour les assemblées générales des actionnaires de la Banque. Rouillé, fermier des postes, acheta l'hôtel en 1705, et le revendit, huit ans après, au comte de Toulouse, qui aussitôt y mit les ouvriers et les artistes, De Cotte, l'architecte, en tête, pour qu'ils le lui transformassent en palais: ce qui fut bientôt et très-habilement fait. Après M. de Toulouse, vint son fils le bon duc de Penthièvre, qui n'ajouta rien au luxe de cette demeure. Il l'agrandit seulement, en 1760, de tout le corps-de-logis qui va de l'entrée principale, rue de la Vrillière, jusqu'à la rue Neuve-des-Bons-Enfants, et d'après lequel le bâtiment qui a remplacé le mur de clôture sur la rue Croix-des-Petits-Champs fut construit, vers 1860. M. de Penthièvre y vécut longtemps avec sa fille, devenue ensuite duchesse d'Orléans ; avec la veuve de son fils, la princesse de Lamballe, et au milieu d'un nombreux domestique dont Florian faisait partie. Quand la révolution devint menaçante, il partit, et il lui fut ainsi donné de ne pas voir les bourreaux de septembre promener sous ses fenêtres la tête de Mme de Lamballe. Un an plus tard, l'hôtel de Penthièvre était confisqué, et l'on y installait l'Imprimerie Nationale qui y resta jusqu'en 1811. La Banque l'achète alors moyennant deux millions, et le transforme suivant les besoins de ses services et selon le goût du jour. Ainsi l'entrée fut démolie pour faire place au portail en style de l'Empire, qui, jeté bas lui-même a été rebâti, comme nous le voyons, d'après le plan primitif. Les caves sont la partie la plus importante des constructions exigées par l'établissement de la Banque à l'hôtel de Penthièvre. La valeur représentative des sommes qui courent le monde sous la forme ailée du billet de banque ou du billet de commerce, devant toujours se trouver à la Banque, soit en lingots, soit en espèces, on peut se faire une idée du trésor enfoui dans ces caves, et se figurer aussi les précautions qu'il a fallu prendre pour le mettre à l'abri d'un coup de main révolutionnaire ou de toute autre surprise. Muraille d'une solidité à toute épreuve, escalier fait en forme de puits, et ainsi facile à combler ; portes de fer munies d'une inextricable combinaison de serrures ; bassins immenses dont, sur un signal, l'eau submergerait tout ; réservoirs remplis d'un gaz méphitique qui, lâché dans ces caves, en rendrait l'approche mortel : tout a été disposé dans l'appréhension d'une attaque possible, surtout à notre époque de révolutions sans désintéressement.

Un mot maintenant du quartier, au milieu duquel l'hôtel de la Banque se trouve jeté comme un îlot de forme bizarre. C'est d'abord la *rue des Bons-Enfants*, nommée ainsi d'un collége ou *hospital de pauvres escholiers*, déjà connu sous Charles VI. Ruelle près du rempart, on l'appelait encore le *chemin qui mène à Clichy*. C'est du côté de la rue Saint-Honoré que se trouvait le collége, ainsi qu'un hôtel où le connétable d'Armagnac fut tué le 28 mai 1418, et qui, après avoir appartenu au duc de Mercœur et au marquis d'Estrées, fut démoli en partie par ordre de Richelieu, pour faire place au théâtre, vaste dépendance du Palais-Cardinal, sur lequel fut représentée sa tragédie de *Mirame*. La troupe de Molière y joua ensuite ; puis Lulli s'en étant emparé, les représentations de l'Opéra y furent données jusqu'à l'incendie du mois de juin 1781. On ne le rebàtit pas. La *cour Orry*, cul-de-sac qui y conduisait, fut continuée et devint la *rue de Valois* ; et des maisons, entr'autres celles du *Lycée*, s'élevèrent sur l'emplacement du théâtre.

La construction du Palais-Cardinal avait donné de la vogue à tout le voisinage. On bâtit, sous Louis XIII, des hôtels, rues Croix-des-Petit-Champs et des Bons-Enfants. Dans l'une, voici, sous le N° 21, l'hôtel de la Bazinière, bâti par un financier de ce temps-là, habité plus tard par la veuve de Charles 1ᵉʳ ; puis fréquenté par Louis XV et Mme de Pompadour, aux premiers temps de leur liaison. Qu'est-il devenu, sans presque avoir changé d'aspect ? une maison de confection. Rue des Bons-Enfants, je cherche en vain un reste des bâtiments qui, après Richelieu, avaient survécu de l'hôtel d'Estrées, et dans lesquels Ma-

zarin faisait vendre le rebut de ce que
ses agents lui envoyaient d'Italie en tableaux et meubles rares, devançant ainsi
ce qui devait se faire au N° 28 de la
même rue, à la *salle Sylvestre*, où livres, gravures, etc., sont livrés aux enchères des amateurs. Cette maison, qui
vit naître, vers 1854, la *Bibliothèque
Elzévirienne* de P. Jannet, successeur de Sylvestre, tient la place de
l'hôtel habité sous Louis XIII par le
maréchal du Hallier; En face, au N° 21,
est l'hôtel de la Roche-Guyon, son con-
temporain; la physionomie n'en a pas
beaucoup changé. Celui du N° 19 eut des
destins moins stables. Sous Louis XIII,
l'Académie s'y réunit plusieurs fois chez
Boisrobert, logé là tout près de Riché-
lieu, son Mécène; on l'appelait alors
l'hôtel Mélusine, à cause d'une galerie où l'histoire de la fée poitevine était
représentée, et qui disparut quand, vers
1725, Bosfrand rebâtit l'hôtel pour M.
d'Argenson. Moins d'un siècle après, de
Wailly le transforma de nouveau pour
y loger la chancellerie d'Orléans. Plus
tard le *Constitutionnel* et un marchand
de pianos se le partagèrent : l'un oc-
cupant les bâtiments qui donnent sur

la rue de Valois; l'autre, la partie qui a vue sur la rue des Bons-Enfants. Le journal l'*Union* se trouve à l'autre extrémité de la rue, dans un hôtel dont quelques débris de peinture et de dorure rappellent le luxe passé.

D'où vient la métamorphose de cette rue et de sa voisine, la *rue Neuve-des-Bons-Enfants*? Pourquoi de beaux hôtels jadis et de tristes maisons aujourd'hui? La construction des galeries du Palais-Royal, en 1786, en est cause. Elles enlevèrent aux hôtels leur vue sur le jardin, et leur laissèrent à la place le fangeux horizon des rues de Valois, Montpensier, Beaujolais. N'était-ce pas assez pour mettre en fuite les gens de qualité. Aussi ces hôtels sont-ils devenus : ceux de la rue des Bons-Enfants, des maisons de commerce ; ceux de la rue Neuve-des-Bons-Enfants, des hôtels-garnis. Ils ont gardé balcon et terrasse sur la rue de Valois ; mais c'est une ironie : au lieu de l'air du jardin, on n'y respire plus que les émanations d'une rue infecte et des parfums de restaurants ! Que de choses de ce quartier ont ainsi dans le passé une raison d'être qui n'existe plus dans le présent ! D'où vient le nom de la *cour des Fontaines*, par exemple ? Les marchands d'habits, les cafés qui s'y trouvent ne vous le diront pas ; remontez au temps de Richelieu, revoyez cette cour avec ses jets d'eau, ses bassins, dans l'un desquels Louis XIV, enfant, failit se noyer : vous aurez le mot de l'énigme. Auprès était un grand espace, que la galerie de bois et la galerie vitrée ont occupé depuis ; on l'appelait le *camp des Tartares*, autre énigme, mais qui s'explique pour qui sait qu'on appelait Tartares les bas valets des écuries princières, et que ceux de la maison d'Orléans avaient leur campement par ici. Le nom de *Montesquieu* donné à la rue, qui fut percée vers 1800, sur le terrain du collége des Bons-Enfants, s'explique moins aisément. Des marchands de nouveautés, une vaste salle qui tour-à-tour servit pour des concerts, des bals publics, des luttes, et qu'un grand débit de bouillon envahit aujourd'hui, n'ont rien de commun, en effet, avec l'auteur de l'*Esprit des Lois*. Un boucher est le héros de cette rue ; en 1830, c'était un charcutier, Véro, dont la boutique se voit encore à l'un des coins, en face du passage *Véro-Dodat*, dont il fut l'un des fondateurs et des parrains. Jadis le voisinage de l'Opéra avait attiré par ici une population plus artiste : des marchands de musique, des luthiers, en boutique et en chambre ; il n'en reste plus que deux ou trois, rue Croix-des-Petits-Champs.

La place des Victoires subit, des premières, dans sa population une des métamorphoses si fréquentes de ce côté : Dès 1790, la noblesse en délogea, et n'y revint plus. Brocanteurs, marchands de curiosités, empiriques, entrepreneurs de tontines s'y installèrent en attendant les marchands de tissus qui y trônent aujourd'hui. Ceux-ci venaient déjà, Ternaux à leur tête, quand le premier Consul décida qu'un monument serait élevé sur la place en l'honneur de Desaix. La première pierre fut posée, et ce fut tout ; enfin, en 1806, le projet fut repris et exécuté. Le piédestal était de marbre, avec bas-reliefs, dont l'un représentait la victoire d'Héliopolis, triomphe de Desaix. Déjoux avait fait le modèle de la statue qui était de bronze, haute de six mètres et d'une nudité par trop antique ; pour rassurer la pudeur du quartier, il fallut voiler le héros d'une palissade qui ne disparut qu'en 1815, avec la statue elle-même.

La Restauration se devait de relever le monument de Louis XIV ; une ordonnance fut rendue en conséquence, le 14 février 1816. La statue équestre, qu'on ne pouvait rétablir à la place Vendôme, puisque la colonne de la grande armée y restait, fut destinée à la place des Victoires. Le baron Bosio, chargé de l'exécution, s'en acquitta habilement. L'homme et le cheval ont sans doute des proportions un peu trop colossales pour la place qui leur sert de cadre ; le Louis XIV en perruque, avec la chlamyde antique, le cothurne et les bras nus, est un peu ridicule ; la position du cheval, tenu en équilibre par les barres de fer qui rivent la queue au piédestal, n'est pas fort heureuse, et ce qu'elle a d'étrange ne se rachète même pas par l'originalité, puisque cette pose est renouvelée de celle du Pierre-le-Grand, de Falconnet, à Pétersbourg ; mais l'ensemble est d'un grand caractère, les lignes principales sont harmonieuses, et la proportion qui ne se trouve pas entre le monument et la place, existe au moins au plus haut point entre l'homme et sa monture. L'inauguration eut lieu en 1822, le jour de la Saint-Louis. La dépense générale, en y comprenant le piédestal qui est de M. Alavoine, ainsi que les deux bas-reliefs dus à M. Bosio neveu, et qui représentent, l'un, le *passage du Rhin*, l'autre, la *distribution des récompenses*, fut de 533,000 francs.

En creusant les fondations du monument, on avait trouvé des fragments de murailles ; c'était un reste de l'enceinte de Charles V. De 1383 à 1629, en effet, Paris n'allait pas plus loin de ce côté, le nom de la *rue des Fossés-Montmartre* en était déjà une preuve. Cette rue suit, comme on sait, la ligne des fossés qui, en se continuant, traversait le Palais-Royal, puis le Carrousel, jusqu'à la hauteur des Guichets. Si l'on veut savoir pourquoi les variations de niveau sont si fréquentes dans ce quartier, pourquoi le milieu de la place des Victoires, et l'entrée de la rue Croix-des-Petits-Champs, qui nous représentent le sommet du rempart, sont plus élevés que les rues du Petit-Reposoir, Coquillière, des Bons-Enfants, etc., qui nous en représentent, au contraire, le versant, il ne faut pas perdre de vue cette ancienne disposition de terrain. Grâce à cette connaissance, on arrive aussi à bien comprendre la mise en scène de l'un des plus sanglants épisodes de la Saint-Barthélemy, le massacre de la famille Caumont-la-Force. C'est, en effet, au fond de la rue des Petits-Champs, près le rempart, que le fait se passa selon un récit du temps. L'homme qui sauva le plus jeune des deux fils, sortait d'une rue voisine : c'était un marqueur de ce jeu de paume de la rue Verdelet, qui existait encore, au commencement du siècle. Il prit le pauvre enfant, qui avait eu le bon esprit de tomber avec son père et son frère et de faire le mort pendant qu'on les dépouillait; il le mit sur ses épaules, et, longeant le rempart jusqu'à l'Arsenal, il le remit aux mains de sa tante, Mme de Biron.

Le faubourg, qui commençait en cet endroit, était un des plus misérables. Rappelez-vous que la *cour des Miracles*, ce grand centre de gueuserie, s'y trouvait à l'endroit, enfin assaini, qui en a gardé le nom ; revoyez un peu ce qu'étaient, il n'y a pas encore longtemps, la *rue du Croissant*, et celle *des Jeûneurs*, et ce que sont encore la *rue Saint-*

Pierre-Montmartre et la *rue Saint-Joseph* ; songez au nom de la *rue Vide-Gousset*, et vous vous ferez facilement une idée de ce que pouvait être ce quartier sous Louis XIII. Là se faisait la grande raffle des gueux que l'on envoyait peupler le Canada ou la *Nouvelle-France*. De là vient même que ce dernier nom fut donné à une partie des faubourgs Montmartre et Poissonnière. Sous Louis XIV, les mendiants pullulaient encore par ici. Pendant un rude hiver, la femme de Molière en réunit un grand nombre autour d'un immense feu de fagots qu'elle fit allumer sur la dalle qui recouvrait la tombe de son mari dans le petit cimetière Saint-Joseph. On sait que cet humble champ de repos, où Molière dormait auprès de La Fontaine, fut, ainsi que la chapelle dont il dépendait, remplacé par le marché actuel, en 1794.

Henri II avait bâti une chapelle, aujourd'hui l'église Bonne-Nouvelle, au sommet de ce faubourg, espérant grouper à l'entour des paroissiens plus convenables que ceux qui s'y étaient installés d'eux-mêmes ; mais la tentative était demeurée inutile. Les gueux étaient restés, les ouvriers n'étaient pas venus. Ce qui les éloignait, c'était l'insalubrité du terrain. La butte Bonne-Nouvelle sur laquelle s'étageait le faubourg, cette *Ville-Neuve-sur-Gravois*, comme on nommait ce quartier, et comme on appelle encore une de ses rues, n'était qu'un monticule d'immondices, un foyer de pestilence, à ce point qu'une rue voisine fut mise sous l'invocation de saint Roch, comme l'avait été la butte de formation semblable qui se trouvait auprès de la porte Saint-Honoré. Le premier nom de la rue de Cléry était un autre souvenir de cette *mal'aria*. De même qu'à la rue du faubourg Saint-Marceau longtemps infectée par les émanations malsaines, par les *moffettes* qui s'exhalaient de la butte devenue le labyrinthe du Jardin des Plantes, on lui avait donné, à elle aussi, et pour la même cause, le nom de *Mouffetard*. Sous Louis XIII le quartier s'étant toutefois un peu assaini, des lettres patentes de 1623 accordèrent à quiconque viendrait y exercer un métier « le privilége d'y travailler librement et publiquement et d'y tenir boutique ouverte. » Les ouvriers en meubles qu'un privilége du même genre avait attirés depuis longtemps sur les terrains de l'abbaye Saint-Antoine, mais à qui il devait convenir de prendre pied, aux mêmes conditions, sur un autre point des faubourgs, vinrent les premiers. « Il y a sur la Ville-Neuve, dit le *Livre commode des Adresses* pour 1690, un grand nombre de menuisiers qui travaillent à toutes sortes de meubles non tournés. » On sait qu'ils y sont encore.

Ce fut surtout dans la partie de la *rue de Cléry* qui descend vers la porte Saint-Denis que ces ouvriers s'établirent. Sur l'autre versant, c'est-à-dire de la rue Poissonnière à la rue Montmartre, s'élevèrent, à la fin du règne de Louis XIV, plusieurs jolies maisons auxquelles le luxe et les mœurs de leurs hôtes firent tout d'abord une réputation singulière d'élégance et de galanterie. De ces hôtels qu'on appelait des *Cléry*, et qu'une phrase du poète Pavillon suffit à nous dépeindre, avec la vie facile qu'on y menait, le plus magnifique était celui que le traitant Berthelot de Pleneuf s'était fait bâtir. Sa fille, qui fut la belle marquise de Prie, y vint au monde, et par un curieux hasard une

autre favorite plus fameuse encore
Mme de Pompadour, naquit à deux pas
de là dans la même rue. Le roi fut quelque temps propriétaire de l'hôtel Pleneuf, puis celui-ci fut acheté par Le
Blanc, ministre de la guerre, qui lui
laissa son nom. M. Necker vint plus tard
y réinstaller la finance, en même temps
que sa femme et sa fille, Mme de Staël, y
donnaient asile aux lettres. Il resta
debout jusqu'en 1842, époque où on le
démolit pour percer la *rue de Mulhouse*.
Richer avait bâti au No 15, pour la comtesse d'Estrade, un hôtel dont rien n'est
resté. Rien ne subsiste non plus de
l'hôtel d'Espagne, qui touchait celui-ci
et qu'habitait André Chénier peu de
jours encore avant son arrestation à
Passy. Ducis, logeait alors dans celui
qui porte le No 25 et qui est aujourd'hui
le mieux conservé de tous les hôtels de
cette rue. Jean Marot en fit le dessin,
lorsqu'il appartenait à M. Rolland pour
qui on l'avait bâti. Le président de
Lubert, grand amateur de musique.
possédait celui du No 19 ; il y avait
fondé la société lyrique des *Mélophi-
lètes*, l'une des premières de ce genre
qui ait existé à Paris. Après la musique

la peinture, après le président Lubert, M. Lebrun, mari de la célèbre portraitiste du temps de Louis XVI. Il fit longtemps un très grand commerce de tableaux dans cet hôtel qui fut, après lui, envahi par les bureaux du Cadastre. Rien ne le distingue plus aujourd'hui, si ce n'est la double branche de laurier sculptée autour du cintre de la porte, comme dernier souvenir d'un passé artiste. Il étendait ses dépendances jusque sur la *rue du Gros-Chenet*, dans la partie qui fait face aux rues Saint-Joseph et du Croissant, et avait de ce côté-là pour voisin, l'auberge des *Quatre Fils Aymon*, où Mozart eut la douleur de perdre sa mère, lors du voyage qu'ils firent ensemble à Paris en 1778. Vous voyez que ce quartier pourrait fournir un chapitre intéressant à l'histoire des arts. Il ne serait pas difficile de le grossir en vous faisant la chronique de la salle des concerts de la rue de Cléry, qui était pour les chanteurs de l'Empire ce que la salle Hertz, rue de la Victoire, est pour ceux d'aujourd'hui ; en vous initiant aux petits mystères de l'ancienne direction de l'Opéra, dont l'hôtel se trouvait non loin d'ici, *rue de*

la Feuillade ; enfin, en vous montrant
dans leur ménage Philidor et Grétry, qui
tous deux logeaient de ce côté, l'un, rue
de Cléry, même, en face de la rue du
Gros-Chenet ; l'autre, rue Poissonnière,
vis-à-vis de la rue Beauregard. Cette
dernière ne mérite guère une mention ;
accordons la-lui pourtant. Suivons sa
pente assez rapide sur le versant de la
butte Bonne-Nouvelle jusqu'à l'endroit
où elle rejoint la rue de Cléry et se con-
fond avec elle, à deux pas de la porte
Saint-Denis. C'est à cette situation qui,
avant la construction des maisons du
rempart, lui permettait de dominer la
campagne, qu'elle doit son nom de *Beauregard.* Maintenant, mal bâtie, tortueuse, étroite du moins sur son versant
oriental ; ne prenant plus jour sur le
boulevard que par les petites *rues-
Sainte-Barbe, Saint-Étienne, Notre
Dame-de-Recouvrance*, elle ne justifie
guère ce nom qui est synonyme de belle
vue. Elle a pourtant, ainsi que ses voisines, une physionomie toute particulière
et bonne à remarquer. Le calme qu'on y
trouve, l'aspect des maisons, dont quelques-unes, que je pourrais vous montrer,
notamment celle du N° 46, rue Beaure-

gard, n'ont certes pas été reconstruites depuis l'époque de Louis XIII, qui vit rebâtir ce quartier fort endommagé par les attaques de l'armée de Henri IV, pendant le siége ; l'air agreste de quelques autres de ces bicoques, surtout de celles qui bordent la rue Saint-Étienne et la rue Sainte-Barbe: tout cela donne, je l'ai dit, à ce quartier une physionomie à part ; c'est une sorte de banlieue *intrà muros*. A l'entour tout s'est transformé, tout s'est embelli ; là, rien n'a changé. L'isolement y est même devenu plus complet depuis que l'aplanissement du boulevard, au bas de la *butte Bonne-Nouvelle*, a rendu plus rapide la pente qui mène à ces rues ; un escalier a dû même être construit à l'entrée des *rues Notre-Dame-de-Bonne-Nouvelle* et *de la Lune*. Celle-ci, ainsi perchée, presque inaccessible aux voitures, et d'autant plus tranquille, ressemble tout-à-fait à une rue de village, et pourtant elle n'est séparée du boulevard que par l'épaisseur d'une maison. Je mets en fait, que ce quartier est encore à peu près ce qu'il était il y a trois siècles, lorsque son église, que ne décorait pas encore le portique à colonnes qu'on y

12

vint plaquer en 1823, s'appelait *Notre-Dame-de-Recouvrance,* en souvenir de l'heureuse journée où Henri IV avait *recouvré* son royaume. Auparavant, elle était placée sous l'invocation de *Saint-Louis* et de *Sainte-Barbe,* qui a laissé son nom à l'une des rues voisines. Ce n'est que plus tard qu'elle s'appela *Notre-Dame-de-Bonne-Nouvelle.*

Si, comme aspect, rien n'a changé dans ce quartier, autrement, la transformation a été complète. La marchandise à tout envahi : depuis le charmant hôtel de la *rue du Sentier,* où Girardot de Préfonds mettait ses richesses de financier au service de ses goûts de bibliophile, depuis les belles maisons de la rue de Cléry, honorées, comme je vous l'ai fait voir, par quelques hôtes artistes ou lettrés, jusqu'aux maisons de la *rue Bourbon - Villeneuve* et de la *rue Neuve-Saint-Eustache,* qui furent toujours, il est vrai, plus roturières et plus marchandes. Dans cette dernière, qui doit son nom au *Petit-Saint-Eustache,* — la chapelle Saint-Joseph — et qu'on avait d'abord nommée *rue Saint-Côme,* parce que c'était là que les chirurgiens, dont ce saint est le patron, devaient,

après une saignée, venir vider leur
palette, comme dans une voirie, je ne
retrouve rien de ce qui lui donnait
autrefois une sorte de physionomie littéraire : ni le beau cabinet de M. Malot,
qui, au XVIIᵉ siècle, était « un fameux
curieux en ouvrages magnifiques ; » ni
l'Athénée qui, sous l'Empire, se trouvait
presqu'au coin de la rue Montmartre, à
gauche ; ni le bureau d'esprit de Mᵐᵉ Lé-
pine, où Mᵐᵉ Rolland, jeune fille, vint
s'amuser un soir des ridicules du poète
Imbert ; ni même le notaire Delacour,
dont l'étude était la même que le père
de Voltaire avait possédée un siècle
auparavant.

Le dernier artiste en renom que je
trouve par ici, est David-d'Angers. En
1808, lorsqu'il vint de sa ville natale à
Paris, le logement qu'il occupa, avec un
lit de sangle pour tout mobilier, était au
dernier étage d'une maison du passage
du Caire, bâti alors depuis dix ans. Ce
passage n'est, vous le savez, qu'une imitation assez gauche des bazars du pays
où notre armée faisait, quand on le
construisit, une si glorieuse expédition.
On lui donna un nom égyptien, une
façade égyptienne, avec hiéroglyphes,

dont il faut se défier. Regardez la corniche, vous y verrez un ornement qui n'a rien du temps des Pharaons : c'est le fameux nez de Bouginier. Il s'appela d'abord la *Foire du Caire*, et il réussit à cause de son étrangeté. Partout on voulut des bazars du même genre, et c'est ce qui fit peu à peu construire les passages que nous voyons maintenant à Paris. Il n'était pourtant pas d'un aspect à séduire et à entraîner l'imitation. C'est un dédale de petites galeries tortueuses, assez animé toutefois par le va-et-vient des ouvriers lithographes, des lingères et des marchands de chapeaux de paille qui en sont à peu près la seule population. L'industrie des cardeuses de matelas aussi est spéciale à ce quartier. La place triangulaire sur laquelle s'ouvre le passage, sert de prétoire à ces bruyantes commères ; c'est là que la pratique vient les chercher.

La démolition du couvent des Filles-Dieu, auxquelles une horrible rue de ce voisinage doit encore son nom, fit les frais de la construction du passage : elle fournit le terrain et les matériaux. Les dalles avec lesquelles on pava les galeries, étaient faites des pierres qui

avaient couvert les tombes des religieuses, et dont les inscriptions, longtemps lisibles, ne se sont effacées que
sous les pieds des passants. Le couvent
avait eu des dépendances considérables.
En outre de la maison, avec vastes jardins, qu'habitaient les saintes filles, la
communauté possédait, au delà du rempart, le domaine de *l'Echiquier*,
qui avait même été son premier asile,
lorsque saint Louis l'avait autorisée et
dotée, et lorsque la peur des Anglais
ne l'avait pas encore contrainte à se
mettre à l'abri derrière l'enceinte de la
ville. Ce domaine qui s'étendait de la
rue Basse-Porte-Saint-Denis jusqu'à
la limite des propriétés de la commanderie de Saint-Lazare, ne fut vendu et
morcelé que peu d'années avant la
Révolution, pour le percement de la rue
qui en a gardé le nom, de la *rue d'En-
ghien* et de la *rue d'Hauteville*, qui
doit de s'appeler ainsi à la terre seigneuriale que M. Delamichodière, alors
prévôt des marchands, possédait en
Champagne. Cette rue, la plus importante de celles qui aboutissent au *boulevard Bonne-Nouvelle*, ne s'étendit pas
d'abord jusqu'où elle s'étend aujourd'hui.

12.

L'espace sur lequel on a commencé à construire, en 1827, l'église qui a reçu les reliques de saint Vincent de Paul, déposées auparavant tout près de là, dans la chapelle de la maison de Saint-Lazare, n'était alors qu'un terrain vague, vers lequel il était inutile de diriger une voie aussi importante. Rien de ce que nous y voyons n'existait : ni les *rues de Chabrol* et *de Lafayette*, dont les noms sont déjà une date; ni la *rue des Petits-Hôtels*, avec ses pavillons égaux, ni surtout la triste gare du chemin de fer du Nord, et l'hôpital de La Riboisière qui, achevé en 1854, doit son nom à la bienfaisante comtesse qui avait légué 2,400,000 francs à l'Administration des Hospices. Ce n'était enfin qu'un immense désert, connu, comme vous savez, sous le nom de *Clos-Saint-Lazare*, et dont les derniers terrains qui fussent restés vagues, près du mur d'enceinte, servirent de champs de bataille à l'une des plus terribles affaires de l'émeute de juin 1848. Ce qu'il fallait à la fin du XVIIIe siècle, auprès de cette sorte de *steppe*, dont l'étendue, toutefois, s'était déjà diminuée, puisque longtemps elle n'avait eu de limite, à l'Ouest, que le chemin des *Martyrs* et la *rue Saint-Lazare*, qui lui doit son nom, ce n'était pas une rue la mettant en communication avec le rempart, mais une défense. La caserne de la Nouvelle-France, où Bernadotte habita, comme sergent aux gardes françaises, une chambre qui sert aujourd'hui de cantine ; où le général Hoche et le maréchal Lefebvre logèrent aussi comme simples soldats, fut donc bâtie alors au sommet du faubourg Poissonnière. Quant à la rue d'Hauteville, elle n'alla pas plus loin que la rotonde qui marquait son point de jonction avec la *rue des Messageries*. Du côté opposé, le mur qui soutenait les terres du rempart lui barrant aussi le passage, force lui fut de n'aboutir qu'à la *rue Basse-Porte-Saint-Denis*, triste ravin que nous avons encore vu en 1835, avec les misérables impasses qui y trouvaient leur unique issue: le *cul-de-sac des-Filles-Dieu* ou *ruelle Couvreuse* ; celui *des Babillardes*, dont il ne reste qu'un tronçon près du *bazar Bonne-Nouvelle* ; et l'*impasse Saint-Laurent*, devenu, en 1840, la *rue Mazagran*.

IX

Physionomie des boulevards Poissonnière et
Bonne-Nouvelle au XVIIᵉ siècle. — Le théâtre
du Gymnase bâti sur l'emplacement d'un cimetière protestant. — La porte Saint Denis
et la porte Saint Martin. — Leur histoire. —
L'industrie dentelière créée dans l'hôtel Saint
Chaumont, rue Saint Denis, s'étend à tout le
quartier. — Le Faubourg Saint Denis, pays
perdu sous Louis XIII. — L'Opéra au boulevard Saint Denis en 1784. -- Les Marionnettes et les théâtres du boulevard du Temple,
au siècle dernier. — Ses cafés-concerts. —
Le Vaux-Hall d'été ouvert en 1764. — La mai-
de Beaumarchais. — Ce quelle est devenue.

L'hôtel situé à gauche du rond-point
irrégulier, dont la porte Saint-Denis est
le centre, avait un jardin en terrasse
sur la *rue Basse*. Il disparut quand
celle-ci fut comblée pour se confondre
avec le boulevard élargi. Le reste de
l'hôtel est encore debout, formant cap

sur le boulevard et masquant la porte
Saint-Denis de la façon la plus gênante.
Quand il aura été démoli, ce qui ne
devra pas tarder, rien ne subsitera plus
des maisons, à la fois hôtels et villas,
qui bordaient cette partie du boulevard,
et lui donnaient une physionomie si différente de celle qu'elle a maintenant.
Faisons-la revivre en quelques coups
de crayon, depuis le faubourg Montmartre jusqu'au faubourg Saint-Martin.
Au coin du premier, s'étendait sur le
rempart la terrasse du magnifique jardin de l'abbé de Saint-Phar, bâtard du
duc d'Orléans. Un grand hôtel garni
en a pris la place et gardé le nom.
Ensuite venait la belle maison déjà
mentionnée plus haut, et dont vous
vous souvenez tous d'avoir vu les admirables jardins. Non loin de là se trouvait
un petit cimetière de Protestants, dont
on prit le terrain en 1820, pour bâtir le
théâtre du Gymnase Dramatique. On
réalisait ainsi en quelque sorte l'idée que
l'architecte Le Noir avait eue en avril
1775, de construire là une salle pour la
Comédie italienne. « Le plus grand et
peut-être le seul inconvénient de ce
projet, dirent alors les *Mémoires*

Secrets, est l'éloignement de la salle, qui se trouverait ainsi à l'*extrémité* et même *hors de Paris*. » Ainsi, en 1775, le Gymnase n'eût pas été dans Paris !

Au faubourg Saint-Denis, commençait un monticule qu'on mit longtemps à déblayer, et pour l'aplanissement duquel on employait, dès 1709, les ouvriers sans travail. A gauche, rampait, comme dans un ravin, la *rue Neuve-d'Orléans*, qui se confondit avec le boulevard, lorsque celui-ci, tout-à-fait abaissé, se fût trouvé à son niveau. De l'autre côté, s'étendaient, sur une assez longue ligne, les jardins à claire-voie qui se prolongeaient jusqu'au rempart et les petites maisons galantes que les grands seigneurs s'étaient fait construire *rue Sainte-Appoline.* C'était la partie la plus riante de ce côté du boulevard. Que trouvait-on, en effet, lorsqu'on revenait vers la rue Montmartre ? Des murs de jardins ou des murs de couvents, comme ceux du petit Saint-Chaumont, entre la rue Saint-Étienne et la rue Sainte-Barbe ; puis des grilles qui fermaient les ruelles aboutissant au rempart, et toutes très-mal famées, notamment la rue Saint-Fiacre. Les gens de la plus dangereuse

espèce s'en étaient fait un repaire ; si
bien qu'en 1699, il fut ordonné qu'en
outre de la grille qui la fermait du côté
du cours (le boulevard), elle en aurait
une autre du côté de la *rue des Jeux-
Neufs* (sic).

Que dites-vous de ce tableau ? A-t-il,
comme je vous l'avais dit, rien qui ressemble à ce que nous voyons aujour-
d'hui ? L'immuable présence des deux
arcs triomphaux, la porte Saint-Denis
et la porte Saint-Martin, est là pour
constater seule que nous sommes bien
dans le même quartier. Ces deux portes
sont des sœurs presques jumelles, iné-
gales par la taille et par la beauté, mais
nées à la même époque, et d'une mère
commune : la gloire de Louis XIV. La
porte Saint-Denis date de 1672 la porte
Saint-Martin, de 1674; l'un eut François Blondel pour architete, et Girardon
avec les frères Anguier pour sculpteurs :
l'autre fut construite sur les dessins de
Pierre Bullet, et les bas-reliefs furent
sculptés par Desjardins, Marsy, Lehon-
gre et Legros. C'est en souvenir de la
glorieuse campagne de Hollande et du
passage du Rhin que l'arc de la porte
Saint-Denis fut élevé, ainsi que l'an-

nonce le bas-relief qui fait face à la
ville et qui représente le dernier de ces
événements, tandis que sur le bas-relief
de la face opposée se trouve figurée la
prise de Maëstricht. C'est pour glorifier la prise de Besançon et deux grands
avantages remportés sur les Impériaux,
que fut bâtie la porte Saint-Martin : l'un
des bas-reliefs qui regardent le Midi,
rappelle le premier de ces hauts faits ;
ceux du Nord représentent la prise de
Limbourg et la défaite des Allemands.
Auprès de la porte Saint-Denis, si imposante d'aspect, avec ses quatres pyramides chargées de trophées, dont les
plus belles ont à leur base, l'une, la figure éplorée de la Hollande, l'autre,
l'image du Rhin, le fleuve vaincu, la
porte Saint-Martin semble un peu mesquine d'ornementation. Elle n'a que
18 mètres de largeur sur autant d'élévation, et semble un peu trapue et lourde,
comparée avec l'autre qui mesure une
hauteur de 23 mètres 40 centimètres sur
une largeur égale. La construction, presque simultanée, de ces deux monuments
est une galanterie que la ville fit à la
gloire de son roi. La porte Saint-Denis
à elle seule, coûta 500,122 livres.

Si l'on mit plus d'art et plus de soin à la bâtir, si l'on eut à cœur de lui donner une apparence plus grandiose, c'est que l'entrée solennelle des rois dans leur capitale se faisait toujours par cette porte ; c'est qu'aussi la rue dont elle était le monumental frontispice, était alors la plus importante de Paris. On l'appelait la *grande rue Saint-Denis*, et elle méritait l'espèce de supériorité qui lui était ainsi reconnue, par l'animation dont elle était le foyer, par l'immense commerce dont elle était le centre. La rue Saint-Martin, qui est presque devenue son égale, n'était rien auprès. L'abbaye de Saint-Martin-des-Champs, qui s'y étendait de la *rue Aumaire* jusqu'à celle *du Vertbois*, tenait une trop grande place, reprise fort heureusement par l'industrie, lorsqu'on installa dans les bâtiments du vaste cloître le *Conservatoire des Arts et métiers*, Saint-Nicolas-des-Champs et Saint-Merry qui se trouvaient plus loin, avec leurs dépendances et leurs cimetières ; quelques hôtels importants, bâtis çà et là en son parcours, tels que l'hôtel de Vic, dont nous avons déjà dit un mot, étaient jadis autant d'entraves pour la libre ex-

tension de l'industrie et du commerce
dans la rue Saint-Martin. Rue Saint-
Denis, au contraire, ils avaient leurs
franches allures. Là, tout leur était acquis. On ne trouvait sur cette longue
voie aucune église, aucun couvent aux
dépendances embarrassantes. Les pa-
roisses, nécessaires à cette population
active dans la semaine, mais pieuse le
dimanche et aux jours de fête, n'étaient
guère que des chapelles. Un hôpital,
celui de la Trinité, avait pris, au XIIIᵉ
siècle, une assez vaste étendue de terrain : c'était un vol fait à l'industrie du
quartier ; un siècle après restitution était
faite. L'enclos tout entier s'encombrait
de métiers qui y venaient jouir des fran-
chises et des priviléges consacrés par
lettres patentes de Henri II. Jusqu'à
ces derniers temps, cette *cour de la
Trinité*, dont le boulevard de Sébastopol, qui l'a prise en flanc, est venu
hâter la complète disparition, fut, avec
son dédale de petites ruelles croisées
qui semblaient autant d'alvéoles, une
des ruches industrielles de Paris les
plus actives et les plus fécondes en
produits variés. Plus loin, en remontant
vers le rempart, on trouvait la *cour*

du roi François, repaire de fainéan-
tise et de mendicité, qui faisait injure
à l'infatigable ardeur des ouvriers et
des commerçants de la rue, sous Louis
XIV, on la fit évacuer par la force, et
dès lors l'infect asile devint presque
un refuge d'honnêtes gens. Le travail,
qui est comme le feu, l'avait purifié en
y passant. Près de la *rue Neuve-Saint-
Denis,* à l'endroit où se trouvait la Porte,
avant qu'on l'eût reculée jusqu'à la
place où nous voyons l'arc triomphal,
un grand hôtel avait été bâti, en 1636,
par le marquis de Saint-Chaumont, puis
habité par M. de la Feuillade. Il faisait
disparate dans ce quartier marchand ;
aussi, un beau jour, vit-on arriver dans
le noble hôtel Mme Dumont et ses ouvrières
en dentelles, qui y établirent une manufacture digne d'entrer en lutte avec
celles de Bruxelles et d'Angleterre. L'industrie dentelière prit ainsi pied rue
Saint-Denis, d'où elle s'étendit dans la
rue Saint-Sauveur, que Mme Dumont
avait d'abord habitée ; rue Thévenot,
où elle est toujours florissante ; puis
dans tout le quartier avoisinant : rue de
Cléry, rue des Jeûneurs, etc., où ce commerce le dispute d'importance avec celui

des étoffes. La maison de Saint-Chaumont, d'où cet élan était parti, fut perdue, toutefois, pendant un siècle, pour
l'industrie ; les religieuses de l'*Union
Chrétienne* en firent déguerpir Mᵐᵉ
Dumont et ses ouvrières, et y restèrent
jusqu'à la Révolution, époque où le
génie de la rue Saint-Denis eut son
complet triomphe : il prit tout ce qu'il
n'avait pas ; reprit tout ce qu'il avait
perdu. La maison de Saint-Chaumont
redevint un grand pandæmonium indus-
triel et commerçant, qui ne compta pas
moins de quinze cents locataires, tant
dans les bâtiments qui se trouvent rue
Saint-Denis que dans ceux de ses cours
intérieures et dans la partie ornée d'une
gracieuse façade, qui, après avoir été
longtemps enfouie rue du Ponceau, va
désormais faire si bonne figure sur le
boulevard de Sébastopol. Sa chapelle
même, qui ne venait que d'être achevée
en 1789, est devenue un magasin de
nouveautés, portant pour enseigne une
Marie Stuart, que vous aurez certainement remarquée au coin de la rue de Tracy.
Les autres églises ont eu le même sort.
Celle de Saint-Leu a seule survécu. Saint-
Sauveur est devenu une vaste maison

de bains, au N.º 279, Saint-Jacques-de-
l'Hôpital qui avait, disait-on, le nez
tourné à la friandise, parce qu'il était
en face de la rue aux *Oïes*, alors toute
peuplée de rôtisseurs, est remplacé par
un magasin auquel ses statues exhumées
ont quelque temps servi d'enseigne.
L'*Entrepôt des glaces de Saint-Gobain*
N.º 313, a pris la place de l'hôpital
Sainte-Catherine ; et l'église du Saint-
Sépulcre a livré son terrain à la cité
industrielle appelée *cour Batave*, à
cause des banquiers hollandais ses fondateurs. Elle a elle-même disparu pour
laisser passage au boulevard de Sébastopol.

Je ne vous parlerai pas de cette grande
voie nouvelle. Qu'en dire, en effet ?
Tracée hier, elle n'a d'histoire que
son inauguration. N'ayant de physionomie que celle qu'elle emprunte aux
anciennes rues, comme celle de *Bourg-
l'Abbé*, dont tout un côté se con-
fond avec elle ; ou bien aux maisons de la rue Saint-Denis et de la
rue Saint-Martin qui prennent jour
jusque-là par quelques façades longtemps inaperçues ; elle n'a pas non
plus un aspect digne d'être décrit. Par

respect pour ce qu'il sera, l'on ne doit pas dire ce qu'est aujourd'hui ce boulevard. On ne peut qu'admirer ce qu'il y a de hardi dans son tracé, et d'immense dans la perspective qu'il ouvre depuis la place du Châtelet jusqu'à la gare monumentale du chemin de fer de Strasbourg. Espérons qu'il sera ce qu'il promet d'être, c'est-à-dire se bordera de belles constructions ; espérons qu'au lieu d'en faire, comme du boulevard de Strasbourg, sa prolongation, une avenue de cafés ou de brasseries trop fréquentés le soir, on y établira de grandes maisons de commerce, capables de recevoir le trop plein d'activité qui déborde à flot de la rue Saint-Denis. Tel doit être l'avenir de ce centre nouveau. Il faut que le commerce parisien s'y déploie à l'aise, en dehors des limites où il est à l'étroit aujourd'hui, bien qu'il les ait démesurément étendues. Que n'a-t-il pas pris, que n'a-t-il pas envahi ? La rue Saint-Denis est pleine, la rue Saint-Martin regorge, les rues adjacentes aussi. Les faubourgs sont eux-mêmes encombrés jusqu'à la barrière, d'usines, d'ateliers, de maisons de commissions, de roulages, etc.

Le temps est loin où ce double faubourg n'était qu'une banlieue. Quand Henri IV fit bâtir, avec l'argent confisqué sur les financiers infidèles, l'hospice de pestiférés qui est devenu *l'hôpital Saint-Louis*, il croyait bien que jamais la ville ne monterait jusqu'à ce lazaret qu'il fondait sagement si loin de son rempart : aujourd'hui, non-séulement l'*hôpital* est dans Paris, mais au-delà se trouve tout le quartier de la *Chopinette.* Saint-Laurent alors n'était, pour ainsi dire, qu'une église de village. On allait à sa foire annuelle, dont le préau vient de disparaître sous le tracé du boulevard de Sébastopol, comme on va maintenant à la fête de Vincennes. Les fermiers généraux, qui l'enfermèrent dans le mur d'enceinte en 1784, firent seuls croire un peu que la ville allait jusque-là, et les terroristes en abusèrent pour faire de l'église un temple. La *Fidélité*, qui en fut instituée la déesse, est restée la marraine d'une des rues voisines. Sous Louis XIII, la Villette était un pays perdu. Voiture, dans une de ses lettres, en parle comme on parlerait d'une province lointaine : « Il y a, dit-il, une petite bourgade entre Paris et Saint-Denis que l'on nomme la

Villette. » Aujourd'hui c'est un faubourg,
demain ce sera un quartier de Paris.
Alors aussi saint Vincent de Paul se retirait à Saint-Lazare, près de ses *mis-
sionnaires*, comme dans un séjour de
campagne. On parle même d'une sorte
de petit ermitage agreste où il aimait à
s'en aller prier, et qui se trouvait sur la
butte, au sommet de laquelle l'église,
qui a reçu ses reliques, a été bâtie. C'est
dans l'un ou l'autre des deux faubourgs
que l'on se cherchait alors des maisons
de campagne, comme à présent à Clichy
ou bien à Asnières. Louis Racine mourut dans une de ces villas du faubourg
Saint-Denis ; une profane, Mlle Duthé,
possédait un petit château en face de cette
maison de Saint-Lazare, où ses mœurs
lui auraient si bien mérité une place ; et
enfin Mlle Laguerre se croyait hors de
Paris, lorsqu'elle habitait sa petite maison
bâtie sur la lisière du boulevard, dans le
chemin devenu la *rue de Bondy*.

On comprendra, d'après tout cela, que
le projet de théâtre, rêvé en 1775 entre
les faubourgs Poissonnière et Saint-
Denis, né pouvait avoir aucun succès ; et
qu'en 1784, il fallut toutes les exigences
de la nécessité pour qu'on se décidât à

bâtir, près de la porte Saint-Martin, une
salle d'opéra destinée à remplacer celle
que l'incendie venait de détruire au Palais-Royal. C'est, comme on sait, le comte
d'Artois qui prit sous sa responsabilité
la construction de cette salle. Il avait
fallu sept ans pour bâtir l'ancienne, l'architecte Lenoir ne demanda pour celle-ci
que soixante-cinq jours, et il ne s'en fallut que de vingt-et-un, qu'il tînt pa-
role : commencé le 2 août, le théâtre fut
prêt le 27 octobre. La physionomie de
cette partie de Paris commençait à bien
changer alors. En 1742, le boulevard
Saint-Denis était encore un repaire de
voleurs ; et, vous le voyez, en 1784, l'O-
péra s'installe tout auprès. L'ambassadeur de Venise l'y avait devancé ; l'hôtel qu'il habitait fait face au côté gauche de la porte Saint-Martin, et occupe
l'espace qui se trouve entre la rue de
Bondy et le boulevard. De décadence
en décadence, il est devenu un restaurant. Un petit réduit voisin n'a pas eu
le même sort : ce n'était qu'une triste
mansarde ; un poète y a passé, c'est un
lieu célèbre. Ce poète est Béranger ;
le *grenier* où il fut si bien à vingt ans,
se trouve au cinquième étage de la

13.

maison qui porte le N° 96 du boulevard.

C'est en 1682 que Louis XIV avait ordonné l'aplanissement de toute cette partie des remparts, ainsi que la démolition de l'ancienne porte du Temple ; et, en 1850, ce grand travail n'était pas encore achevé : ce n'est, en effet, que trois ans plus tard que l'espèce de montée qui séparait le boulevard Saint-Martin de celui du Temple a complètement disparu, et que la colline est devenue ravin. Partout des monticules ou des trous, tel était l'ancien rempart. Du temps de Louis XIII, on y laissait paître les chevaux bons à être écorchés. Tallemant appelait la partie du Marais qui en était voisine « un quartier effroyable » et la seule scène qu'il nous y fait voir est un combat de laquais, livré en plein jour, sur le rempart même, à deux pas de l'hôtel de l'Hôpital, dont la porte monumentale, surmontée de statues couchées, existe encore au N° 98 de la *rue du Temple*. De là un vaste horizon se développait sous les regards. Mme de Sévigné, qui, à la fin de 1690 logeait au Temple chez Mme de Coulange, n'en fut pourtant pas séduite. « Je hais, écrivait-elle, ce quartier qui ne mène qu'à Montfaucon; je hais ce Temple égaré, séparé, mal placé. Tout cela n'est qu'une fausse campagne, disait-elle encore. » Cinquante ans après, ce que la ville a de plus animé, de plus vivant, de plus divers, en avait pris la place. » Le rempart, une fois planté d'arbres, devint une promenade fréquentée, surtout dans la partie qui touchait au Marais, quartier encore à la mode. La foule y attira les divertissements, et les divertissements y fixèrent la foule. Fouré fut le premier qui vint y établir un théâtre ; il eut pour cela mille obstacles à vaincre. Il lui fallut continuer sa salle, non pas sur le rempart, mais dans le fossé, c'est-à-dire qu'il dut combler celui-ci jusqu'au niveau de la promenade, et bâtir après sur ces terres rapportées. Il joua là de grandes pièces à machine, s'enrichit et céda la place à Nicolet, qui s'y trouva bientôt mal à l'aise avec sa troupe des *grands danseurs du roi*. Pour se donner plus d'espace, il bâtit auprès une plus grande *loge*, où il pût justifier sa devise : *nec plus ultra*, dont il donnait cette traduction libre : de *plus fort en plus fort*.

» Chez Nicolet, la farce se mêlait aux vau-

tiges des danseurs ; le mélodrame les
remplaça, et le plus étrange, c'est que son
théâtre commença de s'appeler la *Gaîté*,
lorsque ce genre peu gai s'y fut installé
à l'époque d'ailleurs fort triste de 1792.
La salle de Fouré, qu'avait abandonnée
Nicolet, servit en 1763 pour les représentations de la comédie italienne, dont
on réparait la salle, rue Mauconseil ; Audinot s'y établit ensuite avec une troupe
de comédiens de bois. Le succès aidant,
ses marionnettes grandirent, se firent de
chair et d'os, et maître Audinot se trouva
directeur d'un théâtre d'enfants, auquel,
vu la variété de ses spectacles, il donna
le nom d'*Ambigu-Comique*. Cet ambigu,
ce salmigondis de pièces de toutes sortes
finit par lasser l'appétit du public, comme
dirait un gastronome : un seul mets le
remplaça, le mélodrame. Depuis 1810,
ce théâtre n'a guère servi autre chose,
il a gardé, toutefois, son premier nom,
et longtemps il resta dans sa première
salle. Un incendie l'en chassa en 1827 ;
deux ans après, le 7 juin 1829, il s'installa où nous le voyons aujourd'hui, au
carrefour du boulevard et de la rue de
Bondy. Quant à la salle incendiée, une
fois reconstruite, elle fut occupée par les

Folies-Dramatiques qui y sont encore
Ce boulevard est certes, quand vient le
soir, un des lieux de Paris les plus animés.
Là foule qui s'y presse, vers six heures,
aux abords des théâtres, et qui revient
l'encombrer à chaque entr'acte ; la longue
file de marchandes d'oranges et de tisa-
nes, avec leurs lumières entourées de
papier rouge ; les cafés, auxquels chaque
pièce envoie, d'heure en heure, une clientèle affairée, et dont les devantures
éblouissantes confondent leurs clartés
avec celles des façades des théâtres : tout
cela, certainement, forme un tableau des
plus mouvants et des plus curieux. Ce
n'est rien pourtant auprès de ce qu'était
l'ancien boulevard, tel qu'on le voit re-
présenté sur une gravure de Saint-Aubin :
ici une longue file de carrosses « à cinq
glaces » remplis de jolies femmes, qui
montent doucement vers la Bastille ; là,
sur les bas-côtés, des tables où se rafraî-
chissent seigneurs et grandes dames, et
entre lesquelles circulent le marchand de
coco, la marchande de fruits, et entr'autres chanteuses, la célèbre Fanchon la
vielleuse.

« Regardez sur la droite, voici le *bal*
Gaussin, avec ses guirlandes de verdure,

et ses illuminations à la vénitienne ; puis
l'*Hôtel de Navarre* et son voisin le *Cadran Bleu*, qui subsiste encore. Ils
étaient renommés pour leurs petits soupers fins. Auprès, se trouvait le *café
Turc*, si longtemps célèbre. En 1782 il
était devenu un café chinois, mais sans
changer de nom. L'architecte Cellérier
avait dirigé cette décoration nouvelle,
qui coûta plus de 80,000 livres. Plus tard
on le remit à la turque, tel que nous le
voyons, d'après les dessins de Visconti.
C'est tout ce qui reste de ce lieu de dé-
lices ; le jardin, dont les concerts de
Julien (en 1836) furent le dernier tapage, n'est plus qu'un tronçon de lui-même.
Il est à peine grand comme la main, tandis qu'alors il s'étendait depuis la *rue
Charlot* jusqu'au *jeu de paume* du comte
d'Artois dont l'enceinte est devenue un
café chantant, les *Folles-Meyer*, puis
un théâtre d'opérettes, les *Folies-Nou-
velles.*

C'est le seul théâtre qu'il y ait jamais
eu de ce côté du boulevard du Temple ;
ils étaient tous de l'autre côté, à l'époque
dont nous parlons, et même en plus
grand nombre qu'aujourd'hui. Sans compter ceux que nous avons déjà nommés,

on y trouvait les *Bluettes Comiques* du sieur Clément de Lornaison, petite scène de pantomimes; les *Débris-Comiques* d'Aubry, loge de marionnettes; le *Théâtre des Associés*, où des tragédiens de faubourg jouaient *Athalie, Zaïre*, etc., à deux sols par personne. Les comédiens du Théâtre-Français se plaignirent de ce que les *Associés* usurpaient ainsi leur répertoire : « Vous n'avez qu'à venir nous le voir jouer, leur répondit Visage, le directeur, vous ne le reconnaîtrez pas; ce n'est donc pas le même ! » La salle des *Associés* servit ensuite pour les voltiges de Mme Saqui, et les *Délassements-Comiques* l'occupent maintenant. En face de la *rue Charlot*, se trouvait le théâtre des *Élèves de l'Opéra*, où le célèbre Lazzari s'établit ensuite, et qui, brûlé en 1798, fit place à une maison particulière. Celle où Fieschi braqua son infernale machine, le 29 juillet 1835, derrière une jalousie du quatrième étage, touchait à celle-ci. Les membres de la section des Gravilliers, dont faisait partie Simon, le bourreau de Louis XVII, y avaient tenu leur séance pendant la Terreur, comme de dignes précurseurs du régicide. En 1835, le drame échevelé et sanglant qui fleurit sur ce boulevard lui avait déjà fait donner le nom populaire de boulevard du *Crime*, et l'attentat de Fieschi ne rendit que trop sérieuse cette appellation donnée par plaisanterie.

Au dernier siècle, rien n'en aurait inspiré l'idée ; le crime alors n'était là ni dans la rue, ni sur la scène : comédiens et marionnettes ne jouaient que de petites pièces à calembourgs et à chansons. Les seuls criminels qu'on y voyait étaient ceux dont Curtius exposait l'image dans sa fameuse loge de figures de cire ; et si par hasard le célèbre Comus y tuait quelqu'un, c'était pour le ressusciter aussitôt, car rien n'était impossible à cet illustre devancier de Bosco et de M. Comte. Son vrai nom était Ledru, et l'on sait que M. Ledru-Rollin est son petit-fils. Quelques-uns des cafés du boulevard sont forts brillants aujourd'hui, mais tous l'étaient alors ; chacun d'eux, aussi bien le *café Godet* que le *café Alexandre* et le *café Yon*, avait son spectacle et son concert, sa troupe d'acteurs et de chanteurs, et son répertoire. Ainsi, l'on trouvait au boulevard du temple, en outre des divertissements qui lui sont encore par-

ticuliers, ceux, qui ne se trouvent plus
qu'aux Champs-Élysées, les *cafés Concerts*. Le *pré Gatelau* de ce temps-là n'en
était pas loin, et pouvait même être
compté comme faisant partie de ce centre de tous les plaisirs : c'était le *Vaux
Hall d'été*, ouvert en 1764, et qui servit
d'abord pour les spectacles pyrrhiques
de l'artificier italien Torré. Vaste jardin, salon de danse bâti par Mellan,
décoré par Munik, grotte souterraine,
servant de café, tout en faisait un lieu
magique. On y entrait par la *rue
Saint-Nicolas*, et de l'autre côté par
la *rue des Marais-du-Temple*. Des
jardins, qui semblaient joindre la première de ces deux rues avec celle de
Bondy, prolongeaient jusqu'au boulevard
la fraîche verdure du Vaux-Hall. Ils
ont disparu comme lui. L'immense salle
du *café Parisien* a été bâtie sur l'emplacement du dernier, qui eût survécu.
Maintenant, plus d'ombrage ! des maisons de six étages, des cafés, une caserne
immense, sorte de citadelle qui comman-
de à la fois la rue, le faubourg, le boulevard du Temple, et qui dominera de
même le boulevard nouveau tout prêt à
être percé depuis ce point jusqu'à la bar-

rière du Trône, et dont le projet est une si terrible menace pour les théâtres dont j'ai parlé et qu'il devra renverser en passant; voilà tout ce qu'on trouve par ici. L'une des premières vient nes de la Re

Les seuls jours où il y ait un peu de fraîcheur et de verdure sur ce côté du boulevard, sont ceux où les marchandes de fleurs font leur odorant étalage à l'entour du *Château d'Eau*, fontaine géante, dont les lions accroupis, vomirent leurs premières eaux le 15 août 1813; et qui est plus remarquable par l'abondance et l'égalité de ses jets, que par sa lourde ordonnance architecturale. Le jardin improvisé deux fois par semaine sous la rosée bienfaisante qui s'échappe de sa nappe d'eau, tombant en cascade de la vasque supérieure dans les trois bassins concentriques; cette verdure et cette fraîcheur inattendues, reposent un peu le regard fatigué par la vue de ces amoncellements de moellons; l'esprit lassé par le va-et-vient fiévreux de tous ces gens qui courent à leurs affaires, où jadis on ne courait qu'à ses plaisirs.

Je le regrette, ce temps, où la grande ville se donnait par ici un air de campagne en fête. Les petites maisons galantes

s'y mêlaient aux guinguettes, les riches
hôtels y étaient voisins des petits théâtres. L'hôtel de Toulon, l'un des traitants les plus riches de cette époque, et
l'une des premières victimes de la Révolution, se trouvait à l'endroit même où
l'on inaugura, le 20 février 1847, le
Théâtre Historique, aujourd'hui *Théâtre Lyrique*. Le foyer s'est même enrichi de quelques-unes des glaces et des
boiseries sculptées, en style Louis XVI,
qui avaient décoré la demeure du financier. De l'autre côté du boulevard, c'était
mieux encore ; depuis la rue Saint-Denis jusqu'à la Bastille, s'étendait une
ligne non interrompue de jardins dépendant des maisons dont l'entrée se trouvait dans les rues parallèles au boulevard, la *rue Sainte-Apolline*, la *rue
Meslay*, la *rue de Vendôme*. Ici, presque en face du nouvel Opéra, c'était
l'hôtel du Chevalier du Guet, dont une
autre entrée se trouvait rue Meslay. Chaque matin, la garde de Paris en sortait
pour faire la parade sur le boulevard.
A la suite, étaient les jardins du lieutenant général Bergeret, puis ceux de
M. Berthier de Sauvigny, intendant de
la généralité de Paris, beau-père de Fou-

lon ; et tout auprès, la longue terrasse
des *Filles pénitentes de Saint-Sauveur*, dont le recueillement devait être
un peu troublé par le bruit des théâtres
placés vis-à-vis, et qui tous avaient leur
aboyeur et leur parade, pour faire tapage à certaines heures. La loge de Lazzari, dont Bobêche fut longtemps le para-
diste, se trouvait en face des murs de la
pieuse retraite. En 1825, ce qui restait
de ce cloître fit place au *passage Vendôme*.

Quand vous aviez passé les cafés, les
traiteurs, etc.; qui bordaient ce côté du
boulevard, comme les théâtres bordaient
l'autre ; quand vous étiez un peu plus
loin que la *rue de Saintonge*, l'une de
celles qui, décorées d'un nom de province
ou de ville, devaient aboutir à la *place
de France*, projetée par Henri IV; vous
aperceviez les murs du couvent des *Filles
du Calvaire*, qu'une large rue a remplacé. Aux environs d'une ancienne porte
à pont-levis, à laquelle sa position, près
des jardins en marais qui faisaient suite
à ceux de la *rue de l'Oseille*, avait fait
donner le nom de *porte du Pont-aux-
Choux*, vous trouviez quelques autres
petites maisons galantes ; puis, un peu

plus loin, au coin de la *rue Saint-Claude*, l'hôtel de M. de Chavigny, ancien gouverneur de la Bastille. Cette maison, à l'époque de l'affaire du *collier* appartenait à Mᵐᵉ de la Motte. Cagliostro, son complice, y aurait, dit-on, logé, et cette demeure si calme aujourd'hui, aurait alors été témoin d'une foule d'aventures mystérieuses, dont le souvenir se réveilla d'une façon sinistre, lorsque vers 1852 deux cadavres furent découverts dans le jardin. Au coin de la *rue Saint-Gilles*, qui donne aussi sur le boulevard, était l'hôtel que la tradition disait avoir été habité par Ninon de Lenclos. Le jardin avait vue sur le rempart, mais l'entrée se trouvait sur la rue des Tournelles, et c'est pour cela que Charleval et les autres amis de la fameuse *hétaïre* parisienne se faisaient appeler « des oiseaux des Tournelles. » Du jardin, dont une terrasse se trouvait de plain-pied avec le rempart, la perspective était fort belle.

En 1850, avant que la ligne de maisons qui fait face eût été bâtie, le boulevard était encore un peu lui-même par ici ; maintenant, il y est ce qu'il est partout, une longue rue, au bas de la quelle rampe comme un ravin la *rue Amelot*. Je me souviens encore de la quintuple rangée d'arbres qui l'ornait de ce côté en 1847 ; je me rappelle, qu'accoudé sur le parapet, dominant la rue Amelot et ses voisines, je me suis souvent amusé à refaire le tableau qui de là devait s'étendre sous le regard.

D'abord, à droite, était un vaste terrain concédé en 1787 à Beaumarchais, qui s'y bâtit un joli hôtel avec un jardin immense, dont une extrémité faisait face à la *rue du Pas-de-la-Mule*, tandis que l'autre touchait presque aux fossés de la Bastille : « Je suis, disait-il, le premier homme de Paris en entrant par la porte Saint-Antoine. » Cette porte, placée comme on sait à l'un des flancs de la forteresse, fut démolie avec elle. Beaumarchais, en bon voisin, s'en adjugea les sculptures qui étaient de Jean Goujon. Il en orna sa maison, et, comme il disait modestement dans le distique écrit au-dessus de sa porte : « *Ce petit jardin... planté l'an premier de la Liberté.* » Rien n'en a survécu que le nom de Beaumarchais, donné à cette partie du boulevard et à un petit théâtre souvent fermé, qui n'a que ce nom de com-

mun avec l'auteur du *Barbier de Séville*,
Jusqu'en 1842, il resta de sa maison un
petit pavillon arrondi, surmonté d'une
plume en guise de girouette, et qui, cet
attribut l'indiquait, lui avait longtemps,
servi de cabinet de travail. Une partie
du terrain était occupé par un entrepôt
des sels, et le hasard en cela n'avait pas
manqué d'esprit, comme le remarquait
Nodier : Beaumarchais, dont on a dit
que les œuvres sont un grenier à sel, ne
pouvait en effet être mieux remplacé !

En 1818, on avait pris déjà presque
tout le jardin pour creuser le canal de
l'Ourcq ou *Saint-Martin*, dont l'eau
trouble et verdâtre dort encaissée entre
deux quais continuellement noircis par
les arrivages de charbon, et par l'espèce
de pluie fumeuse qui tombe des hautes
cheminées des usines environnantes. La
foule affairée sur ces quais, ou p
aux approches des ponts dont le pas e
d'un bateau fait d'instant en instant reti-
rer le plancher mobile, anime seule ces
mornes abords. Le principal ornement
du *canal* est cette jolie passerelle de fer
à double escalier et à plancher fixe, dont
vous voyez l'arche svelte et aérienne
mettre en communication les deux par-

ties du *faubourg du Temple* placées sur ses deux rives.

Afin de le faire arriver de la Seine jusqu'à la *place de la Bastille*, on lui donna pour lit le chenal qui amenait auparavant l'eau dans les fossés de cette citadelle, et qu'on élargit de plus de moitié ; puis, après lui avoir frayé passage dans les terrains de Beaumarchais, on lui fit traverser une longue ligne d'autres jardins.

C'était avec des enclos de maraîchers, tout ce qu'on trouvait au delà du boulevard. Lisez le nom des rues avoisinant le canal ; la plupart sont un souvenir de cet agreste passé. Voici la *rue Fontaine-au-Roi* qui rappelle l'un des ruisseaux qui descendaient de Belleville pour aller remplir le vaste réservoir situé à l'endroit où se trouve aujourd'hui le *Cirque-Napoléon* ; ce sont ensuite la *rue du Chemin-Vert*, celle des *Amandiers*, la *ruelle des Jardiniers*, etc. Des métairies, de petits châteaux étaient épars çà et là dans cette riante campagne ; ainsi la *Grange-aux-Belles*, dont une rue porte encore le nom ; ainsi la maison du président de *Popincourt*, qui fut, dès le temps de Charles VI, le

centre d'un hameau, devenu depuis un
vaste quartier ; ainsi la *Roquette* et la
Planchette, deux seigneuries dont rien
ne subsiste que deux noms de rues ; ainsi
un grand nombre de fiefs enfin, dont
les limites domaniales laissèrent un souvenir dans le nom de la *rue des Trois-Bor-*
nes et dans celui du *cabaret de la Haute*
Borne, où Cartouche fut pris en 1721.
La *rue de Reuilly* s'appelle ainsi, à cause d'un domaine, déjà fameux à l'époque mérovingienne, qui finit par devenir une *cour des Miracles.* La *rue de*
Rambouillet doit son nom aux vastes
jardins que Rambouillet de la Sablière
y possédait. Ce n'est pas tout, on trouvait encore par ici des *folies,* sortes de petites villas ombreuses : la *folie Titon,*
rue de Montreuil ; la *folie Méricourt,*
dont le nom est resté à une rue voisine
du canal ; la *folie Regnault,* qui devint
ensuite la maison de Montlouis, propriété
du Père Lachaise. Ce confesseur de
Louis XIV s'y trouvait en pays ami,
c'est-à-dire de piété. Auprès, était la
maison des franciscains de *Picpus,* dans
un village devenu un quartier de la grande ville, où le poète du Ryer avait eu
sa maison, où Van-den-Ende, complice

14

de Latréaumont, avait tenu son école.
Dans le même faubourg, c'était encore,
rue de Charonne, le couvent des *Filles
de la Croix*, et la *Madeleine du Trais-
nel*, où d'Argenson allait souvent chercher une retraite, enfin, rue Popincourt, les *Annonciades*, dont la vaste
chapelle est devenue l'église Saint-Am-
broise. Tel était cet immense quartier;
qu'est-il maintenant? Regardons-le de
la colonne de bronze et de marbre, surmontée d'un génie aux ailes d'or qui
s'élève au milieu de la place de la Bastille. Du sommet de ce monument, inauguré le 29 juillet 1840, sous lequel dor-
ment dans les caveaux les restes des
morts de juillet 1830, qu'apercevons-nous
d'abord? Les hauteurs du riant Montlouis, devenues un cimetière, puis, auprès, un autre champ de repos, le cimetière de Picpus, où sont enterrées les
quatre-vingt-sept victimes qui tombèrent sur l'échafaud à la barrière du Trône. En se détournant de ce sinistre horizon, le regard se repose avec plaisir
sur les deux hautes colonnes de pierre,
qui, ayant chacune un roi de bronze à
son faîte, celle-ci Philippe-Auguste,
celle-là saint Louis, décorent la vaste

place où l'on avait dressé un *trône*
pour l'entrée de Louis XIV, en 1666,
et qui doit à cette circonstance le nom
qu'elle porte encore.

De l'élévation où nous sommes là, l'on
aime à suivre le mouvement affairé du
faubourg Saint-Antoine, mouvement de
fiévreuse ardeur, qui semble n'avoir jamais cessé depuis que Réaumur, qui habitait rue de la Roquette ; Vaucanson,
qui avait ses machines rue de Charonne,
à l'hôtel Mortagne ; Reveillon, dont la
célèbre fabrique se trouvait à l'extrémité de la rue du faubourg, mirent l'industrie en branle de ce côté. On a du plaisir
à étudier la multiple activité de ce grand
centre, animé surtout par les nombreux
marchands de meubles qui travaillent
dans la rue principale, et la population
de ferrailleurs qui encombre la longue et
étroite *rue de Lappe*. Mais si les yeux
se portent vers le haut de la *rue de la Roquette*, ou bien vers le quartier *Mazas*,
on s'attriste de nouveau. L'on a vue sur
de sombres et vastes prisons ; aussi se hâ-
te-t-on de descendre pour respirer un air
de liberté, sur le *boulevard Bourdon*,
le long du *Grenier d'abondance*, ce monument calme et sain, qui, par un sin-

gulier contraste, tient la place des magasins de l'*Arsenal,* jadis tout bourré de canons et de salpêtre. Une bibliothèque fort riche placée dans les bâtiments qui regardent la Seine, et ici cet immense grenier de farine, voilà tout ce qui rappelle le terrible établissement. Le paisible quartier dans lequel nous allons pénétrer se trouve bien de ce voisinage : c'est le *Marais*, à la renommée patriarchale, où le présent semble moins vivre que le passé ; où les vivants font moins de bruit que les morts.

Le quartier du Marais. — Souvenirs que rappellent les noms de ses rues. — Ses somptueux hôtels. — L'hôtel de Sens. — L'hôtel Carnavalet. — Mme de Sévigné l'habite pendant vingt ans. — L'hôtel de Soubise devenu les « Archives et l'Ecole des Chartes ». — La Rotonde du Temple bâtie en 1781 par Pérard de Montreuil pour servir de bazar, dès cette époque, tel qu'il est aujourd'hui. — La place Royale sous Louis XIII.

Notre première visite, dans ces parages historiques, sera pour l'*hôtel de sens*, dont la façade gothique, avec son pignon pointu, son porche voûté, ses tourelles en encorbellement, ses portes en ogive et ses fenêtres à croix de pierre et moulures, s'élève à la rencontre de l'ancienne *rue de la Mortellerie*, aujourd'hui *rue de l'Hôtel-de-Ville*, et des

rues du *Figuier*, des *Barrés*, et du *Fau-
connier*. Il fut bâti de 1463 à 1519 par
l'archevêque de Sens, Tristan de Sala-
zard ; Duprat n'y ajouta que quelques
embellissements. Il était immense, si
bien que la reine Marguerite le trouva
digne d'elle et vint l'habiter en 1606.
Le meurtre d'un de ses amants tué devant elle à la porte, l'en chassa. Les mé-
tropolitains de Sens, qui l'avaient quitté après la mort du cardinal Pellevé, en
1594, y revinrent jusqu'en 1622, puis ils
l'affermèrent à qui voulut. Il y a plus
de cent ans, le bureau des voitures de
Lyon s'y établit. Pendant quarante ans,
ce fut un roulage ; une blanchisserie
occupe aujourd'hui une partie des bâtiments. On a, assez sottement, regratté
la façade, en respectant toutefois le
boulet dont le pignon fut *illustré* en
juillet 1830, au moment de l'attaque de
l'Ave-Maria, ancien couvent situé près
de là, et changé en caserne depuis la
Révolution. Saint-Paul, dont elle a pris
- Après ce beau débris gothique, on ne
trouve rien de plus ancien dans ce voisinage que les restes de l'hôtel de l'amiral de Graville, dans le *passage Charlemagne*, entre la rue Saint-Antoine

et celle *des Prêtres*. Ils sont précieux, moins par leur valeur d'art, que parce qu'ils indiquent bien où se trouvait cette grande demeure qui, successivement rebâtie, était passée du prévôt de Paris, Hugues Aubryot, au duc d'Orléans, qui en avait fait l'hôtel de son ordre du *Porc-Épic*; à Jean de Montaigu, au connétable de Richemont, aux d'Estouteville, à l'amiral déjà nommé; puis aux jésuites qui l'avaient enclavée dans leur vaste collége, disparu à son tour, sauf l'église Saint-Louis-et-Saint-Paul, et les bâtiments du *Lycée Charlemagne*. Cette église remplace celle qui se trouvait dans la rue Saint-Paul, dont le cimetière renfermait les restes de l'homme au Masque de Fer et ceux de Rabelais. Celui-ci, qui emporta le secret de son œuvre comme l'autre le secret de son nom, était mort tout près de là, dans cette *rue des Jardins* qui est un riant souvenir des feuillées du grand hôtel Saint-Paul, dont elle a pris en partie la place. D'autres noms de rues conservent par ici de semblables traces. La *rue des Lions* est à la place de la ménagerie de l'hôtel Saint-Paul; celle de *Beautreillis* fut percée sur l'emplacement

de la treille royale : la *rue de la Ceri-
saie* rappelle le verger aux magnifiques
cerisiers dont elle occupa le terrain.
Philibert Delorme fut un des premiers
qui bâtit dans cette rue. De la maison
qu'il y construisit pour lui-même, il reste
une assez triste façade au fond de la
cour du n° 22. Appauvri par la mort du
roi Henri II, il n'avait pu construire,
comme il le dit lui-même, au chapitre XVII
de ses *Nouvelles Inventions pour bien
bastir,* « le corps d'hostel qu'il avoit dé-
libéré de faire par le devant sur la rue de la
Cerisaye. » Zamet, au rebours, put employer tout l'argent qu'il voulut dans
la magnifique maison qu'il se fit construire au bout de la même rue. Elle
n'en a pas moins disparu, plus complètement même que celle de Philibert
Delorme. C'est, on le sait, chez ce financier, venu du pays des poisons, que
Gabrielle d'Estrées fit la collation à la
suite de laquelle elle mourut. L'hôtel
s'appela *de Lesdiguières,* quand le gendre du connétable de ce nom l'eut acheté
des enfants de Zamet. Sa femme qui
l'habita jusqu'à sa mort, en janvier 1716,
l'embellit beaucoup. « Elle ne sortoit
presque jamais, dit Saint-Simon, de sa

maison, qui, fermée d'une grille, laissoit
voir un vrai palais de fée. » Des valets
coiffés de turbans à plumes peuplaient
ce pays de romans que tous les étrangers
allaient voir. Mme de Lesdiguières y reçut d'illustres hôtes : son oncle, le cardinal de Retz, Mme de Sévigné, qui, en
septembre 1701, habita ce séjour « plus
beau et plus tranquille que jamais. »
En 1717, Pierre-le-Grand y fut l'hôte
de M. de Villeroy, qui en était depuis un an le propriétaire. Les bâtiments, le jardin, la citerne admirée par
Olivier de Serre, le joli tombeau de la
chatte de Mme de Lesdiguières, rien ne
survécut à la démolition de l'hôtel en 1740.
Les *Dames de Sainte-Marie* achetèrent un peu du terrain pour leur enclos,
et cinquante ans après, elles durent
partir à leur tour. Leur retraite, tant
aimée d'Anne d'Autriche, de Mme de
Sévigné et de sa fille, fut détruite à
l'exception de l'église qui devint, en 1802,
ce qu'elle est encore, un temple calviniste. La grande maison qui est auprès,
à l'angle des rues *Saint-Antoine* et de
Pute-y-Musse, a moins souffert.
Hôtel des ducs de Bourbon, puis séjour royal souvent prêté par Charles VI

à son frère pour ses débauches, cette
maison fut construite telle qu'elle est
par Ducerceau, pour le duc de Mayenne.
Montauron, flatteur de Richelieu, qui
avait lui-même Corneille pour courtisan,
l'habita ensuite. Après ce fut le prince
de Vaudermont qui, vers 1709, le fit rajeunir par Boffrand, puis vinrent les
d'Ormesson, et enfin la *pension Fa-
vard.* Un autre de ces établissements,
pour lesquels les vastes demeures de la
noblesse semblent avoir été désertées
tout exprès, la *pension Petit,* occupe
non loin de là, *rue de Jouy,* N° 7, l'hôtel d'Aumont, bâti par Mansard, et où
Lebrun avait peint un plafond qui
n'existe plus : l'apothéose de Romulus.
Aux d'Aumont avait succédé l'abbé Terray, puis sous l'Empire, la neuvième
mairie, installée depuis *rue Geoffroy-
Lasnier,* N° 23, presque en face d'un
hôtel qui porte encore les armes du
connétable de Montmorency. La *pension Jauffret* se prélasse au N° 29 de la
rue Culture-Sainte-Catherine, dans l'hôtel des Le Pelletier, dont on admirait
surtout l'orangerie. Bullet l'avait bâti sur
l'emplacement de l'arsenal de la ville.

De ces belles demeures, devenues des

auberges de pédagogie, la plus célèbre
se trouve à l'autre extrémité de cette
même rue Culture-Sainte-Catherine.
C'est l'Hôtel Carnavalet, occupé longtemps par la pension Verdot (1). On
en sait l'histoire : J. Bullant le bâtit en
1544 d'après les dessins de P. Lescot,
pour le président Jacques de Ligneries,
sur cinq places de terre labourable,
prises à rente foncière, dans la Culture-
Sainte-Catherine, à quelques pas de l'endroit où le connétable de Clisson avait
été laissé pour mort par les gens de
P. de Craon. Une porte sur laquelle il
s'appuyait en se défendant, s'était ouverte derrière lui, il était tombé dans
l'allée sombre d'un boulanger : c'est ce
qui l'avait sauvé. Le nouvel hôtel n'eut
rien d'aussi dramatique dans son histoire. En 1578, il fut acheté des fils de
M. de Ligneries, par Françoise de la
Baume, veuve de M. de Carnavalet, ancien ami de Brantôme et de Ronsard. Ne
l'ayant pas trouvé à son gré, elle chargea Ducerceau de l'agrandir et de l'orner. L'espèce d'imposte qui surmonte la

(1) L'Hôtel Carnavalet est devenu la propriété
de la ville de Paris qui y a placé son Musée historique.

porte d'entrée doit dater de cette époque :
les deux gracieux enfants qui y servent
de tenants à l'écusson sont évidemment,
en effet, du temps de Henri III, et ne
peuvent pas par conséquent être attri-
bués à Jean Goujon. La figure ailée de
la clef de voûte est probablement de lui,
mais le masque sur lequel elle est posée
doit être d'une autre main. Cet emblème
n'aurait pas eu de signification tant que
la maison fut aux Ligneries, pour qui
travailla Jean Goujon, tandis qu'il en
eut une évidente et bien conforme aux
habitudes du temps, du moment qu'elle
appartint aux Carnavalet. Ce masque de
carnaval leur servit d'armes parlantes.
Les deux lions en bas-relief qui sont aux
côtés de la porte, les quatre grandes figures des Saisons placées sur le bâtiment du
fond de la cour, puis la petite Renommée
qui, dans cette même cour, se trouve à
la clef de voûte de la porte d'entrée,
sont aussi de Goujon. Les autres figures,
tant de l'intérieur que de l'extérieur,
sont dues à Gérard Van Obstal, qui les
sculpta lors des modifications considérables que subit l'hôtel par les soins de
François Mansard. Réparé, augmenté,
tel enfin que nous le voyons, il plût à

Mme de Sévigné, qui ne fut heureuse
que lorsque Mme de Lillebonne en ayant
délogé, elle put s'installer dans cette
carnavalette, comme elle disait, au
mois d'octobre 1679. Elle y resta vingt
ans. Un magistrat du Dauphiné, M. d'A-
gaurri, qui l'avait acheté d'un Carnavalet, en était alors propriétaire. Il appartint, après lui, à M. Brunet de Ran-
cy, « fort employé dans les finances »
qui vint y étaler un grand luxe d'ameublement et de collections de toutes sortes.

Quand on parle de Mme de Sévigné, on
se la figure toujours soit à sa maison
des *Rochers*, soit à l'hôtel Carnavalet ;
ce sont les deux seuls cadres que l'on
donne au tableau si vivant de ses lettres.
On oublie ainsi ce qu'il y eut de nomade
inconstance dans sa vie à Paris. Née à
la place Royale, elle habita tour-à-tour
dans la plupart des rues du Marais, jusqu'à ce qu'elle fût à l'hôtel Carnavalet,
où elle se tint. De la rue du Temple, elle
était allée dans celle qui devait son nom
au président Lambert de Thorigny, que
nous retrouverons à l'île Saint-Louis,
puis elle se logea *rue Saint-Anastase*.
En février, 1671, quand il y eut à l'hôtel
Guitaud cet incendie, dont elle nous a

fait une si vive description, elle habitait
encore rue de *Thorigny*, tout près du
logis incendié, à deux pas de l'ambassade de Venise. Dans son voisinage se
trouvait *l'hôtel Salé*, bâti en 1636, et
qu'on appelait ainsi parce qu'Aubert de
Fontenay, qui l'avait fait bâtir, était un
enrichi des gabelles. Le sécrétaire d'État
Lecamus, le duc de Villeroy, puis l'archevêque de Paris, M. de Juigné, l'habitèrent successivement et lui donnèrent
leur nom à tour de rôle. Cousin y établit
une pension, et depuis 1829, l'*École centrale des Arts et Manufactures* y est
installée avec ses laboratoires, auxquels
n'ont pas suffi des vastes appartements,
une partie du jardin et les trois quarts
de la cour ont dû être envahis. L'escalier, l'un des plus beaux qui se puisse
voir, est intact avec sa magnifique rampe
au chiffre d'Aubert, et des avant-corps
de murs, à pilastres corinthiens, qui soutiennent des médaillons servant de cadre à d'assez mauvais bustes, et flanqués
chacun de deux génies, d'une bonne
main, et dont les attitudes, dit Piganiol,
sont variées avec beaucoup d'art. Les
établissements d'éducation ont été une
sorte de sauvegarde, non pas complète

sans doute, ni si fort respectueuse, mais
incontestable toutefois pour ces anciens
hôtels si précieux à conserver. Les amis
des lettres qui se plaisent à y aller chercher
quelques débris du passé, constatent avec
joie que ces restes si chers doivent d'a-
voir été ainsi sauvés à quelque chose
qui tient à la littérature et aux arts.
C'est pour eux un bonheur du même
genre, de voir qu'en plaçant les *Archives*
à l'hôtel Soubise, on a sans nul doute
préservé de la démolition ce palais,
dont l'aspect a tant d'élégance et de
grandeur, qui offre tant d'intérêt par
les souvenirs qu'il rappelle. C'est l'histoire ici qui a sauvé l'histoire. N'est-il pas
curieux d'aller chercher, par exemple,
dans cet immense dépôt historique, les
pièces du procès des Templiers, à l'endroit même où les frères du Temple
possédaient la vaste maison dite du
Grand Chantier, dont les dépendances
s'étendaient jusqu'à la rue qui en a gardé
le nom et au N° ? de laquelle mourut
M. de Lamennais. Les pièces d'un autre
procès, celui de P. de Craon, sont aussi
là fort bien à leur place, puisque l'hôtel
appartint longtemps à ce brave Clisson
que le félon fit assassiner. Il n'est pas

d'époque de notre histoire qui ne tienne
par un point à celle du monument, et qui
n'ait en même temps ses annales entassées dans l'immense dépôt qu'il renferme.
En 1392, nous y trouvons Charles VI
qui vient faire aux bourgeois de Paris
remise des peines que leur avait méritées
leur révolte, et l'hôtel en prend le nom
d'*hôtel des Grâces*. Il appartient un
peu plus tard au comte de Penthiévre,
puis à Babou de la Bourdaisière, qui le
vend le 14 juin 1553 à Anne d'Est, femme
du duc de Guise. Les Lorrains l'agrandis-
sent en y joignant l'hôtel de Laval, puis
le font rebâtir en 1536 et le possèdent
ainsi jusqu'en 1697, c'est-à-dire jusqu'à
la mort de la dernière duchesse de Guise.
Il passe après au prince de Soubise qui,
en 1706, le fait à son tour reconstruire
presqu'en entier sous les ordres de
Lemaire. C'est alors que fût ouverte la
porte monumentale de la *rue de Para-
dis*, et que fut bâtie la colonnade d'ordre dorique dont la cour est entourée à
droite et à gauche. Les bâtiments du
fond ne furent pas reconstruits : on se
contenta d'y plaquer la large façade à
fronton qui se voit encore. Les dedans,
ornés d'après les dessins d'Harpin,

étaient magnifiques ; il en reste deux ou trois chambres, notamment celle du prince de Rohan, décorée de festons dorés, de guirlandes et de peintures dues à Tremolière. Une galerie où se trouvent les portraits des hommes célèbres du XVIᵉ siècle, rappelle seule le temps des Lorrains ; les deux tourelles de l'ancienne porte de la *rue du Chaume*, restaurée dans le style ancien pour servir d'entrée à l'*Ecole des Chartes*, qui ne pouvait désirer un plus digne frontispice, sont tout ce qui survit de l'hôtel de Clisson, antérieur à celui des Guise.

Quant aux concerts qui, de 1775 à 1780, se donnèrent tous les mercredis dans une salle du palais Soubise et dont le fameux Saint-Georges était un des virtuoses et des directeurs, rien ne les rappelle aujourd'hui dans cet asile de l'histoire, grave et silencieux. En devenant ce qu'il est, l'hôtel Soubise est loin d'avoir dérogé. Que n'en est-il de même des bâtiments qui lui font face, c'est-à-dire du couvent des *Guillemites* ou des *Blancs-Manteaux*, devenu le *Mont-de-Piété* ! Il n'est pas une chambre, honorée par le travail des Bénédictins, prédécesseurs des Guillemites, qui ne soit aujour-

d'hui un magasin ou un bureau. J'aurai
de plus vifs regrets encore pour le couvent des frères de la Merci, situé au coin
de la *rue de Braque*, vis-à-vis la porte
de l'école des Chartes. Aucune profanation ne lui a manqué. Après qu'il eut été
vendu, en pluviôse an VI, pour la somme
de 95,750 livres, on fit de son réfectoire
la salle du *théâtre de la rue du Chaume*;
l'église fut démolie entièrement à l'exception du portail de Cottard, dont les colonnes ne furent détruites qu'à moitié.
Leurs tronçons servirent de clôture à un
magasin de charbon. Le couvent des
Filles du Calvaire avait eu un sort à peu
près semblable; au mois de nivôse an V,
l'église était devenue un magasin de four-
rages, et sur une partie des bâtiments et
avec leurs débris, Guyard avait bâti le petit théâtre qu'il appelait le *Boudoir des
Muses*. Aux Minimes, le pocher Defagot
et le prêtre défroqué Dubois avaient fait
de la démolition en grand; Dubois diri-
geait les travaux et il y reçut la peine de
son vandalisme; une pierre, détachée du
beau portail de Mansard qu'il faisait jeter
par terre, lui cassa la jambe en tombant.
La transformation de tout le quartier du
Marais, qui depuis le règne de Henri IV

n'avait cessé d'être le séjour d'une partie
de la noblesse, surtout de la noblesse de
robe, rebudes principaux de la finance,
date de ce moment. Le commerce et
l'industrie s'en emparèrent, et y sont
restés. Je ne sache pas qu'ils aient
rien restitué des couvents et des hôtels
qu'ils avaient occupés par droit de conquête révolutionnaire, sauf toutefois l'é-
glise des Capucins de la *rue d'Orléans* qui, après avoir servi de magasin, a été rendue au culte sous l'invocation de saint François d'Assises, et
sauf encore l'église Saint-Denis-du-
Saint-Sacrement, *rue Saint-Louis*, inaugurée en 1835 sur l'emplacement du
couvent des Bénédictines, qui lui-même
avait été bâti à la place de l'hôtel du
vicomte de Turenne. A ces deux excep-
tions près, je retrouve par ici tout dans
le même état qu'au temps de la Terreur
ou du Directoire. Il ne faudra, pour le
prouver, que faire une revue rapide des
Hôtels transformés en ateliers, usines
ou magasins. Rue du Temple, au N° 71,
dans la partie qui s'appelait naguère *rue
Sainte-Avoye*, l'hôtel d'Avaux ou de
Saint-Aignan n'est plus qu'une cité
ouvrière, à laquelle ses vastes bâtiments

n'ont même pas suffi. Deux étages sans style ont été superposés sur le bâtiment du fond de la cour et ont détruit toute l'harmonie de ce beau parallélogramme de pilastres corinthiens que Le Muet avait élevé avec une promptitude tant vantée par Voiture. L'hôtel de Montmorency, qui était en face, où le connétable Anne était mort, où Henri II avait résidé quelques fois, n'existe plus : la *rue de Rambuteau* l'a renversé au passage. L'hôtel qui porte le Nᵒ 63 de la rue du Temple, en face de la rue de Braque, ancienne demeure de l'académicien bibliophile Habert de Montmort, puis de M. de Beauvilliers est occupé par le *café de la Nation*. Il va sans dire que dans la partie de cette rue qui formait celle de *la Barre-du-Bec*, rien ne reste du vieux logis de Duguesclin. Un restaurant occupe, au Nᵒ 19, la place où il se trouvait. En face, au Nᵒ 30, est l'enseigne de l'*Orme Saint-Gervais*, souvenir de l'arbre traditionnel que l'on vit jusqu'en 1790 au carrefour des *rue du Monceau, de Longpont et du Poirtour*. Quand ces rues disparurent, le marchand transporta son enseigne, qui en se déplaçant, est devenue une énigme. La mai-

son de justice ou *barre* des abbés du
Bec-Hellouin, qui avait fait donner à
cette partie de la rue du Temple le nom
qu'elle portait, n'a rien laissé qui la rap-
pelât dans la maison N.° 17.

Si, remontant cette rue jusqu'à l'ancienne commanderie du Temple, nous
cherchons encore quelques vestiges du passé, nous ne trouverons rien qui réponde
à notre appel. Tout a disparu, même
l'hôtel du Grand-Prieur, bâti en 1726,
dont la porte s'ouvrait sur la rue même
du Temple, au coin de celle de *la Cor-
derie*, et qui était devenu, pendant la
Restauration, un couvent dirigé par la
princesse de Condé. De l'ancienne enceinte encombrée d'échoppes où se tenait
la fameuse foire aux manchons, où tous les
gens poursuivis pour dettes, délits poli-
tiques, etc., avaient un droit d'asile que
voulut vainement abolir Louis XIV, rien
n'est debout aujourd'hui. La *Rotonde du
Temple* est le seul bâtiment qui soit antérieur à la Révolution, encore ne l'a-t-
il guère devancée, puisqu'il date de
1781. Il fut bâti par Pérard de Montreuil
pour servir de bazar à tous ces marchands, recrutés pour la plupart parmi
les banqueroutiers, qui brocantaient de

toute sorte de marchandises et vendaient
surtout de ces fausses pierreries qu'on
appelait « diamants du Temple ». Les
étages supérieurs de la *Rotonde* abri-
taient les industriels de tout genre qui
avaient le droit de travailler sans maî-
trise dans l'enclos du grand-prieuré.
Petits commerces et petites industries
sont restés au Temple, mais en agrandissant leur cadre d'une façon démesurée. A
l'endroit où s'élevaient les bâtiments de
la commanderie et l'église, voici une
large rue descendant de la rotonde à la
rue du Temple, et bordée sur chacun de
ses côtés de deux immenses hangars,
formant, ceux de droite, la *série rouge*,
ceux de gauche, la *série noire*. Dans le
premier, le *Palais-Royal* du Temple, on
vend les dentelles, les corsets, les chapeaux de femme, la parfumerie; c'est le
carré des marchands huppés, des *beauces*
et *beauceresses* comme on dit dans l'ar-
got du lieu. Le second compartiment,
pavillon de Flore, sert de bazar aux
marchands de literie, matelasserie, etc.
Dans le troisième, c'est la friperie; on y
vend des *frusques* (habits de tout genre)
aux *gonces* (bourgeois) et aux *chineurs*
(marchands d'habits des rues). C'est là

que trône la *rôtisseuse* (marchande de vieux chapeaux), couronnée de sa marchandise; la *râleuse*, chargée d'enrôler la pratique, s'accroche aux habits des passants, comme jadis les fripiers juifs de la rue *Tirechappe*; et la *galifarde* (commissionnaire) ne fait qu'aller et venir, portant ou rapportant de vieilles hardes. Le quatrième carré, la *forêt noire*, est le refuge des marchands de ferraille et des savetiers, appelés *mastiqueurs*, parce que la chaussure qu'ils vendent est plutôt recollée que recousue. Auprès de ce quadruple bazar, à la place du couvent dont j'ai dit tout à l'heure un mot et dont les religieuses sont allées rue *Plumet*, l'on a disposé un *square* spacieux et charmant qui n'a pas moins de 721 mètres de superficie, dont 331 sont occupés par une pièce d'eau et 323 par des pelouses. Aux jeunes plantations de houx panachés, de magnolias, de chênes d'Amérique, d'ormes de Syrie, on y voit se marier des arbres centenaires, que leur âge ne rend pas seul respectables: un saule pleureur, reste des anciens jardins, qu'on dit avoir été planté par les chevaliers de Saint-Jean et qui serait vieux de trois siècles; puis

le groupe de tilleuls, sous lequel
Louis XVI, prisonnier, venait donner
des leçons de géographie au Dauphin. Il
n'y manque que le gros marronnier
d'Inde, « père de tous ceux que nous
avons en France, » comme dit Sauval,
qui prétendait l'y avoir vu. Le donjon
aux quatre tours, où furent enfermés
Louis XVI et sa famille, fut rasé en
1811, et l'on ne pourrait en retrouver la
place si l'on ne savait que le vieux saule
en était tout près et que les quatre tours
se trouvaient juste dans l'axe de la *rue
du Grand-Chantier*, « qu'elles termi-
naient fort agréablement, » au dire du
bon G. Brice.

Dans cette rue sont plusieurs des hôtels dont nous avons signalé l'envahissement par l'industrie : l'hôtel n° 2, bâti
par Mansard pour le traitant Penautier
et connu plus tard sous le nom d'*hôtel
Choiseul*, sert d'entrepôt au zinc de la
Vieille-Montagne ; le charmant *hôtel
la Michodière*, au N° 18, est une fabrique de fontes moulées et d'œillets mé-
talliques ; au N° 11, l'*hôtel d'Argenson*, moins intact que les deux précé-
dents, est occupé par un fabricant de
lampes. Dans la partie de la rue Char-

lôt qui portait naguère le nom de rue
d'Orléans, se trouvent aux Nᵒˢ 7 et 9,
les *hôtels de Retz* et *de Montchevry*, appelés plus tard *de Cambis* et *de Bré-
vannes* ; tous deux appartiennent à l'industrie ; le magasin des bronzés de De-
nière occupe le second. Dans *l'hôtel
Tallard*, au coin de la *rue d'Anjou* et
de celle des *Enfants-Rouges*, la place
est prise par un fabricant de jouets d'enfants et par un imprimeur lithographe.
L'escalier, l'un des plus beaux qui se
puisse voir, a été respecté et l'horloge
va toujours. *L'hôtel d'Epernon*, à l'angle de la *rue Neuve-Saint-François*
et de la *rue Vieille-du-Temple*, a perdu là sienne, qui impatientait tant Mᵐᵉ
du Candal « parce que cela, disait-elle,
lui coupait sa vie en trop de morceaux. »
Sauf cette perte, l'hôtel est intact avec
ses façades à robustes cordons de pierres.
L'hôtel *Barmont*, son voisin du Nᵒ
106, est du même temps, c'est-à-dire du
règne de Louis XIII, et aussi bien conservé. Un grand café en occupe le
rez-de-chaussée pendant l'hiver, et pendant l'été les jardins qui s'étendent
jusqu'à la *rue des Coutures-Saint-
Gervais*. Il ne reste presque plus rien,

au N° 30, de l'hôtel bâti pour le maréchal *d'Effiat*, et qui avait ensuite appartenu aux Le Pelletier ; une fabrique de chapeaux occupe les bâtiments reconstruits. A l'*hôtel de Vibray*, c'est un droguiste ayant le Lion-d'Or pour enseigne. La maison la mieux conservée de la rue Vieille-du-Temple et la plus digne de l'être est, au N° 40, l'hôtel commencé par Cottard, le 15 août 1657, et achevé en 1660, pour le président Amelot de Bisseuil. L'ambassade de Hollande l'occupa pendant longtemps. Le portail décoré à l'extérieur de deux statues couchées, et à l'intérieur d'un bas-relief de Regnauldin représentant Romulus et Rémus avec la louve ; les façades donnant sur les cours, la disposition des appartements et quelques-unes de leurs décorations, voilà ce qui reste intact et continue de donner un grand caractère à cette maison, malgré la différence qui existe entre ses anciens hôtes et ceux d'aujourd'hui. A cette même place, se voyait, au XIV° siècle, l'hôtel du maréchal de Rieux. C'est à la porte de ce grand logis, et non pas, comme on l'a dit, vis-à-vis l'hôtel de Rohan, devenu l'Imprimerie Nationale, que fut assassiné le duc d'Orléans, par les gens du duc de Bourgogne. Cette partie de la rue Vieille-du-Temple se nommait *rue Barbette*, à cause du prévôt de ce nom, dont l'immense *courtille*, rebâtie en 1403 pour Isabeau de Bavière, y faisait face sur une assez grande longueur. Il en reste une jolie tourelle en encorbellement, à l'angle de la *rue des Francs-Bourgeois*.

Après la démolition, en 1563, on bâtit sur une partie des terrains l'hôtel d'O, qui devint ensuite l'hôpital Saint-Anastase, remplacé lui-même par le *marché des Blancs-Manteaux*. La rue Barbette actuelle a de même été prise sur cet espace, ainsi que le grand hôtel qu'on voyait au bout sur la gauche, et qui, après avoir appartenu aux d'Estrées, puis aux Corberon, devint ce qu'il était encore en 1851, la succursale du pensionnat de la Légion-d'Honneur de Saint-Denis. Le souvenir des d'Estrées dans ce quartier a fait croire qu'une autre maison du voisinage avait été l'habitation de Gabrielle; c'est celle qui porte le N° 14 de la rue des Francs-Bourgeois. L'architecture en est du temps de Henri IV; mais bien qu'on y ait placé dans une niche le buste du bon roi, rien ne prouve que sa maîtresse y ait logé. Barras, dont le fils en devint propriétaire, l'habita longtemps ; de soi-disant réparations l'ont gâtée. Elle y a perdu, entr'autres choses, son joli jardin. L'hôtel du chancelier Voysin, qui est à côté, sert de caserne de gendarmerie. En face, à l'hôtel Le Tellier, qu'habitait Montyon en 1788, on fabrique des meubles. *L'hôtel d'Albret,* au N° 5, semble avoir été plus respecté, mais rien ne reste de celui de Diane de Poitiers qui était vis-à-vis, au coin de la *rue des Trois-Pavillons.* Si nous allons *rue Saint-Louis,* nous ne trouverons pas non plus de trace de l'*hôtel de Joyeuse* qui devait être au N° 9, près de la vieille fontaine devenue elle-même méconnaissable. Dans cette rue, la plus belle du Marais, jadis bornée d'un double rang de nobles demeures, que reste-t-il ? l'*hôtel Boucherat,* au N° 40, occupé par les Franciscaines de Sainte-Elisabeth ; et au N° 3, l'*hôtel Guénégaud,* devenu un pensionnat de demoiselles. Le bel hôtel bâti au coin de la *rue Pavée* pour le bâtard de Charles IX, le duc d'Angoulème, et habité sous

Louis XIV par le président Lamoignon qui lui laissa son nom, a eu le même sort : qui plus est, c'est aussi un pensionnat que nous trouvons établi dans une partie du bel *hôtel Beauvais*, au N° 62, de la rue Saint-Antoine. Lepautre en fit les plans pour la Beauvais, favorite d'Anne d'Autriche, qui s'étant fort enrichie à la cour, faisait dire, suivant Brienne, que son hôtel avait été bâti avec les pierres du Louvre. On n'y voit plus le balcon où se plaça la reine-mère lors de l'entrée du roi en 1660 ; mais la façade un peu sévère, la disposition originale de la cour circulaire, le magnifique escalier, rien n'a été changé. C'est de tous ceux de cette rue le mieux conservé, sans excepter l'*hôtel Sully* qui est au N° 143. Ducerceau le construisit pour le ministre de Henri IV, et il appartint plus tard aux Turgot, puis aux Boisgelin. Il touche par derrière à la place Royale, dont je vais maintenant vous dire un mot.

Elle est aujourd'hui bien différente de ce qu'elle était lorsqu'aux premières années de Louis XIII, peu après sa construction, l'on y donna de si brillantes fêtes. Ses trente-cinq pavillons, aussi bien celui du Roi qui est au milieu du côté de la rue Saint-Antoine que celui de la Reine qui lui fait face, étaient chargés de nobles dames à toutes les fenêtres, pendant que le milieu de la place servait de lice aux cavaliers du carrousel. On n'y joûtait qu'avec précaution, car on n'avait pas encore oublié que tout près de là Henri II était tombé blessé à mort dans un de ces combats à armes courtoises, et que la reine Catherine de Médicis n'avait même fait démolir le palais des Tournelles, dont la nouvelle place occupait le terrain, qu'en souvenir de la sinistre joûte. C'était un lieu fatal ; quand on en eut fait le marché aux chevaux sous Henri III, Schomberg et deux autres s'y rencontrèrent avec trois des mignons du roi, dont était Quélus qui fut tué. En 1627, lorsque c'était depuis longtemps déjà la place Royale, Boutteville et Bussy vinrent s'y battre en plein jour. *Quantum mutata*, cette place n'est plus qu'un préau pour les bambins du quartier, un promenoir pour ses patriarches. Quelques bourgeoises tricotant sous les arbres remplacent les belles dames qui s'y faisaient porter en chaise, ou balayaient de leurs robes traînantes le pavé des arcades. La statue de bronze de Louis XIII, fièrement campée sur le beau cheval de Daniel de Volterre, faisait bonne figure au milieu de ce monde pimpant. Jetée bas à la Révolution, on l'a refaite à l'avenant de la physionomie nouvelle de la place et de sa population. C'est maintenant, de par le ciseau de M. Cortot, un roi de marbre placide et bénin, digne de chevaucher avec sa douce monture au milieu des bourgeois du Marais. Sous les arcades, bordées de boutiques, pas plus que dans l'intérieur des hôtels, on ne fait grand bruit. Tout est tranquille aussi bien à l'*hôtel Richelieu*, près de la rue de l'Echarpe, qu'à l'*hôtel Guémenée*, au N° 6, longtemps habité par V. Hugo, et à l'*hôtel Vildeuil*, dont les magnifiques appartements, avec peintures de Lebrun, sont occupés par la mairie du huitième arrondissement. La physionomie de la place tend toutefois à se transformer encore, grâce à la *rue de Rivoli* qui, prolongeant la rue Saint-Antoine jusqu'au Louvre, met ainsi le grand *square* Louis XIII en communication avec le centre de Paris. C'est cette rue que nous allons suivre rapidement, tout en donnant à l'échappée un coup-d'œil aux quais, dont elle est la parallèle, et aux ponts reconstruits qui en sont l'ornement.

La rue de Rivoli. — La Tour Saint-Jacques. — Son histoire. — Les saints patrons des multiples industries du quartier. — La fontaine des Innocents. — Ses différents emplacements. — La halle et les chambrières trotte-menu au XVIIᵉ siècle. — La Vogue des marchands au quartier des halles sous Louis XIII.

Nous ne chercherons pas, en passant, à reconstruire, par la pensée, le dédale de rues et de petites places qui entouraient l'Hôtel-de-Ville, depuis Saint-Gervais jusqu'au fond du *marché Saint-Jean*, nous serions sûrs de nous y perdre. Voltaire, qui logea quelque temps devant le portail de de Brosse, disait qu'il ne manquait qu'une place pour l'admirer à son point ; la place est faite à présent, et l'on peut de la *rue Lobau*, adossé contre

la grille qui borde les derrières de l'Hôtel-
de-Ville, mesurer d'un regard, que rien
ne gêne plus, l'église élevant sa façade
géante au bout de la place, rêvée par
Voltaire, et dont, ce qu'il eût peut-être
désiré moins, deux casernes forment les
côtés. L'une, la *caserne Napoléon*, qui
est la plus vaste, figure un parallélogramme écorné, dont une des faces se
trouve sur la rue de Rivoli, à l'endroit
où la *rue de la Tixéranderie* fut
absorbée par cette immense voie, à la
hauteur à peu près du logis que Scar-
ron habitait, à la *seconde chambre*, et
non loin par conséquent de l'*hôpital
Saint-Gervais*, dont la chapelle souterraine fut reconnue, lors des démolitions,
sous la maison située au N° 63, de la *rue
des Mauvais-Garçons*. L'autre caserne
couvre l'entrée de la *rue de l'Hôtel-de-
Ville*, qui perdit son nom de *rue de la
Mortellerie* après l'époque sinistre du
premier choléra. Elle forme l'angle de la
rue Lobau et du quai, à l'endroit même
où le célèbre orfèvre Froment-Meurice
eut longtemps ses ateliers. Faites quelques pas sur ce quai, et vous trouverez
la *place de l'Hôtel-de-Ville* à droite,
le *pont d'Arcole* à gauche. On a débap-

tisé la place, qui n'est autre que l'ancienne *Grève*, fort agrandie, et l'on a bien fait. C'était un nom trop lugubre, par les exécutions dont il était le souvenir, pour qu'il ne disparût pas, à partir du moment où l'exhaussement du quai, barrant la pente de cette place ou plutôt de ce port vers la Seine, lui eût enlevé l'apparence de plage ensablée que ce nom de *Grève* rappelait. Je serais d'avis que le baptême du *pont d'Arcole* ne fût pas maintenu davantage. Il eut, dit-on, pour parrain un combattant du 28 juillet 1830, qui, s'étant élancé pour y planter le drapeau tricolore, tomba frappé à mort, au moment où il disait : Rappelez-vous que je me nomme Arcole. Or, le brave qui mourut ainsi, drapeau en main, sur le pont, s'appelait Jean Fournier. A moins qu'on n'y veuille trouver le souvenir d'un des exploits d'Augereau en Italie, je ne vois donc pas pourquoi le pont d'Arcole garderait le nom qu'il porte aujourd'hui. Cela dit au sujet de ce pont, d'une construction si hardie, depuis que son tablier ou chement suspendu à des chaînes de fer, et incapable de porter une charrette, a été remplacé par une seule

arche de fonte, sur laquelle roulent les
plus lourds chariots, je n'ai plus qu'à
l'admirer. Son voisin, le *pont Notre-
Dame*, avec ses six arches en pierre et
sa chaussée macadamisée, droite comme une table, n'est pas moins gracieux.
Que de tâtonnements avant de le faire
ce qu'il est! D'abord, au mois d'août
1786, on démolit les soixante-et-une maisons dont il avait été surchargé lors
de sa reconstruction en 1507 ; sa fameuse
pompe, dont nous nous souvenons tous,
fut ensuite menacée, mais la menace
n'aboutit qu'à des réparations qui l'éter-
nisèrent. Enfin, l'on prit un parti déci-
sif : le pont et sa pompe, tout fut jeté
bas ; au lieu de vilains rapiéçages, nous
avons un beau pont tout flambant neuf.
Pour le Pont-au-Change, ce sera de même,
sinon mieux. Non-seulement les travaux qui sont en voie d'achèvement
nous le rendront rebâti de toutes pièces, mais, qui plus est, il aura changé
de place ; pour qu'il soit bien dans l'axe
du boulevard on l'aura transporté sur
la gauche, à quelques vingt mètres de
l'endroit où il se trouvait. Sa largeur, qui
était si grande, et qu'il devait à la démolition, faite en 1788, des boutiques de

changeurs et des *forges* d'orfèvres établies sur ces côtés, sera maintenue. Mais il n'aura plus que trois grandes arches ayant 30 mètres d'ouverture chacune, au lieu des six arches qu'il comptait autrefois. Ce fut, jusqu'à la date indiquée tout-à-l'heure, le *Palais-Royal* de Paris, et je me sers de ce mot avec intention, car tous les orfèvres qui furent forcés d'en déloger allèrent s'établir au Palais-Royal qu'on achevait, et où ils sont toujours. Désormais, le Pont-au-Change sera un des plus beaux ponts de la grande ville. Les environs, rues, quais et places se seront transformés à l'avenant. Qui reconnaîtrait le *quai Le Pelletier*, en le voyant ce qu'il est, et le *quai de Gèvres* aussi ? il ne reste une maison ni de l'un ni de l'autre. Tous deux, dans les parties que la place du Châtelet et celle de l'Hôtel-de-Ville agrandies n'ont point entamées, ne présentent plus que de belles et larges façades ; on avait laissé de fort laides maisons, l'on retrouve des monuments. Le *quai de la Mégisserie* ou *de la Ferraille* n'a point trop changé : les quincailliers, les marchands de graines ou d'objets nécessaires à la pêche y demeurent toujours ; mais qu'on est loin toutefois du temps où ce n'était qu'une plage misérable : ceux qui s'y trouvaient semblaient y avoir échoué après un naufrage. On appelait ce coin maudit la *Vallée de Misère*, et c'était bien nommé. Les marchands de volaille y tenaient leur marché ; quand il leur fallut passer sur l'autre rive, le nom se déplaça avec eux ; ce n'est plus le quai de la Ferraille qui se nomme la *Vallée*, mais l'endroit du quai des Augustins où ils s'étaient transportés et où naguère on les voyait encore. Aujourd'hui ils sont magnifiquement installés aux Halles Centrales.

Le voisinage de deux prisons : l'une, le *For-l'Évêque*, dont l'entrée se trouvait rue Saint-Germain-l'Auxerrois, mais qui avait vue sur le quai ; l'autre, plus redoutable, le *Châtelet*, qui dominait pour ainsi dire le *Pont-au-Change*, n'était pas fait pour égayer la triste *Vallée de Misère*. Ces geôles venaient ajouter encore à ce qu'il y avait de sinistre dans ces parages, où tout cachait soit un cloaque soit un piège : l'*arche Marion* et l'*arche Pépin* semblaient des embuscades toutes préparées pour les *Hralaines*, et les cabarets voi-

sins ne valaient pas mieux que des re-
paires de voleurs. C'était ce que les recru-
teurs nommaient des *fours*, c'est-à-dire
des endroits où, abusant au nom du roi
de la niaiserie des niaises de la province,
ils les faisaient, moyennant quelques
écus, des héros malgré eux. Plus rien
de tout cela ; partout un commerce actif,
varié, honnête. L'arche Marion ayant
disparu, et tous les tripots du quai de
Gèvres étant aussi depuis longtemps
fermés, comme il n'y a plus par ici
même l'ombre d'un repaire, on n'y a
pas laissé non plus l'ombre d'une prison.
Les restes du *For-l'Evêque* sont une
tranquille habitation, sous le N° 64 de
la rue Saint-Germain-l'Auxerrois ; et
au lieu du *Châtelet*, nous avons une
sorte de square, pour lequel de grands
arbres, pris en pleine terre à la *barrière
du Trône*, ont improvisé un magnifique ombrage. La fontaine dite du
Palmier, dont Bosio sculpta les figures : la *Renommée* de bronze doré
qui plane au sommet, avec une couronne dans chaque main, et les quatre
statues du piédestal : la *Force*, la *Vigi-
lance*, la *Loi* et la *Prudence*, ne serait
pas, si on l'avait laissée à la place où

elle fut élevée en 1807, occuper le point
central du square; on la déplaça, donc
tout d'une pièce, et tout d'une pièce
aussi on la hissa sur un piédestal, dont
la hauteur dépasse de plusieurs mètres celle du premier. La colonne com-
mémorative, où les principaux triomphes de Bonaparte en Egypte et en
Italie sont inscrits, en lettres d'or sur
les tronçons du fût à larges feuilles,
peut, ainsi exhaussée, aller de taille
avec les arbres qui l'entourent, et ne
pas paraître, comme auparavant, un
monument pygmée auprès de la tour,
Saint-Jacques, sa gigantesque voisine,
dont l'élévation est de 57 mètres. La
conservation de celle-ci peut passer
pour miraculeuse. Quand l'église, plus
ancienne, aux flancs de laquelle on
l'avait attachée, fut tombée, en l'an V,
entre les serres des vautours de la bande
noire qui la démolirent de fond en com-
ble, elle fut elle-même respectée. Un
architecte du domaine, M. Giraud, qui
n'ignorait pas le prix de ce joyau de
pierre, type exquis du gothique flam-
boyant, avait fait mettre au procès-
verbal de vente que la tour ne serait
comprise dans le prix de 411,200 francs

qu'à la charge d'être conservée, ce qui
fut fait. La vieille église archipresby-
térale fut jetée bas, sans respect pour
son ancienneté, qui remontait aux premières années du XIIIᵉ siècle, sans pitié pour son charmant portail de la *rue
des Écrivains*, bâti en 1399, des deniers
de Nicolas Flamel; la tour resta seule
debout. On la dépouilla de ses statues,
même du grand Saint-Jacques, placé à
l'un des angles de sa plate-forme supérieure, mais on ne toucha ni à ses gar-
gouilles de pierre de liais, ni aux gracieux ensemble de fines arcatures, de moulures prismatiques, de festons, de dentelles, de feuillages de pierre, d'entre-
lacs et de pinacles greffés sur ses con-
treforts, délicat et riche assemblage d'ornements les plus variés, qui rachète,
par sa grâce, ce qu'il peut y avoir d'un
peu bâtard dans le style général du monument. Construit de 1508 à 1522, il se
ressent des défaillances architecturales
de cette époque de transition, où, surtout
pour les églises, on n'avait pas encore
rompu avec l'ogive; mais où déjà l'on
aspirait à perdre son ornementation su-
rannée dans celle de la Renaissance,
dont la mode commençait. L'incendie

16.

faillit ne pas épargner ce qu'avait épargné la Terreur; en 1819, le feu prit à la
tour Saint-Jacques, où le nommé Dubois,
alors son propriétaire, se livrait à la
périlleuse fabrication du plomb de chasse.
Une baraque bâtie sur la plate-forme,
et que nous y avons tous vue, lui servait
d'atelier. De là, par des tuyaux de fonte,
il faisait pleuvoir dans l'intérieur de la
tour son métal en fusion, qui n'arrivait en bas qu'à l'état de globules arron-
dis et refroidis par la chute. C'est pendant une de ces opérations que le feu
avait pris au sommet de la tour. En
1830 la base fut menacée par le même
danger. Un incendie se déclara dans
la *cour du Commerce*, immonde bazar de friperies et de ferrailles, construit sur l'emplacement de l'église, et
la vieille tour faillit s'abîmer dans une
mer de feu. En 1836, le fabricant de
plomb de chasse étant mort, ses héritiers
voulurent vendre son embarrassante
propriété. Le conseil municipal, pré-
venu par M. Arago, se fit représenter
à l'adjudication, le 27 avril de la même
année, et moyennant 250,100 francs,
la tour Saint-Jacques fut acquise à la
ville.

On pourrait la croire sauvée ; point du tout. En 1853, le percement de la rue de Rivoli commence, et à voir avec quelle ardeur inflexible est jeté bas tout ce qui gêne l'inexorable ligne droite de la nouvelle voie, on peut craindre que la tour ne soit enfin démolie, si par malheur elle ne se trouve pas un peu en dehors de l'axe de la rue. Le bonheur veut qu'elle s'y trouve. Tout tombe à l'entour, comme au temps de la Terreur, mais dans un autre but, et elle est encore seule à rester debout. Au lieu du labyrinthe des anciennes masures, l'ingénieur du bois de Boulogne, M. Alphand, dispose à sa base un square de deux arpents environs, où le magnolia à grandes feuilles, le tilleul argenté et les sapins du Canada, le criptomeria du Japon, le cèdre de l'Himalaya, viennent, par les soins de l'habile jardinier M. Masson, se marier dans les massifs, sur le bord des larges allées sablées, à l'araucaria du Brésil, au pin de l'Autriche et aux chênes verts de l'Algérie. La haute pyramide gothique semble ainsi s'élancer du milieu d'une touffe immense de feuillage, qui ajoute à ce qu'elle a de gracieux

et jette je ne sais quel charme de
fraîche perspective sur ce point si important de la grande ville, où viennent
se confondre, à deux pas de la Seine,
la ligne du boulevard de Sébastopol
et celle de la rue de Rivoli. Le hasard
a fait là ce qu'avec les plans les mieux
combinés on n'eut peut-être pas obtenu,
pour donner à cette tour sa merveilleuse
position. C'est le *palladium* de l'ancienne ville, resté debout pour la rappeler au milieu des splendeurs de la
nouvelle ; au sein du Paris reconstruit,
c'est le Panthéon du Paris disparu.
Dans les réparations qui, en rajeunis-
sant la tour Saint-Jacques, l'ont faite
ce qu'elle est aujourd'hui, l'on a mis
un tel art, un tel soin, une telle entente
du sentiment historique, que tout,
jusqu'à la moindre pierre, jusqu'à la
moindre figure, y est un souvenir. Cette
statue de Pascal, due à M. Cavelier, et
que vous voyez sous la voûte du rez-
de-chaussée de la tour, rappelle les
expériences barométriques que le grand
homme fit au sommet en 1653. La plupart
des dix-neuf statues placées dans les
niches extérieures ont aussi leur signification. Celle de saint Louis, roi de

France, sculptée par M. Dantan, aîné, est un hommage au patron des bouchers, dont la puissante confrérie trônait dans cette paroisse de Saint-Jacques-la-Boucherie, depuis l'*Apport-Paris* et la *rue de la Lanterne*, qui lui servait de tuerie, jusqu'à l'*Archet-Saint-Merry* et jusqu'à la *rue des Lombards*. Le saint Georges, de M. Protat, rappelle la confrérie des Armuriers et des Haumiers, dont l'industrie faisait tapage à deux pas de cette tour, dans la *rue de la Haumerie*, démolie en 1855 ; de même que la statue de saint Jean-Baptiste, par M. Cordier, fait penser aux couteliers qu'il avait sous son patronage ; corporation nombreuse qui pullula pendant des siècles dans l'une des rues du dédale, renversé pour faire place à l'*Avenue Victoria*, entre le Châtelet et l'Hôtel-de-Ville. Le saint Michel, de M. Froget, est un souvenir intelligent de la confrérie des Aumussiers, dont il était le patron, et qui peuplait quelques-unes des rues voisines, notamment celle des Lombards, que cette population de gens de couture fit appeler pendant quelque temps *rue de la Pourpointerie* ; enfin, saint Jean l'Évangéliste, sculpté par M. Diéboldt, est mis là comme étant le patron des peintres et des marchands de couleurs, dont le nombre est encore si grand de ce côté et dans la *rue de la Verrerie*, dans la *rue Saint-Bon*, la *rue des Billettes*, etc. L'idée de faire ainsi figurer les patrons des métiers sur les flancs de la tour, unique mais magnifique débris de la grande paroisse industrielle, est, je le répète, fort intelligente; mais pourquoi ne l'a-t-on pas mise à exécution d'une manière plus complète? D'où vient qu'il manque dans les niches de la tour un certain nombre de ces patrons, et qu'on leur a préféré d'autres qui n'importent pas à l'histoire du quartier. J'y aurais voulu, par exemple, la statue de saint Nicolas, sous le patronage duquel les épiciers s'étaient placés à cause du grand commerce qu'ils font des denrées venues par mer. N'ont-ils pas, eux et leurs confrères de la droguerie, été toujours assez nombreux par ici, *rues de la Verrerie* et *des Lombards*, pour qu'on accordât à leur saint une petite place sur la haute tour? Plusieurs autres, saint Luc, saint Antoine au Sépulcre, saint Blaise, saint Thibault, saint Sébastien, saint Honoré, saint Éloi, saint

Louis de Toulouse, saint Mathieu, avaient le même droit. Saint Luc était le patron des peintres, dont la confrérie siégea longtemps dans les environs, *rue des Deux-Boules*, et auparavant en cette *rue des Coquilles*, qui, perdue aujourd'hui dans celle du Temple, devait son nom aux ornements de la maison placée à l'angle de la rue de Rivoli, et rebâtie, en 1853, telle qu'elle était. Saint-Antoine au Sépulcre était le saint des vanniers, auxquels devait son nom une rue supprimée par l'Avenue Victoria, comme sa voisine *de la Coutellerie*. Saint Blaise patronait les tisserands, et partant la *rue de la Tixeranderie*, dont la ligne tortueuse, remplacée par la ligne droite de la rue de Rivoli, s'étendait à deux pas de la tour. Saint Thibault était invoqué par les corroyeurs et autres gens de la *mégisserie*, dont le quai est tout proche. Les ferrailleurs y étaient venus après les tanneurs émigrés vers la Bièvre; c'est pourquoi j'aurais aussi désiré une niche pour saint Sébastien, patron de la ferraille. Même supplique pour *saint Honoré*, non-seulement à cause de la grande rue qui prenait racine près d'ici, pour s'étendre bien loin sous son invocation, mais en souvenir des boulangers dont il est le patron, et qui longtemps furent en grand nombre dans les *rues Taille-Pain, Brise-Miche, Jean-Pain-Mollet*. Quant à saint Éloi, le plus digne de l'honneur qu'on ne lui a pas fait, on n'ignore pas qu'il était le patron des orfèvres dont le riche commerce étincelait autour du Châtelet, comme sous l'œil de son gardien.

Aucun métier, on le voit, ne manquait par ici. Les plus brillants s'y mêlaient aux plus pauvres, entre Saint-Jacques et *Saint-Merry*, leur autre puissante paroisse. Nous venons de voir les orfèvres et leur saint Éloi ; nous trouverons encore, à l'ombre de la tour, les joailliers avec leur Saint Louis de Toulouse. Ils ont à eux la *rue de la Joaillerie*, détruite depuis 1855, et plus loin, celle *des Cinq-Diamants* qui prit son nom de leur précieuse marchandise. Chapelain, qu'on y vit mourir après la plus avare existence, n'avait rien de commun avec les marchands de bijoux non plus qu'avec ses autres voisins de la rue des Lombards, vendeurs de friandises, dont l'un des plus anciens

subsisté encore sous l'inscription centenaire du *Fidèle-Berger*. Les habitudes
de ladrerie du poëte de la *Pucelle*,
l'eussent plutôt rapproché des Lombards
qui tenaient leur banque en la même
rue, et des juifs, qui y faisaient aussi,
à leur manière, le trafic de l'argent.
Cette juiverie, fourmilière d'usuriers,
qui a laissé sa trace dans les noms des
quatre rues ou impasses de ce quartier,
depuis *la rue des Juifs*, voisine de
l'hôtel, plus tard prison *de la Force*.
jusqu'aux *rues de la Tâcherie* et *de
Saint-Bon*, préparait par ses traditions
ce que les banquiers de la *rue Quincampoix*, de la *rue Neuve-Saint-Merry*, de
la *rue des Juges-Consuls*, de la *rue
Michel-Lecomte*, organisèrent plus tard,
la grande banque et l'agiot. C'est à
cause d'eux que je demandais, sur la
tour Saint-Jacques, une niche pour la
statue de Saint Mathieu, leur patron,
Ce n'est pas qu'il fussent tous ce qu'on
appelait par moquerie, des *feste* ou *fesse-
Mathieu*. Beaucoup, dans tous les
temps, avaient mené une vie généreuse
et large. Ainsi, Jacques Cœur, dont
l'hôtel, à Paris, occupait la place du
N° 49 de la rue de Rambuteau, comme

son buste, sur la façade de cette maison, en fait foi ; ainsi, Miles Baillet
qui possédait, rue de la Verrerie, un
des plus beaux et des plus grands logis
de Paris ; ainsi son voisin, Étienne Chevalier, ami d'Agnès Sorel, dont la demeure enrichie de devises, exista longtemps dans la même rue, non loin de la
maison, devenue théâtre sous Louis XIII
et que ce voisinage financier avait fait
appeler l'*Hôtel d'Argent* ; ainsi Jabach,
qui vers 1650, fit de telles fêtes aux artistes et à leurs œuvres, en son hôtel
de la rue Neuve-Saint-Merry.

Qu'il y a loin cependant de l'étalage de
richesse, fait par ces gens de finance,
aux libéralités sans faste et désintéres-
sées, à la discrète bienfaisance du bon
Nicolas Flamel et de Pernelle, sa femme.
Enrichis du travail, ils avaient partagé
l'opulence acquise entre les indigents du
travail. Dans ce quartier, où leur logis
se trouvait au coin de la *rue des Écrivains*, ils avaient multiplié les pieuses
fondations ; ils avaient doté Saint-Jacques, dont, en reconnaissance, un des
porches s'était orné de leurs deux statues. Pourquoi n'en a-t-on pas placé de
semblables sur l'une des faces de la

tour ? l'hommage rendu à leur mémoire,
quand on donna le nom de *Flamel* et
celui de *Perhelle* à deux rues voisines,
eût été ainsi moins incomplet. A défaut
de ce souvenir donné aux bonnes œuvres du couple bienfaisant, nous avons
l'inscription d'une des maisons de Flamel, au N° 51 de la rue *Montmorency*. Ce
sont deux lignes dans le style et l'écri-
ture du temps. Elles étaient encore in-
comprises quand un passage du *Voyage*
de Guillebert, de Metz, en révéla le sens.
Qu'était-ce ? Un nouveau bienfait. On
apprit que cette maison du *Grand Pignon* de la rue Montmorency devait-
être, de par la volonté de Flamel, admi-
nistré de sorte que tout y fût profit pou:
les malheureux : « Gens de métiers demeu-
roient en bas, et du loyer qu'ils payoient,
estoient soutenus povres laboureurs en
Hault... » ....
Nicolas Flamel avait fait bâtir à ses
frais une partie de la galerie voûtée qui
entourait le charnier des Innocents. Sa
femme y fut enterrée, et jusqu'en 1786,
il exista une inscription qui rappelait la
fondation faite par le mari et la sépulture
de l'épouse. Elle disparut avec le reste
quand la grande nécropole fut détruite,

pour faire place à ce qui lui est si contraire : un marché. C'est alors que la
fontaine des Nymphes, dont en 1551
P. Lescot avait donné le plan et J.
Goujon sculpté les figures, fut déplacée
du coin de la *rue Saint-Denis* et de la
rue aux Fers, où elle formait deux arcades avec un en retour. Enlevée pièce
à pièce, elle fut, sauf les bas-reliefs de
la base qui sont maintenant au Louvre,
reconstruite tout entière au centre du
nouveau marché. Comme à cette nouvelle
place, on lui avait donné la forme quadrangulaire, une face manqua ; Pajou se
chargea de faire les figures, et y réussit
fort habilement. Il faut un œil exercé pour
distinguer les deux nymphes sculptées
par lui des six autres qui sont l'œuvre
de Goujon. La *fontaine des Innocents*,
pour l'appeler de son dernier nom, a
dû encore changer de place. On l'a
démolie pour la rebâtir ailleurs, l'endroit qu'elle occupait ayant reçu de la
disposition des *Halles nouvelles* une
destination différente. Il faudra longtemps pour que ce monument tout neuf,
placé sur la lisière de la rue Saint-Denis,
avec ses nymphes regrattées, blanchies
redevienne, pour le peuple, cette fon-

taine des Innocents qu'il aimait tant.
Les *Halles nouvelles*, sont un admirable établissement. Rien n'égale cet immense bazar pour l'étendue, pour la commodité des aménagements, à ciel ouvert ou souterrains, et surtout pour la légèreté toute aérienne de la solide construction, avec laquelle contraste l'épaisse bâtisse élevée d'après les premiers plans, *ce fort de la Halle*, comme l'appelle le peuple, qu'on semble n'avoir pas voulu détruire par flatterie pour ses voisins, ces merveilleux pavillons de fonte et de verre qui gagnent tant à la comparaison. J'admire ici plus qu'ailleurs, mais je regrette aussi. La vie, le mouvement qui animait autrefois ce centre de Paris, n'y paraissent plus ce qu'ils étaient. Ils sont emprisonnés à présent, dans une prison de verre, il est vrai, mais ce n'est pas moins une prison. Plus de foule, plus d'embarras ; le va et vient s'exécute avec la plus libre facilité de circulation ; la ruche bourdonne à peine, la fourmilière est disciplinée ; or, ce que je regrette, c'est le bruit de la ruche, l'indiscipline de la fourmilière, la vie affairée enfin qui se manifestait partout. Ayant toujours préféré le pittoresque

au confortable, je me plains de ne plus
voir les chambrières trotte-menu, des
bons bourgeois de la paroisse Saint-Eustache, la cotte retroussée, de peur de la
boue, et le panier au bras, déboucher à
la file des ruelles environnantes et envahir le *Carreau* des halles, comme une
nuée de fourmis, ayant le babil des ciga-
les. Celle-ci — supposez que nous soyons
au XVII⁰ siècle — celle-ci, par exemple, accourait de la *place du Chevalier-
du-Guet* pour la provision de ménage
de ce bon M. Gui-Patin, le médecin, celle-là venait d'auprès de *Sainte-Oppor-
tune* ou de la *rue du Plat d'Etain*, cette
autre arrivait de la rue Mauconseil, près
de l'hôtel de Bourgogne, en passant
par la *rue Maudestour*, après avoir
donné un coup d'œil aux vanniers de la
rue Pirouette et un coup de langue aux
poissonnières de la *rue de la Réale*,
mais en se gardant bien de la vieille auberge du *Heaume* qui est encore là,
tout près, et dont une bande de rouliers,
prompts aux gros mots, encombrait toujours le porche. Il en venait de ces chambrières promptes à *frôler sur l'anse du
panier*, comme on disait alors, il en venait de tous les coins de ces alentours,

de la *rue Halle-au-Comte*, qui n'est plus, car le boulevard de Sébastopol ne l'a pas épargnée en se faisant place derrière l'église Saint-Leu dont il a si brutalement écorné le chevet. Il en venait encore de la *rue Saint-Magloire*, qui, je ne sais comment, serrée d'un côté par la rue de Rambuteau, de l'autre par le nouveau boulevard, peut subsister toujours et garder un débris de l'église du couvent des religieuses, d'où lui vient son nom. C'était un cloître de *filles repenties*, qui, forcées d'émigrer des dépendances de l'hôtel de Bohême, dont Catherine de Médicis s'était fait un palais, n'avaient pas mal choisi leur place en s'installant ici. Nulle part, le repentir dont elles faisaient profession n'était plus nécessaire. Le clapier des femmes perdues, le *Huleu*, dont le nom honni se retrouve altéré dans celui des *Rues du Grand* et *du Petit-Hurleur*, était tout proche. Il s'étendait jusqu'à la rue, dont l'appellation plus que déshonnête, a fait place au nom de *Marie-Stuart*, et se fait de près cette *rue Bourg-l'Abbé*, dans laquelle Bassompierre eut une galanterie au si funèbre dénouement, et dont les habitants

et les habitantes, suivant le vieux pro-
verbe parisien, « ne voulaient qu'a-
mour et simplesse. » Ce quartier, qu'il
ne fallait pas oublier, sous peine de
ne faire qu'un tableau incomplet du
vieux Paris, à travers lequel mes souvenirs me promènent et qui, sous le
nouveau, son remplaçant et son contraire, est si peu saisissable ; ce quartier
maudit avait des ramifications jusqu'à
la *rue Simon-le-Franc*, d'un côté, et
de l'autre, jusqu'à celle de *Trousse-
-Vache*, qui n'a, Dieu merci, rien gardé
de son passé. De ruelle étroite qu'elle
était, la voilà devenue une large rue, liant
la rue Saint-Denis, avec le boulevard de
Sébastopol. Son nom moderne *de la Rey-
nie*, emprunté au lieutenant de police qui
le premier, mit dans Paris *séaurité,
saluhrité, propreté,* trouve ainsi sa
justification. Il ne reste de la ruelle
élargie que le côté droit, ayant à son
encoignure avec la rue Saint-Denis, l'antique maison du *Chat-Noir*, qui vit
naître Scribe, dans l'arrière-boutique
d'un marchand de draps, remplacé
depuis 1820 par un confiseur. Comme
la *rue de la Cossonnerie*, sa parallèle,
prolongée de tout l'emplacement de la

cour Bâtard, la rue de la Reyne va
des Halles au boulevard de Sébastopol.
Lorsqu'on voit partout, de ce côté,
ces grandes rues ouvertes avec les magnifiques maisons qui les bordent, et
qui semblent être plutôt des hôtels de
grands seigneurs que des maisons des-
tinées à loger des gens de métiers, on
ne peut se faire à l'idée que le peuple
continuera d'y demeurer. La cherté de
ces logements bâtis à la place des siens
mais non pour lui, l'a déjà fait en partie
déguerpir; il s'est rejeté dans les faubourgs, et surtout dans l'immense
quartier qui s'étend de la rue Saint-
Martin à la rue du Temple, et se prolonge jusqu'aux extrémités du Marais.
Là, pullulent encore laborieusement,
tranquillement, les industrieux artisans
de l'article Paris. hommes, femmes,
enfants, tout le monde travaille. Aucune démolition ne les a encore dé-
rangés; mais avant qu'il soit peu, pour
le percement de la rue Turbigo la
ville signifiera un acte d'expropriation
forcée aux propriétaires d'un grand nombre de ces ruches à cinq étages, et
le contre-coup sera un congé signifié
aux locataires. La ligne que la longue

voie doit suivre, commence au boulevard du Temple, en face de la *caserne
du Prince-Eugène* et aboutit à la
pointe Saint-Eustache. On voit qu'en
passant, elle devra faire éclater bien
des mailles du réseau de rues, de
ruelles, d'impasses, de cours, dont je
viens de vous parler, et qui, jusqu'à
présent, était resté intact. Avec la
rue de Rambuteau, avait commencé
ce système d'éclaircie forcée, au travers
du vieux Paris; avec la rue de Rivoli
et le boulevard de Sébastopol, il
s'était continué plus inexorablement
encore; le percement de la rue de
Turbigo sera le coup de grâce. Nous
aurons une voie nouvelle, qui appellera
des habitants nouveaux; car la petite
industrie, je le répète, trouvera ces logements tout neufs, trop beaux et trop
chers, pour s'y installer. Qui prendra sa
place? je ne sais; mais les gens, enrichis
par le commerce ou la petite banque,
y seront pour une bonne part. Ils vien-
dront par ici, comme ils sont déjà venus
à la rue de Rivoli et au boulevard de
Sébastopol, où on les trouve en nombre
dans les beaux appartements aussi fait
la Pour la bourgeoisie, ce sera moins une

installation nouvelle qu'un retour, car
elle a longtemps habité ces parages,
Aux derniers siècles, les gens de finance,
je l'ai déjà dit, s'étaient réservé quelques-
uns des plus riches hôtels, depuis le Marais jusqu'à la rue Quincampoix, leur
grand centre : Colbert habita longtemps
la *rue du Grenier-Saint-Ladre,* et
Necker avant d'aller à la Chaussée d'Antin, avait ses bureaux *rue Michel-Lecomte.* Le commerce environnant se
ressentait de ce voisinage; on est tout
surpris de voir que ce qui se trouve être
aujourd'hui le monopole des marchands
du Palais-Royal ou de la rue Vivienne
se vendait par ici. Une élégante d'aujourd'hui ne sait guère où sont la *rue
Aubry-le-Boucher,* la *rue Bertin-Poirée,* la *rue des Bourdonnais,* les *piliers
des Halles.* Pas une grande dame ne l'i-
gnorait alors. C'est rue Aubry-le-Boucher
qu'avaient leurs boutiques les bonnes fai-
seuses de la lingerie et les marchands de
riches dentelles. Pendant que, sous Louis
XIII, le mari s'en allait auprès, *rue de
la Heaumerie,* se commander de belles
armes, ou *rue des Lombards,* qui s'appelait aussi *de la Pourpointerie,* se faire
prendre mesure d'un beau vêtement, la

dame se faisait mener en carrosse chez
Bodeau, le fameux linger de la rue
Aubry-le-Boucher, ou chez quelques-uns
des marchands de pierreries de la rue
Bertin-Poirée, dont Alvarès était le plus
célèbre sous Louis XIV ; ou bien en
core, pour avoir de belles étoffes de drap
d'or et d'argent, chez quelques-uns des
gros marchands de la rue des Bourdonnais. Le plus en renom du temps de La
Bruyère, était Gautier, chez lequel, à
moins de passer pour un croquant, chaque
fiancé de la noblesse devait acheter le
trousseau de sa fiancée. Gautier avait
sa boutique auprès de la maison des
Carneaux, c'est-à-dire de l'*Hôtel de La
Trémouille*, où les six corps de métiers
tenaient leur bureau. Cet hôtel appartenait aux Bellièvre qui n'étaient pas
fort riches : aussi M⁽ᵉ⁾ de Sévigné était-
elle d'avis qu'ils eussent bien fait de
démolir ce vieux manoir et d'en vendre
les matériaux et la place. On ne l'a
que trop bien écoutée de notre temps,
et le Paris du XIVᵉ siècle y a perdu
l'un de ses plus charmants joyaux. Tout
alors était de ce côté le mondain et
le sérieux, le profane et le sacré. Pour
entendre une messe bien chantée, on

allait à l'*Oratoire* pour un beau ser-
mon, à Saint-Jacques-la-Boucherie, où
Bourdaloue prêcha souvent. Venait-on
de province, si l'on n'avait pu trouver
de place, soit chez les Baigneurs de la
rue Richelieu, soit dans les hôtels garnis
du faubourg Saint-Germain, on était
sûr de n'en pas manquer dans les auberges
de la *rue des Fossés-Saint-Germain-
l'Auxerrois* et de sa voisine la *rue de
l'Arbre-Sec*, où, jusqu'à la Révolution,
les hôteliers furent toujours en nombre
Au dernier siècle, un d'eux, père de
Sophie Arnould, occupait, sous cette
enseigne *hôtel de Lisieux*, l'antique
logis témoin de l'assassinat de Coligny.
Voulait-on de belles fleurs, on allait chez
les *Provençaux*, qui ont laissé leur
nom à une impasse de la rue de l'Arbre-
Sec. Etait-on curieux de caricatures,
au lieu d'aller, comme il y a quelques
années, chez Aubert, au coin du *passage Vérot-Dodat*, ou chez Martinet,
rue du Coq, on courait sous les *charniers des Saints-Innocents*, où G.
Naudé nous fait voir toute une foule
badaude s'amusant des grotesques figures
données aux Espagnols, pour se venger
de ce qu'ils avaient occupé Paris pendant

la Ligue. Les *charniers*, dont on a
retrouvé les fondations en bouleversant
le terrain du marché qui les avait rem-
placés en 1788, étaient, avec les *piliers
des Halles*, ce que le *Pont-Neuf* fut
depuis Louis XIII jusqu'à Louis XV ;
ce qu'était le Palais-Royal il n'y a pas
trente ans ; et ce que sont les *boulevards*, en attendant que Paris, ce monde
qui cherche toujours à changer d'axe, ait
pris un nouveau centre.

Jadis, ce grand milieu de la vie, de
l'industrie et du commerce se trouvait
où nous sommes. C'est là que battait
vraiment le cœur de la ville immense.
On a voulu l'y rappeler, en faisant affluer
la vie par deux artères nouvelles : le boulevard de Sébastopol et la rue de Rivoli ; mais y a-t-on réussi ? Pour rendre
complet ce retour de centralisation qui
ne sera, selon nous, qu'artificiel, on
va transporter à la place du Châtelet
deux des théâtres que nous avons mon-
trés au boulevard du Temple : le
Cirque et le *Théâtre-Lyrique* ; mais
dans leurs salles nouvelles, ces théâtres retrouveront-ils leur public et
leur succès ? On ne peut faire revenir
la vie où elle n'est plus, surtout lors-

qu'en semblant l'attirer d'un côté, on l'attire réellement d'un autre. Le déplacement de l'enceinte, qui n'était qu'en projet lorsque notre promenade a commencé, et qui, avant qu'elle soit achevée, se trouve être un fait accompli, n'est pas de nature à ramener ce qui s'en va, c'est-à-dire à remettre au centre ce qui tend vers les extrémités. Le boulevard de Sébastopol est très-animé sans doute, et la vie y semble circuler à pleins flots, mais est-ce bien une vie nouvelle, un nouveau sang ? Cette foule qui déborde ici n'est-elle pas la même qui, naguère, encombrait les rues Saint-Denis et Saint-Martin, ces deux parallèles trop étroites du nouveau boulevard ? La rue de Rivoli, qui n'est pas moins animée, ne l'est-elle pas aussi aux dépens des quais et de la rue Saint-Honoré, entre lesquels elle s'est frayé si impérieusement passage ? Un fait certain, c'est que la physionnomie de la rue Saint-Honoré, dans toute sa longueur, s'est complétement transformée, aussi bien que celle des rues Saint-Denis et Saint-Martin. On dirait les lits de trois fleuves, dont les eaux ont pris un autre cours. C'était le Rhône ou le Rhin, c'est

aujourd'hui, le Mançanarès. L'élargissement de la rue Saint-Honoré, dans
toute sa partie gauche, depuis la *rue
de Marengo*, ancienne rue du Coq,
jusqu'à la *place du Palais-Royal*,
c'est-à-dire dans toute la longueur
de *l'hôtel du Louvre*, et de la place
du Palais-Royal jusqu'à la *rue de
l'Echelle*, semble presque une ironie.
On a élargi la rivière, pour des flots
qui ne passent plus. Ce fut ainsi toujours : Henri II avait ordonné, par une
loi d'élargir la *rue de la Ferronnerie*,
et l'on n'exécuta son ordre qu'après le
quatrième de ses successeurs, Henri IV,
dont cet élargissement eût peut-être em-
pêché l'assassinat. Souvent en France,
quand les choses sont indispensables,
on n'y songe pas ; lorsqu'elles sont à
peine utiles, on les exécute. N'est-ce
pas, autrefois par exemple, qu'il eût
fallu doubler la largeur de la rue Saint-
Honoré, alors que, je le répète, un des
foyers de la vie parisienne était là ? Cette
rue menait à tout : aux Halles et aux
Innocents, à la rue des Lombards, quartier de la Banque, à la rue des Bourdonnais, centre du haut commerce, où
siégeaient les six corps de métiers ; à la

rue *Tirechappe* bazar de la friperie,
etc. Je ne vous parle pas de la partie
opposée, qui est bien plus moderne,
puisque, jusqu'à Louis XIII, la porte
Saint-Honoré fut à la hauteur de la rue
Richelieu. Pour Voltaire, cette partie-là
n'était encore qu'un faubourg, bien voisin, il est vrai, du cœur même de Paris.
Les carrefours de la rue Saint-Honoré,
étaient alors, en effet, les vraies places
publiques, le champ-clos des émeutes.
C'est là que fut jouée, vers les Innocents,
l'une des principales scènes du drame
des *barricades* de la Ligue; et tout près
de la *croix du Trahoir*, une des premières scènes de la Fronde. Tout cela
depuis a tellement changé, que le Parisien ne sait même plus où était cette
croix du Trahoir. Elle se trouvait à
l'endroit où la rue de l'Arbre-Sec aboutit
à la rue Saint-Honoré, tout près, par
conséquent, de la fontaine que François
Miron fit placer à l'angle de ces rues en
1606, et que Soufflot restaura, en 1776,
telle que nous la voyons. Une maison
voisine mérite une mention, c'est celle
qui fait le coin, à droite, de la rue des
Vieilles-Étuves. Molière, dont on place
à tort le berceau dans la maison N° 3 de

la *rue de la Tonnellerie,* naquit ici, n'en déplaise à son buste, qui décore l'autre façade. Ainsi va l'histoire : ou l'on oublie, ou l'on se souvient mal. Au carrefour des *rues du Coq, de Grenelle* et *Croix-des-Petits-Champs,* se trouva, jusqu'en 1745, un poste de sergents, chargés de la police du quartier ; cet endroit en avait pris le nom de *barrière des Sergents,* que quelques anciens lui donnent encore. Un marchand voisin s'est fait une enseigne avec ce souvenir. Seulement, se trompant sur le sens du mot sergent, il a fait peindre deux sergents de grenadiers !

Mais hâtons-nous ; gagnons bien vite le quai, pour de là nous rendre à la place de la Concorde et passer au faubourg Saint-Germain. Aussi bien qu'aurions-nous à dire, en nous arrêtant davantage dans ce quartier, que le Louvre agrandi sépare de la Seine ? Faudrait-il vous parler des rues mal hantées, qui, depuis celle du Coq jusqu'à la place du Palais-Royal, s'échelonnaient sur le côté gauche de la rue Saint-Honoré, et dont les tripots étaient les maisons les plus honnêtes ? Rien de tout cela n'existe plus. L'*hôtel du Louvre,* la plus grande hôtellerie du monde, s'étale monumentalement sur l'espace occupé par cet infect dédale de *gîtes à la nuit*. Faudrait-il, revenant sur mes pas, vous dire deux mots de l'hôtel Sourdis, où mourut Gabrielle d'Estrées ? Rien n'en est resté non plus, pas même le cul-de-sac voisin du cloître Saint-Germain-l'Auxerrois qui avait gardé ce nom de *Sourdis*. J'aurais bien en revanche quelques lignes à écrire sur la nouvelle place du Louvre et sur ce bâtiment de la mairie du premier arrondissement dont, avec son architecture hybride, on a fait le pendant de l'église Saint-Germain-l'Auxerrois ; j'aurais plaisir à vous parler du Louvre nouveau, mais ce serait trop long ici, je dirai plus tard tout ce qu'il faut en dire, ainsi que de son voisin le *Palais-Royal* (1). Restent les quais et les ponts ; j'y cours.

(1) V. Histoire du Louvre, du Palais-Royal dans *Paris à travers les âges* chez Firmin-Didot.

·XIX·

L'île Saint-Louis — Ses Maisons historiques — Les ponts et les quais avoisinants — Le cloître Notre-Dame; — Ces habitants au XVII° Siècle. — Chapelles curieuses disparues — La tour de l'Horloge au Palais-de-Justice — Le Pont-Neuf au temps de Louis XIII et de la Fronde — Ce que renferme le cheval de Henri IV.

«C'est une belle chose que la ligne des boulevards, mais la double ligne des quais, moins sinueuse, moins encombrée, plus remplie d'air et de jour, est peut-être encore plus belle, surtout depuis qu'on l'a partout élargie, et que les ponts reconstruits, au lieu d'être une sorte de poids et de gêne pour le fleuve, lui sont au contraire une parure, N'y a-t-il pas plaisir à le suivre, ce fleuve facile, depuis le jeune *pont d'Auster-litz*, qui, dans l'été de 1854, échangea, pour d'élégantes arches de pierre, les cinq arceaux de fer dont l'avait doté l'ingénieur Becquey-Beaupré, lors de la construction, de 1803 à 1806 ? La Seine, en cet endroit, n'a pas la couleur qu'elle aura plus loin ; ses eaux se partagent en deux parts, dont l'une est verte, comme si de grands ombrages s'y reflétaient : c'est la Marne, qui s'est réunie au fleuve, à une lieue de là, près de Charenton, et dont les eaux ne se sont pas encore mêlées aux siennes, qui lui donne cette teinture. Encore en 1840, lorsqu'elle était arrivée à la hauteur de la pointe de l'*Arsenal*, dont le toit est orné de ce côté par des canons et des obusiers, comme si l'étude, dans le vieux bâtiment, n'avait pas, depuis longues années, remplacé la guerre, la Seine se partageait en deux bras. L'un, beaucoup plus large, coulait au bas du quai Saint-Bernard, si fameux sous Louis XIV par les promenades que les dames avaient l'étrange habitude d'y faire à l'époque des bains ; l'autre,

fort étroit, souvent à sec, se faufi-
lait humblement entre le quai Morland
et l'île Louviers, couverte de chantiers
de bois à brûler. Cette sorte d'euripe
saumâtre a été comblée et l'île Louviers est devenue un vaste espace de terre
ferme, sur lequel campèrent, pendant
dix ans, depuis juin 1848, en des
baraques de plâtre, plusieurs bataillons
chargés de veiller sur les quartiers
voisins des foyers séditieux : le faubourg Saint-Marceau et le faubourg
Saint-Antoine.

L'île Saint-Louis est maintenant la
première qu'on rencontre en descendant
la Seine. Tallemant dit quelque part,
dans ses *Historiettes*, qu'après la vue
qui s'étend sous le regard à la pointe du
Sérail à Constantinople, il n'y en a pas
de plus admirable que celle dont on
peut jouir des fenêtres de l'hôtel de Bre-
tonvilliers. Or, cet hôtel, l'un des mieux
bâtis et des plus vastes du Paris de
Louis XIV, se trouvait à la pointe de l'île
Saint-Louis. Son jardin, qui devint plus
tard un des préaux de la Basoche, quand
la Cour des Aides fut installée dans l'hôtel,
s'étendait jusqu'au bord de la Seine. Il
a disparu sous les noires bâtisses d'une

usine, et l'hôtel a été démoli. Son voisin,
l'hôtel Lambert, avec sa terrasse aérienne
sa galerie peinte par Lebrun, ses cabinets
peints par Lesueur et Romanelli, a été plus
heureux. Il est encore tel que Levau l'a
bâti pour le riche président Lambert de
Thorigny, et tel qu'il était quand Mme du
Châtelet le possédait, et que Voltaire
l'habitait avec elle. Quelques peintures
de Lesueur, notamment celles du cabinet
des bains, où travaillait Voltaire, manquent toutefois ; elles sont au Louvre.
L'hôtel occupe une superficie de 1200
mètres, moitié en cour et bâtiments dont
l'entrée monumentale est rue Saint-Louis,
en-l'Ile, moitié en jardins, sur les quais de
Béthune et d'Anjou, presqu'en face de
la passerelle de Damiette. Après le président Lambert, qui, suivant Voltaire,
y dépensa deux millions, il appartint aux
fermiers généraux Dupin de Francueil
et de la Haye, à M. du Châtelet, qui
l'acheta 200,000 livres, et à M. de Mon-
talivet, ministre sous l'Empire ; puis il
devint un magasin de lits militaires, et
fut enfin acheté, en 1842, par la princesse
Czartoryska, moyennant 150,000 fr. Un
autre logis du même temps et du même
caractère fastueux, l'hôtel Pimodan, est

toutprès, au N° 17 du quai d'Anjou (1). Un
parvenu des finances, Des Bordes-Gruyn,
fils du cabaretier de la *Pomme-de-Pin*,
le fit bâtir, et il eut ensuite, entr'autres
propriétaires, le duc de Lauzun, mari
non reconnu de la grande Mademois-
selle. Un de nos plus fins bibliophiles,
M. le baron Pichon, en habite aujour-
d'hui les somptueux appartements, dé-
corés par Coypel. Les hôtels sont nombreux dans la grande *rue Saint-Louis-
en-l'Ile* et sur les quais d'Anjou, de
Bourbon, de Béthune et d'Orléans. J'en
citerai deux : l'hôtel Fénelon, rue Saint-
Louis en face de l'hôtel Lambert, et, plus
loin, celui de Chenizot, qui servit de séjour, à l'archevêque, lorsqu'il fut chassé
de son palais, voisin de Notre-Dame, par
les profanations de 1831.

L'île Saint-Louis est le plus calme des
quartiers de Paris. Rien ne semble en
avoir troublé la paix patriarchale, depuis
le commencement du XVIIe siècle, où
les entrepreneurs Christophe Marie et
Le Regrattier y firent le tracé des premières rues, sur l'emplacement des

(1) V. *Chroniques et Légendes des rues de Pa
ris* n. édit. p. 111.

grands chantiers de bois à brûler qui s'y
trouvaient depuis des siècles. Le Regrattier a donné son nom à la *rue Re-
grattière*, et le pont qui joint l'île au
quai des Ormes a pris celui de Marie.
Le quartier insulaire qu'ils ont construit
n'a jamais été dérangé de la symétrique
disposition qu'ils lui ont donnée, et
comme il est en dehors du réseau des
grandes voies dont le percement jette
tant de troubles dans le reste de Paris,
il est probable que l'avenir ne lui sera
pas plus fatal que le présent. Ce sera
toujours le paisible Éden d'une population de petits rentiers, une ruche
bourgeoise, où le seul bruit qu'on en-
tendra viendra des mansardes, dont
quelques peintres ou sculpteurs se sont
fait des ateliers. Sous Louis XIII, on
venait en foule sur ces quais encore
neufs, on y vendait en plein vent des
tapisseries, des meubles et surtout des
tableaux ; maintenant on n'en vend
plus, on en fait. Alors, dans ce quartier
à la mode comme tous les quartiers nouveaux le beau monde, mélangé de noblesse et de magistrature, se cherchait
volontiers des demeures. Pour les Précieux et les Précieuses, cette petite ville,

sortie tout-à-coup des eaux, était l'*île de Délos*, et il était du bel usage, qu'à la tombée de la nuit, on en fit le tour, en donnant la main à sa dame et en devisant de choses galantes. Maintenant l'herbe pousse dans les rues, sur les quais ; et les lourds parapets aux pierres disjointes qui servirent souvent de couche au nomade Rétif de la Bretonne se verdissent de mousse comme de vieilles ruines. Jamais pourtant, les abords de ce quartier n'ont été si faciles ; l'île Saint-Louis n'a plus le droit d'être une île déserte.

Le pont Marie, débarrassé d'une partie de ses maisons par l'inondation de 1658, et du reste en 1789, est un des plus larges de Paris. Depuis les travaux exécutés en 1851, pour adoucir sa pente et lui créer des trottoirs, il n'en est pas dont le parcours soit plus agréable. Les arbres qui ombragent les bains voisins de ses premières arches, et dont la verdure monte au-dessus de son parapet, lui donnent un aspect tout-à-fait riant du côté de la *rue des Nonnains d'Hyères*. Le *quai des Ormes*, qui vient y aboutir, n'est plus orné des arbres auxquels il dut son nom, et dont les derniers se voyaient

encore au commencement de ce siècle ;
mais il a été amplement élargi, ainsi
que le quai Saint-Paul et celui des
Célestins qu'il prolonge jusqu'à la Grève.
Si l'histoire a perdu à ces élargisse-
ments plusieurs vieilles maisons ver-
moulues, qui ne pouvaient plus guère
être habitées que par des souvenirs,
on n'a pas le courage de les regretter,
en voyant ce qu'on y a gagné d'air
pur et de perspective. De l'autre côté,
vers le *pont de la Tournelle*, tout
n'a pas moins changé. Le pont, bien
qu'il n'ait pas été complètement rebâti, comme la plupart des autres,
ne ressemble guère à ce qu'il était
en 1656, lors de sa construction. On l'a
élargi à l'aide d'un double balcon de
fonte ; une élégante balustrade remplace
les lourds parapets, et sa voie en dos
d'âne est aujourd'hui plane et droite
comme une table. Les quais auxquels il
aboutit sur la rive gauche, n'ont, depuis
quelques années, rien à envier aux plus
beaux de Paris. La porte Saint-Bernard,
dont l'arc triomphal, bâti en 1674 par
Blondel, sur l'emplacement de la vieille
prison de la *Tournelle*, marquait de ce
côté la limite de Paris, n'existe plus de-

puis 1787, et la *rue des Fossés-Saint-Bernard* indique seule qu'il fut un temps où la grande ville s'arrêtait là.

Plus de gêne pour le regard, plus d'obstacle pour le promeneur sur la ligne des quais, depuis le pont d'Austerlitz jusqu'à celui de *l'Archevêché.* Aux ombrages du Jardin des Plantes, succèdent ceux de la Halle aux Vins, puis les *quais de la Tournelle et de Montebello* suivent en ligne droite. L'un s'appella d'abord *quai Saint-Bernard,* à cause du couvent des Bernardins, dont il longeait l'enclos ; l'autre portait le nom de *quai des Miramiones,* à cause de la pieuse communauté qu'y avait fondée Mme de Miramion, en 1661, et dont la *Pharmacie des Hospices* occupe en partie les bâtiments. Auprès, est l'hôtel de Nesmond, le premier de Paris qui se para du nom de son propriétaire écrit en lettres d'or sur marbre noir. La plaque y est encore, et l'hôtel n'a presque pas changé depuis qu'il fut habité par le président de Nesmond, mari de la fille de Mme de Miramion. Un autre hôtel historique, celui du président Rolland, est à deux pas, orné de même de son marbre noir à lettres d'or. Ce sont les seules maisons célèbres qui soient restées sur ce quai où l'on en voyait tant. Celle qu'habitait « le grand Estienne Pasquier » presqu'en face du pont, et qui était si remarquable par les devises grecques et latines, gravées sur sa façade, n'existe plus, et il faut la regretter. Elle était bien à sa place, avec sa classique parure, sur la lisière du quartier de la science, dans le voisinage de cette savante abbaye de Saint-Victor, où Santeuil devait plus tard écrire ses hymnes, et tout près du collège du cardinal Lemoine, où professa Lhomond, le patriarche de la grammaire. Rien ne rappelle plus, par ici, ni Estienne Pasquier, ni Guillaume Colletet, qui fut son voisin et qui s'en vante, ni Santeuil, ni Lhomond. L'enclos de l'abbaye de Saint-Victor est occupé par les hangars et les cabines de la Halle aux Vins, sans qu'on ait fait grâce même à un pan de mur de cette riche Bibliothèque, où Henri III présida les séances de la première Académie Française. Quant au collège du cardinal Lemoine, il céda son enclos à des chantiers disparus à leur tour sous la large rue qu'on ouvrit en 1852, vis-à-vis du pont de la Tournelle, et qui ba-

18.

laya de même au passage les restes du *séminaire de Saint-Firmin*. Cette rue était indispensable, comme issue vers le quartier Sainte-Geneviève. Il en faudrait une semblable, à travers les terrains de la Halle aux Vins, vis-à-vis de la *passe-relle de Constantine* qui, faute de cette trouée lui faisant face, n'aboutit réelle-ment à rien. Elle fut établie en 1837, peu après la conquête de la ville d'Al-gérie dont elle a le nom.

La passerelle de Damiette, dont elle est séparée par le quai de Béthune, et qui relie l'île Saint-Louis au quai des Célestins, comme elle la rattache elle-même, sur l'autre rive, au quai Saint-Bernard, date du même temps. Elle doit son nom à la ville d'Egypte dont la prise fut un des exploits du saint roi, patron de l'île. Ces deux ponts sont, à l'arrière de cette chaloupe paisible du navire de la Cité, ce que le *pont Louis-Philippe* est à l'avant. Ils l'amarrent au Levant, comme celui-ci, avec sa double passe-relle, l'amarre au Couchant. Il n'est que de quatre ans plus ancien ; mais à lire son histoire, on le croirait beaucoup plus vieux. En 1848, on le débaptisa pour l'appeler *pont de la Réforme* ; puis, on rompit les chaînes qui le suspendaient ; son tablier de bois sombra dans le fleuve, et pendant deux ans, il ne fut qu'une ruine. Quand on le rétablit, il reprit son premier nom, ainsi que la rue à laquelle il conduit, et la petite place qui la précède et qui sert tous les dimanches soirs de lieu d'assemblée aux maçons si nombreux par ici, depuis des siècles. Pour ces hirondelles de la Marche, aussi fidèles à leurs gîtes que l'oiseau dont ils ont la constance, il n'y a de changé que l'écriteau de la rue voisine où ils s'entassent encore. Après le choléra, dont les ravages y furent terribles, on lui ôta son nom de *rue de la Mortellerie*, qu'on trouvait de funèbre augure, et qu'elle devait aux *Mortelliers* (maçons), ses fidèles hôtes. On l'appella *rue de l'Hôtel-de-Ville*. C'est une longue ruelle, qui va de la Grève jusqu'à l'*Ave-Maria*. On l'a un peu rognée par la base, mais elle n'a pas perdu un habitant. Elle n'a même jamais été plus peuplée ; ses gîtes se sont garnis de toute la population qui désertait les logis de la Cité, qu'on a démolis, en désespoir de ne pouvoir jamais les assainir.

C'est de ce côté que nous allons aller,

en traversant le pont, qui sert de trait
d'union aux deux îles : pont de sinistre
mémoire, tant qu'il ne s'étaya que sur des
poutres branlantes, et s'appela le *Pont-
Rouge*, mais plus hospitalier depuis qu'en
1843, on en a fait une jolie passerelle
à clochetons moyen-âge, baptisée du nom
de *pont de la Cité.*

Nous mettons pied d'abord sur la
Motte-aux-Papelards, appelée plus tard
le *Terrain*, puis *Jardin de l'Archevêché.* C'est aujourd'hui un *square* charmant, dont les ombrages égayent de leur
fraîcheur le chevet de la vieille Notre-
Dame. Au milieu, s'élève une fontaine,
façon gothique, qui voudrait bien passer
pour ancienne, en dépit des jeunes arbres, ses contemporains ; tandis qu'auprès, sur la droite, tout un quartier,
réellement vieux, s'efforce de devenir
neuf. C'est l'ancien cloître où, pendant
le XVIIe siècle, il était de mode de chercher une retraite, où logèrent De Thou,
Pontchartrain, Boileau, Ménage, Mar-
montel, et, bien avant eux, où avait logé
Fulbert, l'oncle d'Héloïse. La maison de
celui-ci, qui fut une des dernières démolies, se trouvait au bout de la *rue des
Chantres.* Longtemps on l'épargna,

mais enfin on la jeta par terre en respectant la seule chose peut-être qui n'en fût
pas respectable : un distique, trop lisi-
ble aujourd'hui sur la maison du *quai
Napoléon*, dont la façade pseudo-go-
thique a usurpé la place du pauvre logis,
d'autant plus cherché qu'il craignait de
se faire voir. J'aime mieux ne rien retrouver que de telles choses ; je préfère
l'absence de tout débris à ces sortes de
sots hommages paradant, sous forme de
vers et d'enseignes, caricatures de poé-
sie ou de peinture qui ne sont que la pa-
rodie d'un souvenir. Dieu merci, j'en
rencontre peu par ici ; plutôt que de se
souvenir mal, on ne s'y souvient pas du
tout. Rien ne vous indique où se trouvait la maison du cloître, dont une
chambre donnant sur la rivière, vit les
derniers instants de Boileau ; celle de
De Thou n'existe plus depuis 1803 ; il a
fallu faire de grandes recherches pour
savoir que le logis où Ménage tenait ses
mercuriales, et le même où mourut La
Harpe, repentant, porte aujourd'hui le
N° 4 de la *rue Massillon*; enfin, le plus
authentique souvenir de ce cloître où
vivaient surtout des chanoines, c'est le
nom de la *rue Chanoinesse*. De Saint-

Jean-le-Rond, baptistère de la cathédrale, dont la modeste rotonde se voyait à l'entrée du cloître, rien ne subsiste plus, comme souvenir, que le prénom de Jean-le-Rond d'Alembert exposé sur ses marches et recueilli par la vitrière de la rue Michel-Lecomte. Le vieil hôtel de Juvénal des Ursins, où vécut Racan, où Racine fit *Andromaque* et les *Plaideurs*, revit dans le nom des trois rues percées sur son emplacement. Ce sont les rues, *Haute*, *Basse*, et du *Milieu-des-Ursins*, toutes trois voisines du quai Napoléon qui fut achevé vers la fin du premier Empire, et auquel on doit l'assainissement de toute cette marge infecte de la Cité. Il a fait disparaître une partie des bouges de la *rue Glatigny*, dont la renommée revivra toujours trop dans les fabliaux du moyen-âge, et il a pris la place de ce triste port Saint-Landry, voisin de la maison où l'émeute alla chercher Broussel pour en faire le héros de la Fronde. C'est sur sa berge déserte qu'on avait clandestinement embarqué pour Saint-Denis le corps d'Isabeau de Bavière, la reine détestée, et c'est là que se tenait aussi jusqu'au temps de Louis XIII, cet horrible marché, aboli par la

charité de saint Vincent-de-Paul, où
pour vingt sous on pouvait acheter un
enfant trouvé. L'église à laquelle ce port
devait son nom, *Saint-Landry*, a disparu de même. Le percement de la *rue
d'Arcole*, en 1837, l'a fait démolir. Deux
autres églises, *Saint-Christophe* et
Saint-Pierre-aux-Bœufs, dont la façade achetée par la ville, est appliquée
au petit portail de Saint-Séverin, ont
disparu devant la même nécessité. Depuis la Révolution, ces trois églises
étaient fermées. Mieux valait détruire
leur monument inutile, que continuer à
le voir profané, comme Saint-Pierre-aux-
Bœufs, par exemple, dont on avait fait
un magasin de tonnelier ; comme le sont
encore *Sainte-Marine* qui, après avoir
été un bas lieu dramatique, sert d'atelier
de menuiserie, et la *Magdelaine*, dont la
seule chapelle, restée debout au coin de
la *rue des Marmousets*, est transformée en boutique de marchand de vin.
Singulière et bien ironique destinée,
quand on songe que cette église fût jadis la paroisse des porteurs d'eau !
De la plupart des autres qui se trouvaient dans la Cité, et dont le nombre
était de vingt environ, rien n'est resté.

Peut-être trouverait-on, en cherchant bien, quelques débris insignifiants de la chapelle *Saint-Aignan*, au N° 22 de la rue Chanoinesse, et de *Saint-Germain-le-Vieux*, ancienne paroisse de ces paisibles bourgeois du Marché-Neuf que Despréaux a chantés. Mais la recherche serait plus inutile encore pour découvrir, même une trace, de l'église *Sainte-Croix*, au coin des *rues aux Fèves* et de la *Vieille-Draperie*; de *Sainte-Geneviève-des-Ardents*, rue Notre-Dame, non loin du *Marché-Palu*; de *Saint-Martial*, démoli dès 1722, et de *Saint-Symphorien*, paroisse de la communauté des peintres, qui, pour cela, vers 1704, s'était donné *saint Luc* pour nouveau patron. Elle se trouvait *rue du Haut-Moulin*, à deux pas de *Saint-Denis-de-la-Chartre*, qui lui-même n'existe plus, mais dont la chapelle souterraine, bâtie à l'endroit où saint Denis fut mis en prison (*en chartre*), a laissé quelques débris de voûte et de piliers dans la cave d'un marchand de vin. *Saint-Denis-du-Pas*, qui marquait la place où l'apôtre des Gaules souffrit le martyre, n'a rien laissé qui le rappelle sur le côté droit du chevet Notre-Dame. *Saint-*

Pierre-aux-Liens n'est pas moins absent, ainsi que son voisin *Saint-Barthélemy*, qui, après avoir vu son église profanée par le *théâtre de la Cité*, puis par le bal du *Prado*, vient d'être purifié par une démolition complète. La chapelle *Saint-Michel*, à laquelle le pont qui en était voisin devait son nom, a disparu dans les nombreux remaniements de la *cour du Palais*, où elle était située. L'église des *Barnabites*, construite en 1629 sur l'emplacement de celle de *Sainte-Anne*, qui succédait elle-même à celle de *Saint-Éloi*, survit seule, par une fatalité singulière. Sous Louis XVI, lorsqu'on reconstruisit la partie de la rue de la Barillerie où elle se trouve, elle aurait dû être démolie; on se contenta de la masquer d'une façade et de l'enfouir dans une cour étroite, où depuis 1790 elle devint un magasin de l'État. Les dernières démolitions qui menaçaient le reste de la rue de la Barillerie, comme le *Prado* et les fameux magasins de la *Flotte anglaise* et des *Forges de Vulcain*, dont on cherche vainement aujourd'hui les enseignes historiques, n'ont fait que la démasquer.

Sa façade, éclipsée soixante-dix ans, a reparu, et elle fait assez bonne figure, presque vis-à-vis de l'une de celles du Palais de Justice, bâti par de Brosse, vers le même temps et dans le même style. L'alignement qui, par un hasard providentiel, a respecté toutes les églises qu'il semblait devoir faire jeter par terre : la *tour Saint-Jacques*, dont il a dégagé les abords, le *chevet de Saint-Leu*, qu'il n'a fait qu'effleurer, l'*Oratoire*, qui n'a pas souffert davantage, etc., épargne également l'église des Barnabites. Puisqu'elle ne gêne en rien le passage du boulevard de Sébastopol, à travers la Cité, puisqu'elle est respectée par ce qu'il y a de plus inexorable, en ce temps-ci, la ligne droite, il y aurait vraiment mauvaise grâce à ne pas la conserver. Il faut bien qu'il reste quelque chose de cet antique quartier. Qu'on fasse disparaître tout-à-fait la *rue aux Fèves* avec sa voisine, la *rue de la Cerlandre*, ruelles infectes, garnies de bouges plus infects encore, c'est à merveille ; leurs *tapis-francs* revivront bien assez dans les romans modernes. Qu'on élargisse la *place du Parvis* en démolissant l'ancienne maison des *Enfants Trouvés*,

et surtout en jetant par terre cet *Hôtel-Dieu*, toujours menacé, mais toujours debout, c'est encore mieux. Qu'on
rase la *Morgue*, et qu'on fasse à cette
antichambre de la tombe un monument tout neuf, au bas du terrain de
Notre-Dame, c'est fort bien encore. Que
l'on ne laisse rien de la Préfecture de Police, ancienne demeure des premiers pré-
sidents, ni de la *rue de Jérusalem*, qui,
parmi ses souvenirs sinistres, n'en gardait pas un des Croisades de saint Louis,
et de la ville sainte d'où lui venait son
nom; j'y consens de bon cœur. La Jérusalem de cette rue ne me rappelait en
rien le Dieu dont la Sainte-Chapelle,
sa voisine, gardait la couronne sanglante,
mais, ô profanation, M. Vidocq et M. Co-
co-Lacour! J'admets que l'on ne fasse
pas grâce à la *cour du Harlay*, qui,
tombant en ruines, demandait, d'elle
même, qu'on la démolît; à la *place
Dauphine*, triste, désolée, veuve de ses
charlatans, de ses orfèvres, de ses expositions de peinture de la Fête-Dieu, et
que ne recommande pas la mesquine
fontaine de Desaix, si digne de l'an
1803, et de M. Percier; mais qu'on nous
laisse ce qui peut rester. Je regretterai

toujours l'arcade, avec ses sculptures
renaissances, qui servait d'entrée à la
rue de Nazareth, la maison placée tout
près, où se passa l'enfance de Voltaire,
et cette autre en face, où naquit Boileau,
dans la chambre qui a vu naître la *Satire
Ménippée*. [...] rue Saint-[...]

Pas un seul des anciens ponts, qui at-
tachaient la Cité à la rive droite et à la
rive gauche, n'a été épargné. Je n'en ai
pas regret. Le *pont Notre-Dame*, dont
j'ai déjà parlé, n'a, tel qu'il est, rien à
envier à celui qu'il remplace, et le *Pont-
au-Change*, surpassé de beaucoup, surtout comme élégance et légèreté, le
lourd monument auquel il succède. Pé-
trarque et les gens de son temps admi-
raient fort la hardiesse de la construction du *Petit-Pont*. Que diraient-ils, en
le voyant si svelte et si léger avec l'arche unique construite en 1853 ? Il est vrai
qu'il ne porte plus de maisons comme
celle où maître Adam du Petit-Pont tenait son école, et dont la pédante clientèle se prenait si vivement de langue
avec les harengères voisines. Il est, avec
le pont Notre-Dame qu'il prolonge, le plus
ancien de tous ceux de Paris, du moins
pour l'emplacement, car on a prouvé

que les deux ponts romains, l'un et l'autre
en bois, se trouvaient non pas dans l'axe
du Pont-au-Change et du pont Saint-
Michel, mais sur la ligne suivie, depuis
la route d'Orléans, par la rue Saint-
Jacques, le Petit-Pont, le pont Notre-
Dame et la rue Saint-Martin. Le *pont
Saint-Michel*, que je viens de nommer,
a, lui aussi, été reconstruit, et il a fort
bon air, avec ses deux arches bien cin-
trées, sa chaussée bien plane et ses
parapets en balustre bien polis. Le
Pont-au-Double, qui mène du quai
de Montebello à celui de l'Archevêché, et dont le nom vient de la
taxe d'un *double* denier, puis d'un liard,
que tout passant devait y payer, est le
premier qu'on ait rebâti. En 1848, la
reconstruction en était achevée. Quant
au pont Saint-Charles, son voisin, qui
mettait en communication l'Hôtel-Dieu
avec ses dépendances de la rive gauche,
on s'est contenté de le démolir et de le
remplacer par une passerelle provisoire,
trop peu solide pour durer, et qui, par
conséquent, fait espérer la démolition
prochaine de l'hospice, trop éternisé,
pour lequel on l'a construite. Quand
l'Hôtel-Dieu aura disparu, il ne restera

plus de monuments anciens dans la Cité
que Notre-Dame et quelques parties du
Palais-de-Justice. Ce quartier, étant le
plus vieux, il était naturel qu'on prit soin
de le rajeunir plus que les autres; et l'on
n'y a pas manqué, comme vous voyez.
Toutes les rues, sauf quelques-unes que
le même sort attend, ont été démolies,
reconstruites, ou du moins élargies de
moitié. Qui reconnaîtrait la *ruelle de la
Vieille-Draperie* sous la *rue Constantine*, et la ligne tortueuse que sui-
vaient les *rues de la Lanterne, de la
Juiverie* et *du Marché-Palu*, sous le
tracé de plus en plus droit et large de la
rue de la Cité? La population elle-
même a changé. Les petites boutiques
où l'on commence à voir clair, deviennent magasins; les frituriers, qui infec-
taient autrefois l'entrée de toutes les
allées, disparaissent; enfin, les cabarets
se mettent à la mode et deviennent restaurants, sans vouloir toutefois renier
leur histoire. Celui de la *Bouteille-d'Or*,
rue de la Cité, porte fièrement sur son
enseigne sculptée, la date de 1618, année
de sa fondation. Les quais ne se sont
pas moins transformés. L'îlot de maisons qu'il se voyait entre la rue de la

Pelleterie et la Seine a été jeté par
terre, et ainsi s'est trouvée faite la place
oblongue, bien ombragée et ornée de
fontaines, où les marchands de fleurs
tiennent leur marché le mercredi et le
samedi. Au lieu d'une ruelle infectée de
tannerie, avoir un large quai, bien om-
breux, bien frais et tout parfumé de
fleurs, ce n'est pas perdre au change. La
haute tour de l'Horloge lui fait face,
toute neuve elle-même, sous son ancienne
forme. Elle a été reconstruite en 1849,
depuis le faîte, où sonne une horloge
de H. Lepaute, à la place de celle que
de Vic y avait mise pour Charles V, jusqu'à la base, enfin débarrassée de ses
échoppes, et de l'assortiment de lunettes,
de thermomètres, etc., qu'y avait emma-
magasiné l'ingénieur Chevalier. Le cadran monumental, qui avait été détruit,
a reparu tel qu'il était quand Germain
Pilon l'eut achevé sous Henri III. On
doit à Toussaint les figures de la
Piété et de la Justice qui le décorent.
Rien n'a été omis dans cette résurrec-
tion, ni les fleurs de lis sur fond d'azur,
ni le collier du Saint-Esprit entourant
le cadran, ni les trois inscriptions latines de Passerat, dont l'une, en l'honneur

de Henri III, roi de France et de Pologne, se traduit : « Celui qui lui a déjà
donné deux couronnes lui en donnera
une troisième. » Peu s'en fallut que cette
troisième fût une tonsure de moine.

Le quai voisin, dont Turgot « étant
en charge » avait, en 1735, « fait élargir la marge » comme dit Piron, a été
encore élargi. On en a surtout abaissé le sol, ce qui a permis de déga-
ger la base des trois vieilles tours, restes de l'ancien Palais-de-Justice, dont
les deux plus hautes, celle de César et
celle de Montgommery, semblent être
les sentinelles de la terrible prison de la
Conciergerie. La porte cintrée qui y
mène, se trouve entr'elles deux. Ce *quai
de l'Horloge ou des Lunettes*, comme
on l'appelle aussi, à cause des opticiens
qu'on y voit presque dans toutes les boutiques, est le plus souvent désert. Son
exposition au Nord le rend d'ailleurs
triste et froid, et le nom de *quai des
Morfondus*, qu'on lui donne quelquefois,
est asez mérité. Une seule chose y dédommage de la rigueur des rafales du
Nord, qui en font une Sibérie, c'est la
beauté du panorama qui s'étend de là sous
le regard, et que, toute petite fillé

Mme Roland admira tant de fois de la
fenêtre de son père, graveur sur ce
quai.

C'est le long de cette partie du fleuve
qu'il faut aller chercher un reste de pittoresque dans cette ville de Paris, sou-
mise, de nos jours, à un régime inexorable de nivellement et de redressement.
Du Pont-Neuf, la vue est encore plus
belle et plus immense; mais il est vrai
de dire aussi que l'admirable pont le rend
bien, comme beauté de perspective, à
ceux qui le regardent en aval du fleuve.
Catinat, le guerrier philosophe, dont l'un
des plaisirs était de flâner à travers
Paris, disait qu'il ne connaissait pas de
vue plus admirable que celle de la Cité,
regardée du Pont-Royal. Maintenant le
pont du Carrousel et le pont des Arts ont
été jetés au travers de cet horizon. C'est
sur le pont des Arts qu'il faut se mettre
au point; mais bien qu'amoindri, le tableau est encore admirable. Le pont est
vraiment *neuf* aujourd'hui, car on a fait
mieux que de le rajeunir, on l'a rebâti
tout entier, sauf les piles. — n'est-il
pas charmant à contempler de la Seine,
avec ses arches élégantes, sa longue
bordure de masques sculptés, dignes de

tenir la place de ceux qu'on attribuait à Germain Pilon ; avec les gracieuses demi-lunes, couronnements de ses piles, éclairées le soir, chacune par deux hauts candélabres de bronze, qui semblent sortir des mains d'un ciseleur du XVI⁰ siècle ? Je ne connais pas quant à moi, de plus beau spectacle que le Pont-Neuf, vu de son voisin le pont des Arts, ou bien encore du *jardin de l'Infante*, devant le Louvre, par un clair soleil couchant. La verte saussaie qui ombrage la croupe monumentale du terre-plein ; au-dessus, dans la perspective aérienne, le royal cavalier de bronze sur son piédestal de marbre-blanc ; au-dessus encore, les deux flèches, si élégantes, si légères, de la Sainte-Chapelle et de Notre-Dame, hardiment lancées dans l'azur de l'espace, qui trop longtemps les avait perdues ; les tours jumelles de la métropole, les toits aigus des tours du Palais, le haut campanile de l'Horloge, le triangle formé par les deux quais des Orfèvres et des Lunettes, dont la pointe est tronquée pour donner entrée dans la place Dauphine ; plus près, comme pour servir de cadre : d'un côté, l'imposante façade de l'hôtel

de la Monnaie ; de l'autre, les blanches
maisons du nouveau quai de l'École,
égayées d'un sourire du midi ; puis, sur
le premier plan, ici le château flottant
des bains du Pont-Neuf, et là, se rattachant à la pointe prolongée de l'île, l'écluse
du petit bras de la Seine, transformé en
canal, dont les eaux tombent en triple
cascade, tandis que sur l'autre partie
du fleuve un bateau passe à toute va-
peur : tout cela forme un ensemble d'un
incomparable effet, plein de grandeur,
d'animation et de contraste, auquel, loin
de le diminuer, le souvenir de ce qui était
semble ajouter encore. Sans doute, le
Pont Neuf du temps de Louis XIII et
de la Fronde, lorsque tout le mouvement de Paris s'y trouvait ; quand il
était encombré, comme on le voit sur
la magnifique gravure d'Et. La Belle,
par la foule la plus diverse : petits marchands sous les baraques mobiles qui
bordaient les hauts trottoirs, opérateurs
et saltimbanques sur leur échafaud ;
chanteurs égosillés sur leur sellette ; curieux à l'entour et tirelaines se faufi-
lant dans les groupes ; oui, le Pont-Neuf
ainsi animé présentait un spectacle très-
amusant ; oui, c'était une fort curieuse

scène, où chacun faisait tableau : le
gueux et le poète crotté, accroupis au
soleil près du cheval de bronze ; la belle
dame allant, en chaise, faire quelque
emplette d'argenterie à la place Dauphine ou dans les boutiques à grands
auvents du quai des Orfèvres ; et le grand
seigneur se rendant en carrosse, soit à
quelques-uns des beaux autels du *quai
des Augustins*, le quai à la mode, soit
chez les Augustins eux-mêmes, où l'on
chantait de si beaux offices. Cependant,
en voyant le Pont-Neuf, tel qu'il est, je
ne regrette pas ce qu'il fut. Si la vie de
Paris ne s'y trouve plus autant, c'est
qu'elle est partout. Elle s'est répandue
dans les membres, au lieu de rester au
cœur. Le Pont-Neuf n'est enfin que ce
qu'il doit être : l'une des principales artères de Paris, le trait d'union entre les
deux parties les plus animées de cette
ville active. Autrefois, on pouvait avoir
le loisir de s'y arrêter ; à notre époque
plus affairée, l'on n'a que le temps d'y
passer, et il faut que rien ne vous dis-
traie au passage : or, plus de distraction
en effet, plus d'entraves d'aucun genre,
dans tout son parcours. Les boutiques,
bâties par Soufflot, sur les demi-lunes

des piles, en 1775, et dont les locataires, frituriers, parfumeurs graveurs ou marchands d'allumettes, payaient loyer aux Hospices, ne sont plus là pour attirer le passant à leur étalage. Chacun des petits hémicycles qu'elles occupaient est redevenu ce qu'il était lors de la construction du pont : une espèce de balcon de pierre d'où l'on peut contempler à l'aise le double panorama qui s'étend sous le regard, ici du côté du Pont-au-Change, là du côté du Louvre ou de l'Institut. Les bouquinistes, commerçants du parapet, les décrotteurs, les tondeurs de chiens, industriels du trottoir, ont déguerpi comme le reste. Le flâneur, qui tient à s'arrêter, ne trouve plus son compte qu'à l'étalage de l'opticien-photographe au coin du quai des Lunettes. Le Pont-Neuf n'a plus rien de ce qui lui faisait une physionomie si multiple, quand sous Louis XIII, Callot y dessinait ses types ; quand, sous Louis XV, Gilbert ne trouvait de couche que sur le pavé de ses trottoirs ; et lorsqu'enfin, après la Terreur, le jeune Bonaparte y jetait un de ses regards, profonds comme l'avenir, du haut de sa mansarde, au coin de la *rue de Nevers* et du quai Conti.

Le Pont-Neuf était alors veuf de sa statue. Le Henri IV de bronze, que Dupré avait placé, en 1614, par l'ordre de Marie de Médicis, sur le magnifique cheval fondu par Jean de Bologne, et amené après mille vicissitudes de Florence jusqu'à Paris, n'existait plus que par quelques débris : une jambe du cheval et une botte du cavalier qui sont encore au Louvre. On avait bâti sur le terre-plein un café auquel devait succéder une gigantesque pyramide qui ne fut qu'en projet. Henri IV reprit sa place en 1818. Lemot a fait le modèle équestre, dont on admire les proportions et la majesté calme ; la statue qui, jusqu'en 1815, avait couronné la colonne Vendôme, fournit le bronze. Le fondeur qui était bonapartiste, se vengea de ce qu'il appelait une profanation en plaçant dans le ventre du cheval les pamphlets qui couraient contre la Restauration.

XIII

Les quais Malaquais et Voltaire. — Leurs hôtes illustres. — Le Pont-Royal, appelé sous Louis XIII le *Pont-Rouge*. — Le Quai d'Orsay. — L'hôtel de Salm devenu le Palais de la Légion d'honneur.

Callot fit, sous Louis XIII, une fort belle gravure du Pont-Neuf, vu du Louvre ; puis, ayant besoin d'un pendant, il dessina le Louvre regardé du Pont-Neuf. Nous ferons comme lui. A notre esquisse crayonnée tout à l'heure, nous allons donner pour pendant la vue qui s'étale devant le curieux accoudé sur le parapet du pont et regardant le Louvre. Un coin de la colonnade, puis la haute façade du Sud, ombragée à sa base par la jeune verdure du nouveau jardin de l'Infante, dont la seconde moitié a pour limite le rez-de-chaussée de l'élégante galerie d'Apollon; voilà ce que les yeux admirent d'abord à la droite, avant de de s'aller perdre sur l'immense ligne de la grande galerie, dont, comme disait Maynard, l'incomparable longueur joint le Louvre aux Tuileries. Sur la gauche, à l'endroit même ou Callot dessina la tour de Nesle presqu'en ruine, ce sont les deux pavillons et le dôme du Palais de l'Institut, presque des ruines eux-mêmes, bien qu'ils ne datent que de Mazarin qui les avait fait bâtir pour le collége des *Quatre-Nations*, délogé en 1789. Le *quai Malaquais* s'étend à la suite, un peu masqué par ces deux lourds avant-corps de l'Institut. On l'appela d'abord le *quai de la Reine-Marguerite*, parce que cette sœur de Henri III, épouse divorcée de Henri IV, s'était fait bâtir *rue de Seine* un palais dont les jardins s'étendaient de ce côté jusqu'à la rue des Saints-Pères. Elle y avait enclavé même la *rue des Petits-Augustins*, aujourd'hui *rue Bonaparte*; mais, quand elle fut morte, on reprit le terrain de la rue et l'on vendit tout le reste. C'est à là

place de ce palais que furent bâtis, rue
de Seine, l'hôtel portant le N° 6, dont la
cour rappelle encore par son architecture le temps de Louis XIII, qui le vit
construire ; puis, un peu plus loin, une
partie du grand hôtel La Rochefou-
cauld-Liancourt. Celui-ci, après avoir
été peuplé des chefs-d'œuvre de la sculpture et de la peinture, devint, pendant
la Terreur une pension tenue par Mer-
cier ; sous le Directoire, un entrepôt de
marchandises au rabais, compliqué d'une
maison de bains, et finit en 1825, par céder la place au passage des Beaux-Arts.
Le duc de Bouillon, père de Turenne
l'avait fait bâtir par de Brosse, et le
prince Eugène Beauharnais y était né.
Le passage qui le remplace unit la rue
de Seine à celle des Petits-Augustins
en face du Palais des Beaux-Arts. Le couvent de moines, auxquels la rue doit
son nom, se trouvait lui-même où nous
voyons cette École-Musée qui ne fut d'a-
bord, par les soins de Lenoir, que l'intelligent refuge de tous les monuments
échappés dans les palais les hôtels, ou les
cloîtres, aux vandales de la Terreur. On
l'a agrandi beaucoup, jusqu'au quai
Malaquais, où sa façade et ses bâtiments

nouveaux occupent l'emplacement du magnifique hôtel bâti par les Brienne, habité plus tard par Mᵐᵉ de Mazarin, la princesse de Conti, les Créqui, les La Roche-Guyon, les Juigné, et occupé sous l'Empire par le ministère de la Police Générale. On l'a souvent confondu avec un autre qui se trouve tout près et qui fût bâti comme lui, sur une partie des jardins de la Reine Marguerite. Il porte le Nᵒ 17 sur le même quai. Le traitant La Bazinière le fit bâtir par Mansard et y reçut deux majestés, Christine de Suède et la Reine d'Angleterre. La duchesse de Bouillon y vécut longtemps, faisant grande fête dans ses appartements peints par Lebrun, dans ses jardins dessinés par Lenôtre, à ses hôtes habituels La Fontaine, Chaulieu, etc. C'est aujourd'hui l'hôtel du prince de Chimay. Sur le quai, prolongement de celui-ci, et qui, longtemps confondu sous la même désignation, prit le nom de *Voltaire* lorsque ce grand agitateur y fut mort dans l'hôtel de Villette, au coin de la rue de Beaune, nous trouvons aussi plus d'une maison digne d'un mot de souvenir. D'abord, au coin de la *rue des Saints-Pères*, ou plutôt de *Saint-*

Père, car la chapelle d'où ce nom lui
vient ne s'appelait pas autrement, voici
l'hôtel de Tessé, puis aussi ceux de la
Briffe, de Choiseul et de Bauffremont.
Les *Théatins*, dont ce quai porta longtemps le nom, ont eu de 1648 à 1790 leur
couvent entre ce dernier hôtel et celui de
Villette. Leur église au clocher pointu,
que vous pouvez voir sur toutes les anciennes gravures représentant ce quartier fut disposée en salle de spectacle pendant la Révolution, et devint le *café
des Muses* en 1815. La maison où sont
installés les Bureaux du *Moniteur* et de
la *Revue européenne* occupe une partie de son emplacement. Au coin de la
rue de Beaune et du quai se trouve l'hôtel d'Aumont, qui fut pendant quelques
années un chef-lieu phalanstérien, et
dont les salons servent aujourd'hui au
cercle des Sociétés savantes. Au bas de
la terrasse donnant sur le quai, se trouvent des espèces de réduits moitié caves,
moitié boutiques, dans l'un desquels
Colnet, rimeur agréable, journaliste in-
génieux, eut longtemps une petite librairie. Les autres sont occupés par quelques-uns de ces marchands d'estampes
qui composent, avec les bouquinistes,

les marchands de curiosités et de rocailles, une partie de la population boutiquière de ce quai, et dont les étalages rangés à la file lui donnent la physionomie d'un musée et d'une bibliothèque en plein vent. L'hôtel d'Aumont, qui n'a rien perdu de son ancien aspect, a vu naître et grandir les sœurs de Mailly de Nesle, qui furent toutes successivement favorites de Louis XV. On l'appelait alors le *Petit-Mailly*, et ceux qui l'habitaient les Mailly du *Pont-Rouge*, parce qu'en effet le pont de bois, auquel la couleur de ses poutres avait fait donner ce nom, se trouvait juste en face, mettant en communication la rue de Beaune et la tour de la Porte-Neuve située à la hauteur de ce grand guichet, que fit ouvrir plus tard M. de Marigny. Le grand entrepreneur Barbier, qui eut tant de propriétés par ici, et à qui l'on devait, entre les *rues de Bourbon* et de *Verneuil*, l'établissement d'un vaste marché qui devenu plus tard l'hôtel des Mousquetaires-Noirs, fut en 1780, rendu par M. de Boulainvilliers à sa première destination, avait fait construire ce pont de bois nommé souvent pour cela le *Pont-Bar*,

(1) V. Chroniques et Légendes, X. édit. p. 330.

bler (1). Les glaces l'emportèrent en 1684, et l'année d'après, Louis XIV l'avait fait remplacer par un plus solide, situé un peu au-delà, entre le pavillon de *Flore* et la rue qui devait son nom au *bac* dont on s'était servi pendant des siècles pour passer la Seine en cet endroit.

Ce pont, commencé le 15 octobre 1685, sur les dessins de Mansard et de Gabriel, est le *Pont-Royal*, qu'on appela *Pont-National* pendant la Révolution, *pont des Tuileries* sous l'Empire, et qui reprit, en 1815, son premier nom qu'il n'a plus perdu. Longtemps il fut seul de ce côté. Il n'y en avait pas d'autre au-delà, et il n'en existait pas entre lui et le Pont-Neuf. Le *pont des Arts* et celui *du Carrousel* ont été jetés sur ce dernier espace. L'un, qui n'est qu'une passerelle planchéiée, fut achevé en 1804, l'autre est de trente ans plus jeune. L'ingénieur Demoustier a conduit les travaux du pont des Arts qui, en 1852, perdit une de ses neuf arches de fer, lors qu'on élargit de ce côté le quai Conti. Le pont du Carrousel, qui n'a que trois arches en fonte de fer, est l'œuvre de

(1) V. Chroniques et Légendes. N. édit. p. 330.

l'ingénieur Polonceau. Les quatre statues de pierre qui décorent ses extrémités, l'*Abondance* et l'*Industrie* faisant face au Louvre, la *ville de Paris*
et la *Seine* à l'autre bout, sont dues au
ciseau de M. Petitot. Elles sont d'un bon
style, mais il est dommage qu'elles tour-
nent toutes quatre le dos aux personnes
qui devraient surtout les voir, c'est-à-
dire aux passants qui sont sur le pont.
Il est fâcheux aussi qu'elles n'aient devant elles, au lieu d'une large rue, cel-
les-ci, qu'un assez étroit guichet, et
celles-là, que la boutique d'un libraire
du quai Voltaire. Elles furent mises en
place au mois de mai 1847. Moins d'un
an après, le bureau de péage, placé
dans leurs piédestaux de fonte, n'existait plus. Ce droit de cinq centimes avait
toujours fait murmurer, la ville, après
février 1848, l'avait acheté moyennant
plus de 1,700,000 fr. Le rachat du péage
des trois *ponts des Arts, d'Austerlitz*
et *de la Cité*, supprimé à la même époque, coûta près de 13 millions. Dans
l'été de 1859 le nombre des ponts fut
encore augmenté de ce côté. Un joli
pont de fonte n'ayant que trois arches
hardies, comme celui du Carrousel, fut

jeté en face d'une nouvelle entrée du jardin des Tuileries, dans l'axe de la grande
allée conduisant à la place Vendôme.
Pendant que les ouvriers le construi-
saient, nos soldats de l'armée d'Italie
lui cherchaient un parrain qu'ils ne tar-
dèrent pas à trouver à *Solferino*.

Le chevet en rotonde et tout égayé de
verdure du joli palais de la Légion
d'Honneur, ancien hôtel de Salm (1)
puis quelques autres charmantes demeures telles que l'Hôtel bâti par Visconti pour M. Collot, et dont le riche
Tunisien Ben-Ayet s'est fait un palais,
embellisent ce voisinage. On aurait
peine à reconnaître, dans ce quai si
droit, si bien sablé, la *Grenouillère*
dont on y trouvait les fanges quand le
prévôt des marchands, M. Boucher-d'Orsay, le fit commencer et lui donna son
nom; l'on croirait difficilement que
les guinguettes où venait, il y a cent
ans, boire et chanter, Vadé, s'éparpil-
laient au bord de l'eau à l'endroit où s'a-
lignent maintenant ces gracieuses demeures. Napoléon fit travailler à ce quai,
nommé pour cela, pendant quelques an-

(1) Chroniques et Légendes. N. édit. p. 126.

nées, quai Bonaparte. Il y fit bâtir la
grande caserne dont vous voyez d'ici la
vaste façade blanche. Construite pour
la garde impériale, elle servit ensuite
aux gardes-du-corps, et elle est occupée
aujourd'hui par un régiment de cavalerie. C'est de là que les dragons du colonel de Goyon, le 15 mai 1848, se portè-
rent sur l'assemblée envahie, et la déli-
vrèrent des bandes armées qui, sous
prétexte de parler pour la Pologne, venaient tenter un coup d'Etat socialiste.
L'immense bâtiment, dont cette caserne
n'est séparée que par la *rue de Poitiers*,
fut si longtemps sans destination assu-
rée que, faute de mieux, on lui donna la
dénomination vague de *palais du quai
d'Orsay* qui lui est restée. Ne sachant
ce qu'on y logerait, on fut aussi embar-
rassé pour la forme que pour le nom à
lui donner ; de là vient que, malgré le
grandiose élégant de ses proportions, il
pèche par un point capital, l'absence de
caractère. Il a le défaut, énorme dans
l'art, d'être trop commode ; il ne ressemble à rien, parce qu'il est propre à tout.
Quand M. Bonard le commença sous
l'Empire, on y voulait mettre le ministère des Relations Extérieures ; sous la

née, quai Bonaparte. Il y fit bâtir la Restauration, le projet fut d'y placer les Expositions de l'Industrie ; en 1833, on y rêva le ministère du Commerce, et enfin, en 1841, lorsque M. de Lacornée l'eut achevé, l'on résolut d'y loger le Conseil d'état et la Cour des Comptes. Un magnifique escalier conduisant au premier étage, est décoré de vastes compositions peintes à la cire par Théodore Chassériau. On admire une salle, dont M. Gendron a terminé, en 1855, la gracieuse décoration. Ce palais est, en somme, un beau monument. Si l'élégance pouvait gâter quelque chose, on pourrait seulement l'accuser d'en trop avoir et de jurer ainsi un peu avec le prosaïsme des bureaux qui s'y trouvent. On pourrait encore et avec plus de raison lui reprocher, comme l'a fait M. Vitet, ses prétentions un peu trop italiennes pour notre climat frileux, et surtout ses galeries à jour qui, délicieuses à traverser par un beau temps, ne le sont guère quand le vent y souffle le givre et la neige.

Cette partie du quai d'Orsay, à laquelle pourrait suffire comme ornements, en outre des jolis hôtels que j'ai cités, la façade de ce palais avec ses deux or-

20

drés toscan et ionique superposés et son gracieux attique pour couronnement, s'est embellie en 1860 d'un monument inattendu. Pendant près de cent cinquante ans on avait vu sur ce quai, presqu'à l'angle de la rue du Bac, une haute terrasse, flanquée de deux pavillons, au-dessus de laquelle on apercevait le fronton d'un hôtel magnifique. Le style de l'architecture, d'une majesté un peu lourde et prétentieuse, indiquait sa date, le temps de la Régence. Mais qui l'avait bâti et pour quel seigneur ? — Bruant le fils, pour M. de Belle-Isle, en 1721. La principale façade, où cette pesante majesté de style dont je parlais se déploie avec plus de luxe encore, se trouve rue de Lille, précédée d'une immense cour d'honneur. Les Praslin, puis les Bethizy l'occupèrent, et enfin l'Etat en a fait l'acquisition pour y installer la *Caisse des dépots et consignations*, qu'avaient chassée de l'hôtel d'Angivilliers, près de l'Oratoire, les remaniements complets du quartier du Louvre. L'entrée par la rue de Lille ne pouvait suffire, il en fallait une sur le quai ; l'on a donc détruit la terrasse ; une cour au niveau du sol, sablée, ornée d'arbustes,

prenant jour sur la Seine par une grille
élégante, l'a remplacée, et le quai d'Orsay, comme je l'ai dit, y a gagné un
monument de plus. Plusieurs hôtels qui
sont un peu plus loin, vers le palais du
Corps Législatif, n'ont pas fait ainsi
volte-face. Leur entrée est toujours rue
de Lille, ancienne *rue de Bourbon*, et
le quai n'a toujours que l'ombrage de
leurs jardins. Ce sont, par exemple,
l'*hôtel de Villeroy*, qui appartint sous
l'Empire au prince Eugène, et qui fut
habité, en 1814, par le roi de Prusse;
auprès l'*hôtel Charost*; puis, sous le
N° 76 de la rue de Lille, l'*hôtel d'Avray*,
ministère de la Guerre sous l'Empire,
maintenant occupé par l'ambassade de
Prusse; l'*hôtel Montmorency*, longtemps habité par le maréchal Mortier,
et, au coin de la rue de Bourgogne,
l'*hôtel Masséna*. Celui-ci touche presque par ses jardins du *pont de la Concorde*, que nous allons passer pour donner un coup d'œil à la magnifique place
du même nom.

La place de la Concorde il y a cent ans. — Son histoire. — L'obélisque de Louqsor. — Les ponts de la Concorde, des Invalides et d'Iéna. — L'hôtel Lassay devenu l'hôtel de Morny. — Le quartier François Ier avec sa jolie maison du XVIe siècle rapportée de Moret — Souvenirs galants du quai de Billy. — L'école militaire. Elle est bâtie avec les deniers de Mme de Pompadour.

Bien que l'histoire de cette place n'aille guère au-delà d'un siècle, il faudrait tout un volume pour l'écrire. Quand, en 1763, Gabriel s'y mit à l'œuvre, ce n'était qu'une sorte de marais, où se trouvait le dépôt des marbres, qu'entrecoupaient quelques sentiers menant à des guinguettes, et qui communiquait avec les Tuileries par un *pont tournant*, dont le nom est resté à la principale entrée du jardin. Le 30 mai 1770, les travaux de la place n'étaient pas encore achevés, lorsqu'on y célébra par un feu d'artifice le mariage du Dauphin avec Marie-Antoinette d'Autriche. On sait quel désastre, de funeste présage, ensanglanta cette fête. Les curieux accourus furent étouffés par centaines sur la place, écrasés par les pieds des chevaux où précipités, comme au fond d'un gouffre, dans les fondations du Garde-Meuble que l'on commençait à construire. Cet édifice d'un fort beau caractère, où Gabriel prouva qu'on pouvait presqu'égaler, sans l'imiter pourtant, la grandiose élégance de la Colonnade du Louvre, avait d'abord été destiné à servir d'hôtel des Monnaies; mais, sur la réclamation des orfèvres, on abandonna cette idée pour bâtir la Monnaie plus près de leur quai, et placer le *Garde-Meuble* de la couronne dans le monument dont nous parlons. Sous l'Empire, après avoir vu un restaurateur dresser ses tables dans ses plus beaux appartements, il devint ce qu'il est resté, le *ministère de la Ma-*

rine. L'édifice qui lui fait pendant, forme divers hôtels particuliers, dont un garde le nom de la famille Crillon, auquel il appartint.

La place, dont ces deux façades sont sans contredit le plus bel ornement, avait, en 1763, vu s'élever à son centre la statue équestre de Louis XV, inaugurée le 20 juin. Le piédestal était flanqué de quatre figures : la *Force*, la *Prudence* la *Justice* et l'*Amour de la Paix*, ce qui faisait dire, par une épigramme du temps, que les Vertus étaient à pied et le Vice à cheval. Ces quatre statues, en bronze comme celle du roi, étaient de Pigalle, et c'est Bouchardon qui avait fait le modèle du Louis XV et de sa monture. En 1792, ce monument fut abattu et détruit. Il n'en resta qu'une des mains du roi de bronze, que Latude, le prisonnier de la Bastille, avait voulu garder pour posséder en effigie la main qui avait signé l'ordre de sa longue captivité. Sur les débris du piédestal fut élevée une statue colossale en plâtre figurant la Liberté, et tout près se dressa la guillotine, dont les permanentes hécatombes ne cessèrent d'éclabousser de sang la froide et impassible image. C'est

là que tombèrent les plus illustres victimes, en attendant que leurs bourreaux
vinssent y tomber eux-mêmes : Louis
XVI. Marie-Antoinette, l'élite des nobles
et des prêtres, les Girondins, Mme Roland,
qui, de l'échafaud, jeta cet adieu à la
sanglante déesse : « O Liberté ! comme
on t'a trompée, » puis Danton et les
siens, puis enfin Robespierre et son parti,
le lendemain du jour où André Chénier
était tombé sur la place de la Barrière
du Trône. L'immonde statue, qu'on avait
fini par peindre en rose pour cacher le
sang dont elle était tachée, fut enfin
renversée, lorsque, toute fendillée et
craquelée, elle allait tomber d'elle-
même. On mit à la place un faisceau de
quatre-vingt-trois lances, une pour chacun des départements de la République.
Cinq ans après, le 14 juillet 1799, une
nouvelle image de la Liberté fut inaugurée à la même place, pas ironie sans
doute, et comme on place une statue
sur un tombeau, car la Liberté était
déjà bien morte alors. Lemot l'avait représentée assise tenant un globe dans
la main droite. Ce globe était creux,
avec une ouverture ; peu de jours après
l'inauguration, un couple de ces colom-

bes à demi-sauvages qu'abritent les arbres des Tuileries vint s'y nicher. On vit là un heureux présage pour la *Concorde*, dont on avait fait en 1795 la nouvelle patronne de cette place vouée pendant sept ans à la *Révolution*. Moins d'un an après, la statue était jetée par terre, et le premier Consul venait poser, sous son socle, la première pierre d'une colonne nationale, dont il était dit qu'on ne verrait que le modèle. Il était en charpente, couvert de toiles peintes en granit, et il avait 147 pieds de haut. Élevé le 12 juin 1807, il fut démoli l'année suivante. Cela fait, Napoléon ne pensa plus à la place de la Concorde ni au monument qu'elle attendait. En 1816, Louis XVIII décida que la place Louis XV reprendrait son ancien nom, et qu'on rétablirait son premier monument. Dix ans après, projet nouveau : la statue de Louis XVI sera mise au rond-point des Champs-Élysées; la place à laquelle on la destinait d'abord s'appellera place Louis XVI, et c'est un monument expiatoire à la mémoire du roi martyr qui sera placé au milieu. Tout cela n'était encore qu'en voie d'exécution quand éclata la Révolution de Juillet qui fit passer violemment à d'autres idées. Ce qu'on avait fait du monument de Louis XVI, fut démoli, et l'on chercha ce qu'on mettrait à la place. On le trouva en Égypte.

Le roi Charles X avait obtenu de Méhémet-Ali les deux obélisques de granit rouge du palais de Louqsor, près de Karnac, dans la Haute-Egypte, en échange de l'une des deux aiguilles de Cléopâtre, qu'il avait d'abord donnée, et à laquelle on avait renoncé à cause de son état de dégradation. On ne pouvait songer à transporter en France les deux monolithes. Le plus petit, qui a 2 mètres de moins que l'autre, et sur lequel sont gravés en hiéroglyphes les travaux de Rhamsès et de Sésostris, fut celui qu'on choisit. Après d'incroyables obstacles dont finit par triompher l'ingénieur M. Lebas, le vaisseau le *Louqsor*, parti de Toulon le 15 avril 1830, vint, le 23 décembre 1833, débarquer près du pont de la Concorde, l'énorme masse, plus de trente-quatre fois séculaire, longue de 23 mètres et demi, pesant 172,682 kilogrammes, et dont la valeur vénale, au prix où est le granit, serait de plus de 600,000 fr. Le capitaine

de l'expédition, M. Verninhac Saint-
Maur, demandait qu'on plaçât l'obélisque au milieu de la cour du Louvre,
comme pour ajouter une curiosité de plus
au Musée Egyptien, dont les fenêtres lui
eussent fait face ; mais on se décida pour
le centre de la place de la Concorde,
sans considérer assez combien il coupe
en deux désagréablement la vue de l'arc
de triomphe, de la Madeleine, du Palais
Législatif et du grand pavillon des Tuileries. Un piédestal en pierre de Luber,
d'un seul bloc, haut de 4 mètres sur
1 mètre 70 centimètres de largeur, lui
fut préparé, et, le 25 octobre 1836, l'obélisque, encore emmaillotté de ses planches, fut solennellement dressé, « en
présence du roi Louis-Philippe et aux ap-
plaudissements d'un peuple immense, »
comme il est dit sur le piédestal dont
cette inscription en français n'est pas la
seule originalité. M. Lebas a, en effet,
eu l'idée fort heureuse et surtout nouvelle d'y faire graver en creux les figures des diverses opérations qu'exigèrent
l'abattage de l'obélisque à Louqsor, son
voyage et son érection à Paris. Un détail manque, le chiffre des dépenses qui
s'élevèrent à 1,350,000 fr. Cette aiguille

égyptienne, plantée au milieu de la place, n'est guère en harmonie avec elle, mais c'est une faute qui se perd dans le désaccord de tout le reste, et surtout dans la grandeur de l'ensemble, dont les vices de détail ne peuvent gâter l'admirable effet. Qu'on dise tant qu'on voudra : que le dessin des fontaines, des colonnes rostrales, des candélabres n'est pas irréprochable ; que le grand plateau d'asphalte placé au centre, avec l'obélisque à son milieu et ses deux énormes fontaines de fonte aux deux bouts, ressemble à un surtout de table ; que les six figures de chacune des deux grandes vasques font bien d'être assises, car elles doivent être fatiguées de leur propre poids ; que les Tritons sont trop laids et les Néréides pas assez belles ; qu'on ajoute encore quelques justes critiques sur l'éparpillement des lumières dans cette place-veilleuse, comme on l'appelle, qui est si largement éclairée et où l'on voit si peu clair ; que l'on se moque tout à son aise de ces petits pavillons dont on a trouvé moyen de faire huit piédestaux pour les statues curules des principales villes de France ; il n'en est pas moins vrai, nous le répétons, que c'est encore

là une admirable place, où l'art lui-même
a ses dédommagements. Un monument
comme le *Garde-Meuble* ; des statues
comme les deux victoires ailées de Coy-
sevox, dont les coursiers galoppent si
bien aux deux côtés de la grille des Tuileries ; deux chefs-d'œuvre comme les
les deux chevaux de Coustou, qui le 11
septembre 1795, ont été transportés de
l'abreuvoir de Marly à l'entrée des
Champs-Elysées, où ils ont si bon air ;
enfin deux figures magistrales comme
celles de la ville de Lille et de Strasbourg, si fièrement taillées dans la pierre
par le ciseau de Pradier, rachètent bien
des choses. Ce qui rehausse tout cela,
c'est la verdure dont les hauts massifs
des Tuileries et des Champs-Elysées
encadrent la place de la Concorde au
Levant et au Couchant ; c'est aussi la
perspective de monuments qui s'étend
sous le regard partout où il n'a pas à se
reposer sur des masses d'ombrages ! là-
bas, au-dessus des arbres et du panache
des jets d'eau, le gros pavillon des Tuileries et son drapeau flottant ; de l'autre
côté, tout au bout de la haute avenue
des Champs-Elysées, l'arc de triomphe,
porte géante, à travers laquelle, certain

soir d'été, le soleil couchant vient regarder la ville, que son départ va plonger dans l'ombre. Au Nord et au Midi, si la perspective a moins d'étendue, elle a son prix encore. D'un côté, la Madeleine, terminant la large rue Royale, fait bien comme fond de tableau, et, de l'autre, quoiqu'assez mesquine avec son fronton étroit et son escalier qui ne mène à rien, la façade du Corps Législatif, plaquée en 1807 par Poyet sur les derrières du Palais-Bourbon, n'est pas faite pour gâter le point de vue. Ce côté a gagné beaucoup à la construction de Sainte-Clotilde, dont les deux flèches à jour font, sur la gauche de ce palais, un gracieux pendant au dôme des Invalides, qui s'élève à droite.

Du *pont de la Concorde*, on a devant soi d'autres horizons qui sont aussi d'un fort bel effet. Le pont lui-même est charmant. Perronet, qui l'acheva en 1791, avec une partie des pierres enlevées à la Bastille, n'a pas fait mieux. On le surchargea, pendant quelques années, de douze statues de marbre, qu'on a eu raison de porter à Versailles, où elles sont mieux à leur place dans la cour d'Honneur du château. Le pont, qu'elles écrasaient sans le décorer, n'a besoin pour ornement que de lui-même et de la double perspective dont s'émerveillent les yeux du passant, soit que du regard il descende le fleuve, soit qu'il le remonte.

Ici, au Levant, voici, sur la droite, les ombrages des grands hôtels de la rue de Lille, dont je vous parlais tantôt, qui entrecoupent de leur verdure la ligne des élégantes façades du quai d'Orsay ; au bas, sur le *Port-aux-Pierres*, c'est la vie du travail, le continuel mouvement des ouvriers, remuant les grues énormes, dont les grands bras armés de chaînes enlèvent d'énormes blocs qu'ils transportent des bateaux sur les voitures. Plus loin, la berge s'ombrage de hauts peupliers qui servent de rideau aux bains placés tout près du Pont-Royal. Le pont de Solférino coupé en deux parties le long bassin, et il est ainsi une gêne pour le coup-d'œil. Mais il est d'une telle élégance, et il permet d'enjamber si lestement le fleuve.

A sa gauche, le passant, accoudé sur le parapet à balustres du pont de la Concorde, n'a guère à longer du regard que le quai des Tuileries, rampant tout poudreux au bas de la *terrasse du bord de*

L'eau. Il s'en dédommage par l'étendue de la perspective qui embrasse toute la longueur de la galerie du Louvre et la ligne des quais jusqu'au delà du Pont-Neuf. Il suffit d'une volte-face pour que le tableau change. Allez de l'autre côté du pont qui nous sert d'observatoire, descendez, des yeux, la Seine au lieu de la remonter, et le double panorama qui se déploiera devant vous ne vous fera pas regretter l'autre. Deux ponts assez rapprochés coupent le fleuve : celui *des Invalides*, qui, en 1855, échangea son tablier de bois et les chaînes de fer sur lesquelles il trébuchait depuis 1829, pour quatre jolies arches en pierres ; et le *pont de l'Alma*, aussi nouveau, son nom l'indique, que notre jeune gloire de Crimée. Le *pont d'Iéna*, commencé en 1806, et qui porte, lui aussi le nom de la victoire gagnée en l'année qui le vit bâtir, est un peu plus loin ; le coude que fait la Seine nous empêche de l'apercevoir d'où nous sommes. En le franchissant pour gagner le Champ-de-Mars, nous saluerons tout-à-l'heure, au sommet de ses piles, les aigles couronnées du premier Empire, que le nouveau lui a rendues en 1852 ; mais nous ne nous arrê-

terons pas longtemps devant les quatre
chevaux de pierre et leurs cavaliers qui
sont en sentinelles aux deux bouts du
pont. Ceux de la rive droite ont été sculptés par MM. Devaux et Feuchères, ceux
de la rive gauche par MM. Daumas et
Préault. Il n'y a qu'un seul de ces groupes qui se fasse remarquer, et ce n'est
point parce qu'il est d'un art bien raisonnable ; au contraire. Ce que nous
avons à regarder du pont de la Concorde
mérite mieux notre attention.

Sur la gauche, à côté du Corps Législatif, est l'élégant hôtel de Lassay, dont
le premier propriétaire, vers 1730, dessina lui-même les plans, ce qui lui va-
lut une flatteuse mention de Voltaire,
dans une note du *Temple du Goût.*
M. Marrast, qui espérait y éternis   son
séjour, le fit réparer en 1848 ; M. Dupin,
qui l'avait habité longtemps comme président de la Chambre des Députés, y
revint de 1849 à 1852 ; c'est M. de Morny,
président du Corps Législatif, qui en
prit ensuite possession. A la suite, était un
vaste jardin qui fut longtemps public,
mais dont presque tout le terrain a été
pris pour le nouvel *hôtel du Ministère
des Affaires Étrangères,* dont vous

voyez d'ici la somptueuse façade, un peu surchargée de marbre et de festons. Nous nous trouvons là au coin de l'*esplanade des Invalides*, qu'ombragent trois hautes rangées d'arbres sur chacun de ses côtés, et dont quelques cabarets toujours pleins, aux abords de l'hôtel, quelques parties de jeux de quilles, de cochonnet et de siam, faites clopin-clopant par des joueurs peu ingambes, sont toute la gaîté. Le quai, dont le nom n'a point changé depuis le Pont-Royal, et qui s'appelle toujours le quai d'Orsay est assez triste et désert, de l'Esplanade jusqu'au *Champ-de-Mars*. Ce ne sont que grands et mornes bâtiments : la *Manufacture des Tabacs*, le *Magasin Central des Hôpitaux militaires*, le *Dépôt des Marbres du Gouvernement*. On regrette le temps où l'*îles des Cygnes*, réunie au quai en 1820, était vraiment une île, toute égayée de guinguettes, qui, sous Louis XIV, voyait nager par bandes, autour de ses vertes rives les blancs oiseaux auxquels elle dut son nom. Si le tableau s'est attristé de ce côté, de l'autre il s'est animé. De la place de la Concorde à l'ancienne barrière des Bonshommes, tout le long des quais de la Conférence et de *Billy*, ce n'est que vie et mouvement. Le public, attiré par les jolis jardins plantés derrière le palais de l'Industrie, afflue au *Cours-la-Reine*, autrefois si désert. Le quartier François Ier lui-même, que nous trouvons auprès, cesse d'être ce qu'il fut si longtemps, un Éden au rabais. Il se peuple, il s'anime, et la jolie maison du XVIe siècle, qu'on y a transportée en 1823, finira par croire qu'elle est décidément à Paris, et non à Moret, où elle fut bâtie et resta trois cents ans. C'est un bijou d'élégance, qu'on a bien fait d'arracher à ce coin de la forêt de Fontainebleau. Qui l'a fait bâtir? on ne sait! Qui en a sculpté les ornements, cette frise, où s'agitent ces jolies scènes de vendange? on ne le sait pas davantage. Seulement, comme tout ce qui est d'un temps doit être de l'artiste qu'on y a vu surtout briller, on attribue ces sculptures à Jean Goujon, et si bien qu'on a cru devoir donner son nom à une rue voisine. On penserait, en voyant tant d'élégance et de coquetterie, qu'une favorite et un royal amoureux auraient pu habiter ce petit séjour; mais l'inscription latine qui se lit dans la corniche supé-

rieure de la façade empêche de le penser.
En voici le sens : « Celui qui sait mettre
un frein à ses paroles et dompter ses
sens est plus fort que celui qui prend
des villes d'assaut. »

Les souvenirs galants qui nous manquent ici se rencontrent plus loin. Il ne
faut que remonter un peu, jusqu'au *quai
de Billy*. Nous y trouvons les restes
d'un vaste parc dont Mme de Pompadour
fut propriétaire ; et plus loin, au bout
d'une longue avenue, dont les bustes
d'Agrippine et de Néron décorent la
grille d'entrée, un joli pavillon qui fut
la retraite, rarement solitaire, de Sophie Arnould. A ces deux reines de galanterie succédèrent deux pensionnats,
où j'imagine qu'on se gardait bien d'ap-
prendre aux jeunes filles l'histoire de la
maison que purifiait leur séjour. De l'autre
côté de la Seine, au delà du Champ-de-
Mars, nous retrouvons Mme de Pompadour,
et, cette fois, en de sérieuses occupations.
C'est de 1751 à 1755. Elle a donné au roi
l'idée de bâtir une école, où l'on élèvera
cinq cents jeunes gentilshommes ; et l'a
fait travailler lui-même en conscience au
plan de cette fondation. Quand les constructions ont été commencées, elle a payé

les ouvriers de son argent ; Gabriel, l'architecte, n'a rien fait que par ses conseils, et ainsi s'est trouvée fondée l'Ecole
Militaire, où certes on ne s'attendait
pas à voir ainsi en œuvre une blanche
main de favorite. En 1787, après avoir
compté parmi ses derniers élèves un
jeune homme qui, dix-sept ans plus tard
devait être empereur, l'Ecole Militaire
était supprimée ; puis on la rouvrait,
pendant la Révolution, sous le nom
d'Ecole de Mars, et enfin, après avoir
un instant songé à y transférer l'Hôtel-Dieu, on en faisait ce qu'elle est encore : une caserne. Trop d'ornements
nuiraient pour une pareille destination ;
tout ce qui paraît l'Ecole, où la favorite-
artiste n'avait pas oublié l'art, a donc
peu à peu disparu. Déjà, sous le Directoire, l'escalier, qui était une merveille
de légèreté, n'existait plus, et les quatre
statues qui le décoraient avaient été bri-
sées.

Que d'événements divers, que de
spectacles, que de contrastes en peu
d'années sous les fenêtres de cette Ecole
devenue caserne, dans ce Champ-de-
Mars, qui lui sert d'immense antichambre ! D'abord, en 1783 et 1784, ce sont

les expériences aérostatiques de Charles,
puis de Blanchard ; en 1789, une première émeute qui force à partir le régiment caserné dans l'École ; en 1790, la
grande fête de la Fédération, pour laquelle plus de soixante milles personnes
viennent, la pelle et la pioche en main,
faire de la vaste plaine un gigantesque
amphithéâtre. Le 14 juillet 1791, cette
grande fête se renouvelle. A la première,
on avait acclamé Louis XVI ; cette fois,
on l'insulte et trois ans après, le 21 janvier 1794, c'est l'anniversaire de son
supplice que l'on célèbre à la même place.
Peu de mois auparavant, sur l'échafaud
transporté près de la Seine, en face du
Champ-de-Mars, on avait, un soir d'hiver, fait tomber la tête de Sylvain Bailly.
Les grandes solennités civiques se succèdent cependant sur la place rougie du sang
de ce juste : le 30 pluviôse an VI, la fête
de la souveraineté du peuple ; le 10 mes-
sidor, celle de l'agriculture, etc., etc. En
1804, à ces fêtes républicaines, l'Empire
substitue les siennes. Le 10 novembre,
Napoléon reçoit au Champ-de-Mars le
serment de tous les corps de l'armée. Dix
ans après, autre cérémonie, autre serment. On ne crie plus vive l'Empereur,

21.

mais vive le Roi! Louis XVIII fait à l'armée la distribution de ses drapeaux blancs. Les Cent jours arrivent et le Champ-de-Mars est encore envahi. La foule y vient assister, le 1er juin 1815, à la cérémonie du Champ de Mai, qui ne précéda Waterloo que de dix-sept jours. Depuis lors, on n'y a convié la foule que pour des revues et des fêtes. C'est au Champ-de-Mars, en 1827, que Charles X se montra pour la dernière fois à la garde nationale, licenciée le lendemain, et c'est au Champ-de-Mars encore qu'elle reparut, au mois d'août 1830, devant le nouveau roi Louis-Philippe, sous l'étendard aux trois couleurs. Une fête, qu'on y célébra pendant ce même règne, fut bien cruellement ensanglantée. C'est, il doit vous en souvenir, celle du mois d'août 1838, en l'honneur du mariage du duc d'Orléans, sur lequel il sembla qu'elle jetait un sinistre présage trop réalisé le 13 juillet 1842. Plusieurs centaines de personnes, qui étaient venues voir le feu d'artifice tiré au milieu du Champ-de-Mars, furent écrasées ou étouffées, près de la porte trop étroite qui s'ouvre sur la rue Saint-Dominique.

C'est par là que nous allons sortir nous-même c'est par cette rue si longue, et d'une physionomie si variée, grâce à la différence des quartiers où elle passe, que nous allons pénétrer dans le faubourg Saint-Germain, dont sa ligne tortueuse coupe en deux l'étendue.

XV

Le faubourg St-Germain. — Ses hôtels d'ancienne noblesse. — Ce qu'ils sont devenus. —
Le salon de Mme Du Deffant au couvent St-
Joseph, rue de l'Université. — Comme quoi
nos ministres sont logés en de nobles maisons. — Le couvent des « Oiseaux » — D'où
vient son nom. — Le Pensionnat du Sacré-
Cœur à l'hôtel Biron. — Où se trouve la tombe
d'Adrienne Lecouvreur. — Les hôtels-garnis
du noble faubourg. — Ce qui reste de la
grande abbaye de St-Germain-des-Prés.

Auprès du Champ-de-Mars, la rue
Saint-Dominique est une rue calme, déserte, presque champêtre, à laquelle
conviendrait encore son ancien nom de
rue aux Vaches. Un peu plus loin,
elle s'anime de tout le mouvement de la
population du Gros-Caillou, population

toujours agissante d'ouvriers et de soldats, de cabaretiers et de rôtisseurs. L'Esplanade des Invalides passée, c'est autre chose. La rue populaire se fait grande dame. Jusqu'aux abords de la rue des *Saints-Pères*, où elle est un peu plus roturière et marchande, elle gardera ces grands airs de noblesse que partagent ses parallèles : les *rues de Lille, de l'Université, de Grenelle, de Varennes*, et qui sont le trait ineffaçable de la physionomie de ce faubourg. Tout Paris s'est transformé ; seul, depuis le milieu du XVII° siècle, qui le vit sortir des terrains herbus du Pré-aux-Clercs, lentement pierre à pierre, le faubourg Saint-Germain est resté le même, imposant, hautain, silencieux, portes closes. Il semble qu'on respire un autre air, auquel se mêle je ne sais quel parfum de fierté renfermée, lorsqu'on traverse ses grandes rues muettes où, pendant des mois entiers, pas une porte ne s'ouvre et, qui, pendant les autres mois, ne voient sortir des hôtels que de grands équipages plus armoriés, que brillants. Quelques valets, peu pressés, bavardant à la porte du cabaret du coin, quelques passants affairés circulant sans encombre sur les trottoirs déserts sont les seuls vivants qui animent un peu l'aristocratique nécropole. Les employés des différents ministères comptent, en première ligne, parmi ces affairés dont je parle, et qui ne font que passer, à deux heures différentes du jour, le matin et le soir dans ces rues, sans cela si solitaires. Le faubourg Saint-Germain a donc gagné à l'installation des ministères dans ses hôtels quelque peu d'animation intermittente, mais sa noblesse y a perdu de magnifiques demeures qu'elle regrette encore, malgré le nombre et la beauté de celles qui lui restent.

Nous allons, s'il vous plaît, compter, tout en courant, combien dans le grand rectangle que forme ce faubourg, et qui est borné au Nord par la rue de Lille, au midi par la rue de Varennes, à l'Ouest par le boulevard des Invalides, à l'Est par la rue des Saints-Pères, combien on trouve d'anciens hôtels, distraits de leur première destination, et devenus soit le siège d'une grande administration, soit un couvent, soit un pensionnat. Nous donnerons en même temps un regret à quelques-uns qui ont été démolis, et nous resterons encore étonnés du nombre de ceux qui sont toujours aux mains des vieilles familles.

Le ministère de la Guerre, à lui seul, pour loger son ministre, tous ses services, son dépôt, etc., n'a pas envahi moins de quatre anciens hôtels, plus un vieux couvent. Les hôtels situés les uns rue Saint-Dominique, les autres rue de l'Université, car ce ministère envahisseur chevauche sur deux rues, sont d'abord : à la rue Saint-Dominique, l'*hôtel de Brienne*, où mourut, en 1794, le cardinal du même nom ministre de Louis XVI, où Lucien Bonaparte s'était fait une si belle collection de tableaux, et qui fut acheté, en 1804, par Mme Lætitia ; l'*hôtel de Conti* bâti au XVIIe siècle pour la duchesse de la Meilleraie-Mazarin, et plus tard occupé par la princesse douairière de Conti, qui lui laissa son nom ; à la rue de l'Université, l'*Hôtel d'Aiguillon*, dont le duc et pair pour qui on le construisit, est resté le parrain ; et enfin le grand *hôtel de Mouchy-Noailles*. C'est dans celui-ci, qui fut, sous le premier empire, l'hôtel de la *Direction des Mines*, qu'on a placé le dépôt de la guerre, auparavant à l'*hôtel d'Harcourt*, dans la

même rue. Le *couvent de Saint-Joseph*
qui, ainsi que ces quatre hôtels, se trouve
englobé dans l'absorbant ministère, ne
vit longtemps, au lieu des expéditions
et des victoires qu'on organise aujour-
d'hui dans ses anciennes cellules, devenues des bureaux, que des combats de conversation et de littérature. Un peu plus
de cent ans après qu'il eût été fondé pour
les *Filles de la Providence* ou de *Saint-
Joseph*, dont Mme de Montespan fut la
protectrice, et même, en des jours trop
rares de repentance, la compagne de
retraite, ce cloître compta parmi ses hôtes
la marquise du Deffant. Elle y resta
plus d'un demi-siècle. C'est dire que,
pendant tout ce temps, où le monde
spirituel passa mille et mille fois, parlant toujours, dans le joli appartement
tendu de moire, avec des nœuds couleur
de feu, Saint-Joseph fut un des chefs-
lieux les plus brillants de l'esprit. Quiconque n'y était pas venu ne connaissait
rien. Je serais retourné en Angleterre
sans avoir l'idée de ce genre d'esprit qui
est particulier à votre nation, écrit à la
marquise le chevalier Mac-Donald, si je
n'avais pas été à Ferney et à Saint-Joseph. Mme du Deffant n'était pas là

seule chez qui l'on causât bien dans ce cloître peu cloîtré. Mme de Vassé, Mlle Ferrant, Mme de Talmont y recevaient grand monde, et Charles-Edouard, le Prétendant, à l'époque où il se cachait, put vivre pendant trois ans, allant de l'une chez l'autre, sans s'ennuyer un instant. De chez Mme de Vassé, où il passait sa journée, on l'introduisait le soir, par un escalier dérobé, chez Mlle Ferrant, au fond de l'alcôve, d'où il assistait à la conversation, puis il allait coucher chez la princesse de Talmont. Mlle de l'Espinasse vivait aussi à Saint-Joseph. «Elle occupait, dit M. le marquis de Saint-Aulaire, une petite chambre donnant sur la cour, où quelque commis du ministère de la Guerre travaillent aujourd'hui, ne se doutant pas probablement que de hautes notabilités du siècle dernier se sont, pendant plusieurs années, donné tous les jours de cinq à six heures, rendez-vous dans leur bureau.»

Si nous remontons un peu à gauche vers le centre de la rue Saint-Dominique, nous trouvons un autre ministère fort bien logé en deux autres fort beaux hôtels. C'est le *ministère des Travaux Publics* qui, après avoir quitté l'*hôtel*

Tessé qu'il occupa longtemps rue de Varennes, a été installé, ici, dans l'hôtel Roquelaure, auquel on a adjoint, pour l'agrandir, l'hôtel de Marcillac. Cet hôtel Roquelaure a le plus grand air. Piganiol dit que, de son temps, il passait pour une des plus belles maisons de Paris, et j'ajouterai qu'on en peut dire autant du nôtre. Après le duc de Roquelaure, pour qui on l'avait bâti, Mmes de Léon et de Pons, qui en avaient hérité, le cédèrent, en 1749 au président Molé, pour la somme, alors énorme de 460.000 fr. Pendant la Révolution, il fut vendu comme bien national. Presqu'en face est l'*hôtel la Trémouille*, où l'on avait mis sous l'Empire la Direction du Génie militaire. Plus loin, toujours dans la même rue, dont la destinée est d'être vouée aux choses belliqueuses après n'avoir connu que leurs contraires, à la place de l'ancien Noviciat des Jacobins ou *Frères Prêcheurs de Saint-Dominique*, auxquels la rue doit son nom, se trouve le *Musée d'Artillerie*.

Dans la rue de Grenelle-Saint-Germain, que nous allons maintenant suivre, deux vastes hôtels, celui de *Feuquières* et celui de cette spirituelle marquise de

Créqui, à laquelle on a volé de l'esprit
en voulant lui en prêter dans ses pré-
tendus *Souvenirs*, servent aujourd'hui
pour les bureaux de la mairie du sep-
tième arrondissement. Le ministère de
l'Intérieur s'est fait une aussi large part.
Sans compter les maisons avoisinantes,
dont il dispose, rue de Bellechasse et
rue de Grenelle, il s'est donné sur celle-
ci deux hôtels : celui de *Conti*, qu'habite
le ministre, celui de *Lamarche*, où sont
la plupart des services (1). Après avoir
appartenu au marquis de Rothelin, pour
qui Lassurance le bâtit en 1704, puis au
banquier suisse Hoguer, l'hôtel de Conti
était passé à une princesse de qui il tenait son nom. C'était un des plus beaux
de la rue, mais l'Hôtel de Villars, qui
lui fait face, allait bien de pair avec lui.
Le quartier n'en a pas de plus ancien
que celui-ci. Sur le plan de Gomboust,
qui date de 1652, il est seul dans cette
rue sous le nom d'hôtel de M. Le Coigneux, riche président à mortier, dont
le fils prit le nom de Bachaumont, et fit
avec Chapelle, le joli voyage que vous

(1) Ces hôtels sont maintenant occupés par le
Ministère des Postes.

savez... Le maréchal de Navailles remplaça Le Coigneux dans cet hôtel, et y fut remplacé lui-même par l'illustre maréchal de Villars, pour qui, en 1712, Boffrand y fit de grands travaux au dedans et au dehors. Comme c'était la demeure d'un victorieux, la porte fut chargée de trophées, à l'égal d'un arc de triomphe. La statue en marbre du maréchal, faite par l'aîné des Coustou, fut longtemps conservée au fond du jardin. On ne l'a plus revue depuis les ravages que cet hôtel, comme tant d'autres, eut à souffrir pendant la Révolution. L'évêque de Nancy, M. de Forbin-Janson, fut ensuite le propriétaire, et le nouveau parrain de cet hôtel. Aujourd'hui, l'ambassade ottomane l'occupe. Le ministre de l'intérieur s'y était installé sous l'Empire, avant de traverser la rue. Seulement, l'hôtel d'un maréchal de Louis XIV, ne lui suffisant pas, il avait aussi pris le voisin, ancienne propriété des Brissac, où tant de choses étaient à admirer: la salle des gardes, les cheminées en marbre vert d'Égypte, la collection d'antiques, les portraits, les tableaux, entr'autres la *Marchande d'Amours*, de Vien. Qu'en avait-on fait, après 93 ? une mai-

son de ventes aux enchères! Le *minis-*
tère de l'Instruction Publique, est
auprès, à *l'hôtel Rochechouart*, plus tard
hôtel Augereau.

Vous voyez que tous nos ministres
sont en de nobles maisons. Mais nous
n'en avons pas fini avec ces mutations de
locataires. En voici quelques autres dans
la même rue et ses voisines. A deux pas
du dernier ministère dont je viens de
parler, le couvent des religieuses cister-
ciennes, qu'on appelait de Panthémont,
à cause de leur principale abbaye dans
le diocèse de Beauvais, avait à peine été
abandonné, en 1790, qu'on en fit un
quartier de cavalerie, par une de ces
ironies dont le hasard a le secret. Plus
tard, son église se rouvre comme les
autres, mais ce n'est pas pour être rendue à l'ancien culte. Que devient-elle?
ce qu'elle est encore, un temple protestant. Quant au couvent lui-même, il reste
caserne. Allons, rue de l'Université, à
l'hôtel de Brou, puis *de Soyecourt*, d'où
vint au Musée de Cluny le charmant
groupe des Parques qui en ornait les
jardins, et qu'on attribue à Germain Pilon, nous trouvons le *Dépôt des Cartes
et Plans de la Marine*, puis à la place

des hôtels *Guémenée et Fleury*, la *Direction des Ponts et Chaussées*. Rue
du Bac, dans ce magnifique *hôtel de
Boulogne*, bâti par Samuel Bernard,
auquel il ne reste plus qu'une partie de
son jardin, sa façade et la double initiale
de son fondateur sur la porte d'entrée,
siége la *Société d'Encouragement*, locataire plus honorable, du reste, que
les entrepreneurs de plaisir qui, pendant
le Consulat, donnèrent bals et concerts
dans ses admirables salons.

Rue de Varennes, nous trouvons encore quelques grands fonctionnaires en
d'illustres hôtels. Le *ministère des Cultes*, réuni maintenant à l'Instruction Publique, fut longtemps établi au Nⁿ 43.
Celui de l'*Agriculture et du Commerce*
n'a déménagé que depuis quelques années de l'*hôtel de Tessé*, où le président
du Conseil d'État est venu habiter après
avoir quitté le grand *hôtel Valentinois*, dont nous aurons à parler plus loin.
Ces successions, qui nous font voir de
hauts dignitaires remplaçant de grands
seigneurs, n'ont rien qui puisse choquer;
il en est d'autres, dont ce même quartier offre des exemples, qui me semblent
plus naturelles encore. Ainsi, quoi de

plus simple qu'un hospice qui succède
à un couvent, et à une prison un pensionnat? C'est ce qui arrive pour l'*hospice des Enfants-Malades* et pour la
maison d'éducation dite *des Oiseaux*,
l'un et l'autre dans la rue de Sèvres.
L'hospice remplace une fondation du
même genre, établie dans l'*hôtel de
l'Enfant Jésus*, par l'active piété du curé
de Saint-Sulpice, Languet, avec l'aide des
Filles-de-Saint-Thomas de Villeneuve,
protégée ensuite par la bienfaisante marquise de Lassay, et dans laquelle tout
avait si peu changé, que les bonnes
Filles-de-Saint-Thomas, que la Terreur
en avait chassées, ont pu, sans déran-
ger rien, revenir y prendre leur place,
il y a quelques années. Le *pensionnat
des Oiseaux* succède à une maison de
détention, fameuse sous la Terreur. Si
les petites espiègles, auxquelles pèsent
les plus légères chaînes, savaient ce
passé de la maison, elles aussi diraient,
j'en suis sûr, que rien n'est changé. Ce
sont les *dames chanoinesses* de la Congrégation de Notre-Dame qui la dirigent.
Son nom de *maison des Oiseaux* lui
vient, soit d'une chambre où le sculpteur
Pigalle, à qui elle appartint, avait fait

peindre des myriades d'*oiseaux*, soit de
nombreux oiseliers, dont on voyait autrefois les cages bruyantes dans les fossés
qui bordaient la maison du côté des
boulevards neufs.

Un autre couvent-pensionnat, plus
considérable encore, se trouve dans ce
quartier, à l'une de ses limites extrêmes.
C'est la célèbre *maison du Sacré-Cœur*,
qui occupe, de la rue de Varennes à la
rue de Babylone, l'hôtel de Biron, auparavant Matignon, dont les jardins sont
les plus vastes qui aient jamais été dans
Paris. Il fut bâti sous la Régence, par
Gabriel et Aubert, pour un traitant,
Peirenc de Moras, inspecteur général
de la banque. C'était le temps où ce lieu
n'était encore qu'une *garenne* ou *va-
renne*, comme on disait. On pouvait
s'y donner tout ce qu'on voulait d'espace, et l'on en usa. Après la mort de
Peirenc, son fils vendit l'hôtel à la duchesse du Maine, en 1736 ; le maréchal
de Matignon en fut ensuite propriétaire,
puis vint M. Biron, qui la posséda jusqu'à sa mort, en 1788. Il avait fait de
son jardin l'un des plus beaux de France,
par la culture et la variété des fleurs, et
il avait voulu que chacun pût l'admirer

à l'aise. L'entrée en était libre, depuis le 1er avril jusqu'au 1er octobre. Pendant la Révolution, il resta public, mais moyennant rétribution. Quelqu'un qui s'était souvenu de la fameuse ronde: *Quand Biron voulut danser*, fit danser à l'hôtel Biron. On donnait aussi des bals alors, dans les jardins de l'hôtel d'Orsay, voisin de celui-ci, et l'un des plus riches en peinture et en sculptures. Taraval avait peint deux plafonds des appartements encombrés de vases antiques et de statues pour la plupart apportés d'Italie. M. d'Orsay n'avait pas dépensé moins de quatre millions pour cette collection de dieux et de déesses, qui, mis en vente le 11 septembre 1791, alla peupler de ses chefs-d'œuvre épars les salles du Louvre et le jardin des Tuileries. Après avoir dansé à l'hôtel d'Orsay, dans ses salons, dans ses jardins, sur sa magnifique terrasse de la rue de Babylone, on en fit un gymnase, puis un bazar de marchands de modes, de tabletiers, bimbelotiers, etc. Le bizarre Armand Seguin y installa ses excentricités pendant la Restauration. M. *Barbey de Jouy*, qui en fut ensuite propriétaire, sacrifia une partie des bâtiments et du jardin pour percer en 1838, de la rue de Varennes à celle de Babylone, la rue qui porte son nom. M. le Comte Duchâtel prit possession de ce qui restait ; il y demeure encore. L'*hôtel Rohan-Chabot* eut à peu près le même sort. Après avoir appartenu à la noble famille dont il gardait le nom, à M. de Montebello, au prince de Chimay, il était, en 1826, la propriété de l'architecte Rougevin, qui le fit raser en partie pour percer la rue appelée d'abord *rue de Mademoiselle*, à cause de M¹¹ᵉ Adélaïde d'Orléans, dont l'hôtel était mitoyen ; puis, en 1830, *rue Vaneau*, du nom d'un élève de l'École Polytechnique, tué le 29 juillet à l'attaque de la caserne de la rue de Babylone. L'hôtel de la sœur du roi Louis-Philippe, que je viens de citer, est la maison la plus belle et, après le *Sacré-Cœur*, la plus vaste de cette rue. C'est un vrai palais de prince ou de princesse, aussi trouvons-nous, parmi ses premiers propriétaires, le prince de Tingry d'abord, pour qui Cortone le bâtit en 1721, puis M. de Matignon, duc de *Valentinois*, dont il garda le nom, puis le prince Grimaldi de Monaco. M¹¹ᵉ Adélaïde l'occupa pendant la Restauration. Après juin 1848, le général Cavaignac, chef du Pouvoir Exécutif, y fut logé, enfin le président du Conseil d'État en fit sa demeure avant d'aller à l'hôtel de Tessé. C'est, je le répète, un vrai palais dont au temps de M. de Valentinois, qui s'y plaisait fort, rien n'égalait la beauté. Magnifiques tableaux, bronzes admirables, vases d'argent merveilleux, rien n'y manquait. Le pavillon, qui existe encore au fond du jardin et que le duc appelait son petit Trianon, était un prodige d'élégance et de décoration. Plusieurs hôtels de cette rue de Varennes sont de dignes voisins de celui-ci.

Quelques-uns appartiennent encore aux familles historiques dont ils portent le nom ; ainsi celui du prince *de Beauffremont*, où se donnèrent maintes fois les bals pour les pensionnaires de l'ancienne liste civile ; l'hôtel *Narbonne-Pelet*, celui de *La Rochefoucauld-Doudeauville*, celui de *Castries*, où le peuple vint tout briser en 1791, après le duel du maréchal de Castries avec Charles Lameth ; l'hôtel *de Broglie*, etc., etc. Dans la *rue de Babylone*, que celle-ci a pour parallèle au Midi, et qui

doit son nom à Bernard de Sainte-Thé-
rèse, évêque de Babylone, qui, en 1663,
y fonda au coin de la rue du Bac la
maison des *Missions Étrangères*, je
trouve quelques hôtels encore, surtout
dans le voisinage de la rue de Monsieur
et du boulevard des Invalides, dont, au
dernier siècle, on aimait assez la solitude pour s'y blottir en de mystérieuses
petites maisons; mais j'y cherche en vain
l'ancien *hôtel Coramam*, autrefois de
Brbançon. La rue Barbet de Jouy l'a
emporté avec une partie de celui de Rohan-Chabot.

Rue de la Chaise, qu'il nous faut traverser pour revenir à celle de Grenelle,
voici l'*Hôtel d'Uzès*, formé de deux autres, dont l'un fut la demeure de cet élégant et galant Vaudreuil, qui en fit un
musée de splendides tableaux français,
au milieu duquel étincelait la *Sain-
te-Famille* du Poussin. Rue de Grenelle, les beaux et vastes hôtels que
n'ont pas encore abandonnés les grands
noms ne manquent pas. Ici, c'est l'*hôtel
de Bérule*, plus loin celui *d'Avaray*,
qui, pour que personne n'en ignore, porte son nom en lettres d'or sur marbre
noir. Bien plus loin, vers les Invalides,

est l'*hôtel Duchatelet*, qui fut habité par M. de Cadore, et dont on a fait l'archevêché provisoire. En face est l'hôtel ou plutôt le palais de M. Hope, bâti de 1838 à 1842, et pour lequel les grands terrains occupés auparavant par celui de Wagram ne suffisant pas, il fallut prendre encore la pauvre petite place où se trouvait la jolie chapelle, seul reste de la communauté des filles pénitentes de *Sainte-Valère*. C'était la dernière chapelle claustrale qui subsistât par ici, car depuis longtemps celles de Saint-Joseph et de Panthemont, celles des *Carmélites* et du couvent de *Bellechasse* avaient été supprimées. Ces Carmélites, dont les vastes terrains s'étendaient devant Saint-Joseph jusqu'à la rue de Bourgogne, étaient venues là en 1687, après avoir quitté leur cloître de la rue du Bouloi, sur lequel avait couru tant de bruits dont Mme de Sévigné s'est fait l'écho. En 1790, elles furent supprimées, et une partie de leur maison devint une caserne.

Les dames de *Bellechasse*, qui devaient leur nom à la giboyeuse garenne sur laquelle nous les trouvons établies de 1635 à 1790, étaient des chanoinesses du Saint-Sépulcre, dont le cloître était fort hospitalier pour les recluses du monde. Mᵐᵉ de Genlis s'y retirait souvent; c'est là qu'elle fit en partie l'éducation des enfants d'Orléans. Le couvent supprimé devint un magasin à fourrage; une partie des terrains servit à prolonger la rue de Bellechasse, puis, sur le reste, on plaça la *rue de Las Cases* d'abord, et, plus tard, celles *de Martignac* et *de Casimir Périer*, tout en réservant un bel espace sur lequel on s'est enfin décidé à construire l'église Sainte-Clotilde. La place ne fut pas prise en entier sur l'ancien jardin de Bellechasse; celui des Carmélites en fournit une bonne part, après avoir déjà donné le terrain nécessaire pour la construction de l'Hôtel de Lignerac, que Corvisart habitait sous l'Empire. Il est à l'extrémité de la rue Saint-Dominique, à l'angle de cette rue de Bourgogne percée en 1767, et qu'on ne dépassa guère, avant la moitié du dernier siècle, pour bâtir au delà; tant il semblait alors que ce fût le bout du monde.

Le 20 mars 1730, quand il fallut trouver un lieu bien solitaire où cacher les restes d'Adrienne Lecouvreur, auxquels

on refusait une sépulture sainte, c'est
par ici qu'on vint le chercher. On mit
le corps dans un fiacre, et deux porte-
faix, que guidait M. de Laubinière, lui
creusèrent une tombe clandestine au milieu des chantiers, sur un terrain qui fut
compris plus tard dans les dépendances
de l'hôtel du marquis de Sommery, à
l'angle Sud-Est des rues de Grenelle et
de Bourgogne. L'hôtel est devenu depuis la propriété de M. le comte Raymond
de Bérenger, et la tombe de l'illustre
comédienne a toujours été respectée.

Les demeures seigneuriales, pour lesquelles on semblait craindre de dépas-
ser cette limite de la rue Bourgogne,
s'en dédommageaient par le large es-
-pace qu'elles se donnaient dans le reste
du faubourg, notamment dans la rue
Saint-Dominique.

Que d'Hôtels aux noms historiques
nous trouvons dans cette rue, sans
compter ceux dont il nous est impossible
de ressaisir la trace, tel que celui qui
fut habité par Montesquieu et dont la
vieille concierge irlandaise l'amusait
tant! Ici, vis-à-vis l'hôtel Hope, ypici
celui des *Mirepoix* qui, déserté par ses
anciens maîtres, fut habité par Merlin

de Douai, dont il vit la mort. A quelques
pas plus haut, c'est l'*hôtel de Dillon,*
où Fanny de Beauharnais tenait un bureau d'esprit, laissant aux poètes amis le
soin de faire ses vers tandis qu'elle faisait son visage. Puis, c'est l'*hôtel de la
Rochefoucauld d'Estissac,* autrefois
aux Caraman ; l'*hôtel de Broglie,* qui
aurait si grand air, avec ses colonnes
formant portiques, s'il était un peu plus
élevé ; l'*hôtel de Châtillon,* bâti par
L'assurance, le meilleur élève de Mansard ; l'*hôtel de Guerchy,* puis encore
l'*hôtel de Luynes ou de Chevreuse,* qui
depuis que Marie de Rohan-Montbazon,
duchesse de Chevreuse, l'eût fait bâtir
par Pierre Le Muet, ne sortit qu'une
fois de cette famille, pendant la Terreur, quand le citoyen Baudin y tint une
crèche payante pour les enfants de
quinze mois à sept ans. C'est un fort
bel hôtel, simple et noble, où les ornements, surtout ceux de l'escalier, dont
les peintures représentent des portiques
et des groupes de personnages, se res-
sentent du temps déjà sévère qui le vit
construire. « Cette belle demeure, qui
appartient encore à la famille de Luynes, dit M. de Guilhermy, rappelle

mieux que toute autre, ces anciens hôtels où les grands seigneurs d'autrefois, protecteurs nés des arts, se plaisaient à réunir des livres, des tableaux, des curiosités de toute espèce. » Après la rue Saint-Dominique, c'est dans la rue de Lille que nous trouvons le plus d'anciens hôtels. Nous vous en avons déjà nommé quelques-uns, dont les jardins donnent sur le quai d'Orsay ; en voici d'autres. Le premier est celui de ce bon Dangeau, qui fut chroniqueur, comme Louis XIV voulait qu'on le fût, c'est-à-dire avec exactitude et sans réflexions. L'hôtel de Belle-Isle, nommé plus haut, était son vis-à-vis. M. d'Ancezune logeait un peu plus haut, en face de la maison que s'était fait construire par Boffrand, le marquis de Torcy, son beau-père. Non loin est l'hôtel *Forcalquier*, qu'habitait Lafayette en 1799, et dans lequel s'était longtemps assemblée la fameuse coterie du *Salon-Vert*, dont la comédie du *Méchant* nous a traduit en jolis alexandrins la spirituelle médisance. Mme de Tencin logeait dans la même rue où, comme on le voit, l'esprit et la malice faisaient large dépense. Dans la rue à laquelle l'*Université* n'a laissé que

son nom en souvenir de dés droits sur ce
quartier qui remplaça le *Pré* où s'ébat-
taient ses *Clercs*, les hôtels historiques ne
manquent pas non plus. Ceux des *Mailly*, des *Chabrillant*, sont là pour le
prouver ainsi que celui de *Périgord*,
où le maréchal Soult avait rapporté d'Espagne la belle collection de tableaux,
dont la perle a coûté 600,000 fr. au Louvre.

A côté de ces hôtels s'en trouvaient
de beaucoup moins nobles, qui souvent,
toutefois, avaient d'illustres hôtes. Je
parle des hôtels garnis, nombreux dans
tout le faubourg et surtout dans cette
rue, ainsi que dans la *rue Jacob* qui en
est le prolongement. Les étrangers,
qu'effrayait l'air corrompu des autres
quartiers de Paris, ne voulaient loger
que dans celui-ci. Sous Louis XIV,
en temps de paix, on en comptait jusqu'à trente mille. Les rois eux-mêmes,
ne dédaignaient pas d'y descendre à l'auberge. Joseph II logea dans l'Hôtel de
la rue de Tournon, dont il est resté le
parrain, et le roi de Danemarck, peu
auparavant, dans celui de la rue Jacob,
qui s'appelle encore pour cela *hôtel de
Danemarck*, et près duquel existe en-

core celui de Modène où Sterne a logé.
En face de celui-ci se trouve une rue qui
me cause des regrets. C'est la *rue Neuve de l'Université* qui ne s'est frayé passage qu'aux dépens d'une des plus anciennes maisons du quartier. Le président Tambonneau, dont le nom revient
si souvent dans les historiettes de Tallemant, se l'était fait bâtir par Levau, et
La Quintinie, précepteur de son fils, s'y
était exercé, pour la première fois, à la
culture des arbres fruitiers où il devint
si habile. Les Marsan, les Villeroy s'en
accommodèrent ensuite. Sous l'Empire,
on y plaça la Direction du Télégraphe;
puis la rue que j'ai nommée la fit jeter
bas en 1844. Si je m'éplore ici sur cet
hôtel démoli, que sera-ce lorsque je pé-
nétrerai dans le quartier voisin! Là, chaque pas me fera heurter une ruine.

Il ne faut pas, hélas! aller loin pour
en trouver. Que reste-t-il, par exemple,
de la grande abbaye Saint-Germain-des-
Prés? L'église, à laquelle manquent
deux de ses clochers; la maison abba-
tiale, étonnée d'être encore debout après
la chute du reste; puis quelques noms
transmis aux rues voisines par les abbés,
celui de *Furstenberg*, celui de *Kar-*

neuil, et celui de *Saint-Germain* laissé au faubourg lui-même par la puissante abbaye, en souvenir du droit de haute justice qu'elle y exerçait en ce carrefour, dont une croix qui s'y trouvait avait pour cela pris la sanglante appellation de *croix-rouge.* Plusieurs rues viennent s'embrancher sur cette place, qui fut la Grève de la justice de Saint-Germain : la *rue du Four,* souvenir du four banal de l'abbaye ; la *rue de Sèvres,* déjà effleurée tout-à-l'heure, où nous verrons trop tôt jeter par terre, sans respect pour tout ce qu'elle rappelle, cette littéraire retraite de l'*Abbaye-aux Bois,* qu'avait épargnée, au temps des grandes démolitions, la pioche sous laquelle était tombé le couvent des *Prémontrés de la Croix-rouge ;* la *rue du Vieux Colombier,* qui n'avait pas d'antiques demeures à faire respecter, et qui, pour cela même, n'a pas été touchée ; la *rue du Dragon,* qui n'a rien perdu encore, ni sa fameuse cour encombrée de ferrailleurs avec le dragon de sainte Marguerite au-dessus de sa porte, ni même le fameux plat attribué à Bernard Palissy, qui sert d'enseigne à l'*hôtel du Fort-Samson ;* enfin la *rue du Cherche-Midi* qui n'a, au

contraire, presque rien gardé d'intact.
La vieille enseigne, origine de son nom,
où l'on voyait des gens chercher midi à
quatorze heures, n'existe plus, mais cela
n'est rien. Le *prieuré de Notre-Dame-
de-Consolation* a été démoli pour laisser passer la *rue d'Assas* ; le *couvent
du Bon-Pasteur* est devenu la *Manutention*, et les *conseils de Guerre* sont
établis dans l'hôtel de Mme de Verrue,
cette charmante dame de volupté, dont
a tant parlé Saint-Simon, et qui, entr'-
autres luxes, s'était donné celui d'une
magnifique bibliothèque. La *rue du Regard*, plus heureuse, a gardé la plupart
des vieux hôtels, noircis par l'âge, dont
les Croï, les Chalons, les Guiche furent
propriétaires. Mais que trouvons-nous à
l'hôtel de Guiche ? un orphelinat. Qui
possède l'hôtel de Croï ? Chevet, du Palais-Royal.

Dans la *rue Notre-Dame-des-
Champs*, l'hôtel de l'abbé Terray, cette
magnifique maison qui n'avait, disait-on,
que le défaut d'être *impayable*, est devenu le *collège Stanisla*s. Par la *rue
du Montparnasse*, où demeura le maréchal Davoust, où nous saluerons au
N° 11 la modeste porte de Sainte-

Beuve, dont le séjour en cette rue suffirait pour justifier le nom poétique qu'on
lui a donné, nous arriverons au boulevard qui a reçu le même baptême. Il
était bordé, au dernier siècle, de petites
maisons galantes, dont la plus jolie appartenait au comte d'Artois. Auparavant
ce n'était qu'un lieu désert, avec des espèces de buttes où, dès le XVI° siècle,
écoliers et pédants venaient *ronsardi-
ser* en de poétiques exercices. Cela sent
déjà le quartier des écoles. Nous y tou-
chons en effet ; mais comme, pour s'y
rendre dignement, il faut prendre le chemin des écoliers, c'est-à-dire le plus long,
nous passerons, s'il vous plaît, par la
rue de Vaugirard.

Le rire des folles guinguettes alignées
sur le boulevard voisin nous arrête au
passage. Jamais, le dimanche et le lundi,
l'on n'a manqué d'y faire fête au petit
vin à quatre sous. Nulle part les petites
gens ne se grisent plus gaîment, si ce
n'est peut-être à la barrière du Maine,
où les petits cabarets ont toujours four-
millé, à commencer par celui de la mère
Saguet, *rue du Moulin-de-Beurre*, qui
vit tant d'hommes devenus illustres dans
les arts, les lettres, la politique, faire,

entre une omelette et du vin bleu, leur apprentissage d'esprit. Rue de Vaugirard, la tristesse nous reprend. Que de déceptions pour nos souvenirs, que d'anciennes demeures vainement cherchées ! Où retrouver l'hôtel, voisin du rempart, qui servit de cachette à Mme de Maintenon pour dérober au monde l'existence des enfants du roi et de Mme de Montespan ? Et l'hôtel de Mme de Lafayette, l'amie de Mme de Sévigné et de la Rochefoucauld, qu'en reste-t-il ? Il devait être auprès de la *rue Férou*, en face du *couvent des Filles du Calvaire*, mais ce couvent a lui-même disparu dans les agrandissements du Luxembourg, tandis que sa voisine, la maison des *Filles du Précieux Sang*, cédait la place à la *rue de Madame*. Je ne retrouve debout par ici que l'*hôtel la Trémouille*, au N° 50 de la rue de Vaugirard ; dans la *rue Garancière*, celui de Sourdéac qu'on avait prosaïquement transformé en mairie, ce qui ne s'accordait guère avec les prétentions théâtrales de sa façade ; puis encore, au coin de la rue Cassette, l'*hôtel d'Hinisdal*, où le marquis de Sachet donnait de si beaux concerts en 1740, que le gouverneur de Paris, le duc de

Cossé-Brissac, habitait quarante ans après, et qui maintenant est encore la propriété des nobles d'Hinisdal, dont le nom est conservé sur une plaque à lettres d'or au-dessus de la haute et majestueuse porte. L'église voisine, seul reste du grand couvent des Carmes, possédait leur chapelle sépulcrale ; elle n'en a rien gardé. Si la rue de Vaugirard a perdu par la construction des maisons nouvelles, et surtout par les empiètements du jardin du Luxembourg, maint débris respectable où l'on était heureux de se prendre pour refaire un coin du passé, il faut convenir qu'elle a bien eu ses dédommagements. N'en est-ce pas un grand pour elle que de pouvoir communiquer en ligne droite avec le cœur du quartier, et même avec les quais, grâce à cette longue *rue Bonaparte* si hardiment lancée au plus épais du Paris de la rive gauche. La rue de Vaugirard est aussi singulièrement embellie par la grille du Luxembourg, mise à la place de vieilles masures ou de noires murailles, et qui permet à l'air de pénétrer si librement du jardin dans tout le quartier. La *rue de Tournon*, vers laquelle nous nous trouvons naturellement entraînés, mérite quelques mots pour plusieurs anciens hôtels dont elle est bordée. Le plus célèbre, mais le moins intact, est celui qui porte le N° 10. Le maréchal d'Ancre le fit bâtir et l'habita pour être près du Luxembourg où logeait la reine-mère dont il était le favori. Peu de temps avant sa mort, il fut pillé par le peuple. Louis XIII, qui en fit longtemps son séjour, s'y trouvait la veille de la *Journée des Dupes*. Il devint ensuite l'*hôtel des Ambassadeurs*; il fut habité par le duc de Nivernois; la duchesse d'Orléans, mère de Louis-Philippe, y mourut, et maintenant il sert de caserne pour la Garde de Paris. Il n'est en rien ce qu'il fut du temps du marquis d'Ancre. Comme il s'était enfoncé de plus de quatre pieds dans les catacombes placées au-dessous, on a dû le rebâtir tel qu'il est, c'est-à-dire moins monumental et plus léger. Celui qui le touche, à droite, est l'*hôtel d'Entraigues*, ou mourut M^mo d'Houdetot; et celui qui le suit à gauche est l'*hôtel Ventadour*, plus tard habité par M. de Chauvelin. L'hôtel Brancas vient ensuite, sous le N° 6. Il fut bâti par Bullet, en 1719, pour Terrat, chancelier du Régent. Sa principale porte lui donne un grand air.

XVI

L'ancien quartier des Comédiens. Le théâtre
Français rue de l'ancienne-Comédie de 1688
à 1788. — Le quartier des Ecoles. — Ses maisons historiques. — L'hôtel de Cluny. — La
fontaine St-Michel et les fontaines curieuses
du voisinage.

Nous voici maintenant près d'un tout
autre monde, l'ancien quartier des comédiens. Visitons-le rapidement.

Dans la *rue des Boucheries* était le
café des acteurs, et dans la *rue de l'Ancienne-Comédie* se trouvait, comme son
nom l'indique, l'ancien Théâtre Français. Pendant cent ans, à partir de 1688,
la Société des Comédiens y donna ses
représentations. Quand elle l'eut quitté
pour la nouvelle salle, aujourd'hui
l'Odéon, ce théâtre fut diversement oc-

cupé : Gros en fit son atelier, et c'est
maintenant le magasin d'un papetier.
En face, est encore le café Procope, club
d'esprit dans le bon temps de Piron, de
Lamothe, de Voltaire ; club politique
pendant la Révolution, et tout simple-
ment aujourd'hui club de joueurs de do-
minos. Au célèbre carrefour Buci, tout
près de là, autre centre spirituel, où
l'on chantait, comme en celui-ci l'on cau-
sait. C'était *le Caveau* tenu par Landel,
où venaient Piron, Collé, Gallet, Pa-
nard, qui se trouvaient là, d'un côté, sur
la frontière de la Comédie Française,
de l'autre, sur la limite de la *foire Saint-
Germain*, dont le théâtre les comptait
parmi ses plus célèbres auteurs.

La foire Saint-Germain, qui commençait quinze jours après Pâques, et durait
trois semaines, se tenait sous deux immenses hangars, dont le marché Saint-
Germain, achevé de construire en 1818,
occupe la place. Marchands de toutes
sortes, jeux, théâtres, cafés, tout s'y trouvait. On s'y rendait par quelques-unes
des rues qui avoisinent Saint-Sulpice :
par la *rue du Brave* prolongement de
celle de Tournon. et par la *rue de Condé*
aussi, en prenant à gauche la *rue des*

*Quatre-vents.*Dans cette rue de Condé, qui devait son nom à l'hôtel du Prince, situé où est l'Odéon, se voyait au XVI° siècle la maison du *Cheval de Bronze,*où Rustici avait commencé pour François 1ᵉʳ une statue équestre, et qui avait ensuite été donnée en présent royal à Clément Marot, dont c'était l'habitation en 1543. Rue des Quatre-Vents, existait, sous Louis XIV, la salle des Comédiens de Mademoiselle.

Il n'est pas étonnant que beaucoup d'acteurs et d'actrices célèbres aient habité les environs d'un quartier où s'étaient groupés tous ces théâtres. Dans la petite *rue d'Anjou-Dauphine,* à deux pas de l'endroit où fut ouvert, en 1799, le *théâtre des Jeunes Elèves,* logeait la spirituelle Mˡˡᵉ Quinault, chez qui se tenait un bureau d'esprit, la *société du Bout du Banc.*Dans la rue des Marais-Saint-Germain, (1)l'une des plus anciennes, des plus sales, mais des plus célèbres du quartier, et dont le coin sur la rue de Seine est encore illustré par l'enseigne sculptée du *Petit-Mavre (sic),* cabaret d'honneur du temps de Louis XIII, on vit loger successivement, dans

(1) Aujourd'hui rue Visconti.

la même maison, celle du N° 21 : Racine, qui y mourut, Adrienne Lecouvreur, dont ce fut aussi la dernière demeure, et enfin Mlle Clairon. De l'autre
côté de la même rue, le poète Des Yve-
teaux avait une maison champêtre où il
vivait en berger. Son jardin, ou plutôt
son parc, qui communiquait avec la maison par un passage souterrain pratiqué
sous la rue des Petits-Augustins, s'étendait jusqu'à la rue des Saints-Pères. On
l'appelait « le dernier des hommes »
parce qu'il était venu dans cette rue à
une époque où elle était vraiment le
bout du monde. Les Protestants la trouvaient assez déserte pour s'y cacher, et
on la nommait à cause d'eux la *Petite-
Genève*. Je m'étonne que Balzac, qui,
vers 1825, y fut imprimeur, n'en ait pas
fait la scène d'une de ses nouvelles du
XVIe siècle.

Racine, avant de venir en cette rue
des Marais-Saint-Germain, avaient logé
ses pénates poétiques dans la rue non
moins tranquille de *Saint-André-des-
Arcs*. C'est au coin de celle *de l'Epe-
ron*, qu'il avait habité dans un appartement de l'ancien hôtel bâti près de la
porte Buci, par le médecin de Louis XI,

qui, jouant sur son nom, appelait cette maison l'*Abri-Cottier*. C'était un riant et calme quartier que celui-ci. Les jardins que rappellent les noms des *rues Hautefeuille* et *du Jardinet*, en occupaient une partie. Quelques-uns restent encore, entr'autres celui de la *cour de Rouen*, dont la verte terrasse contraste avec l'aspect triste de la *cour du Commerce*, bordée de silencieux cabinets de lecture, et de libraires sans chalands. Le souvenir du passé n'y égaye pas le présent. Je n'y sais qu'un appartement historique, c'est Danton qui l'habita. La plupart des rues voisines : la *rue Serpente*, dont le boulevard, son voisin, n'a laissé qu'un tronçon, mais où se trouve encore le vieil *hôtel de la Serpente* auquel elle doit son nom ; la *rue Mignon*, où l'ancien collège de Grammont est remplacé par une imprimerie ; la *rue des Poitevins*, centre presque introuvable de ce dédale de ruelles, et qui, bien qu'assez peu longue, compte, pour sa part plusieurs hôtels historiques, celui du président Ferrand, celui des de Thou, que le *Moniteur* occupa longtemps, l'*hôtel Panckoucke*, etc. ; toutes ces rues sont aussi habitées en grande

partie par des libraires. La rue Hautefeuille en compte à elle seule un certain
nombre vendant des livres de droit, de
médecine ou d'éducation, en des chambres qui furent autrefois des cellules de
moines ou de silencieux réduits de magistrats. Il n'est pas de rues qui aient
mieux que celle-ci gardé sa physionomie
première. Les tourelles détruites partout
y sont encore assez nombreuses aux angles des maisons. J'en ai encore compté
six, dont trois en encorbellement à des
coins de rues. Une d'elles, placée à l'angle
de la *rue Percée*, dépendait de l'hôtel de
Fécamp. Le *boulevard Saint-Germain*
ne l'a heureusement pas touchée. C'est plus
haut, vers la rue de l'Lcole-de-Médecine,
qu'il entame la rue Hautefeuille, en épar-
gnant toutefois aussi ce qui reste du couvent des Prémontrés, c'est-à-dire l'église,
dont un café occupe l'abside, et la grande
porte qui fait face à la *rue Pierre-Sar-
razin*. La *rue de l' cole de Médecine*,
que ses souvenirs ne rendent guère respectable; puisqu'elle n'est recommandée
que par celui de Marat, dont l'appartement se trouvait au premier étage du
N° 20, n'est aussi qu'effleurée à l'une de
ses extrémités par le boulevard Saint-

Michel. On ne verra donc disparaître ni la petite rotonde en style Louis XV de l'*Ecole gratuite de Dessin*, ni ce qui subsiste encore du couvent des Cordeliers, cette grande salle, où le fameux club, rival de celui des Jacobins, tint ses séances, et dout on a fait le *Musée Dupuytren*. La *rue Larrey*, qui est voisine, n'aurait à perdre que quelques débris de l'ancien hôtel de Tours, où logea Vauvenargues ; mais elle ne sera pas touchée.

Vers Saint-André-des-Arcs, les démolitions sont plus impitoyables. L'église, à la Révolution, avait disparu ; la place qui en occupait l'espace à disparu de même avec tout son voisinage, d'ailleurs peu regrettable, des *rues Mâcon, Poupée, de la Vieille Bouclerie*. La *rue Saint-André-des-Arcs* reste intacte, mais sans souvenirs. L'aspect de ses maisons, dont un si grand nombre datait du XVe et du XVIe siècle, a changé et si je cherchais celle où mourut Ambroise Paré. je trouverais à la place une bâtisse neuve. Il est dit que tout ce quartier doit se renouveler en détail comme ici, ou bien en bloc comme à deux pas de là, sur le parcours du large boulevard qui vient substituer sa ligne droite à tout un labyrinthe de ruelles tortueuses ; et les longues files de ses maisons monumentales, splendides hôtels de l'industrie et du commerce, à l'inextricable amas de masures où manquait tout, l'air et le jour. On ne démolit guère que ce qui doit être détruit, et tout ce qu'il fallait respecter a réellement été conservé. Je regrette sans doute par ici les derniers restes de l'église *Saint-Côme*, qui ont disparu en 1838 sous la *rue Racine*, montant de la *rue de la Harpe* à l'Odéon. Je n'ai pas vu renverser sans quelque chagrin l'*hôtel de la Reine-Blanche* dans la rue du Foin ; et, rue de la Harpe, les collèges de Narbonne et de Bayeux. J'ai surtout regretté celui-ci, malgré les ruines peintes dont on avait complété son authentique vétusté. Il m'en a coûté de voir efffacer dans la *rue de l'Hirondelle*, les derniers vestiges du galant séjour de la duchesse d'Étampes, où François Ier avait laissé sculpter son emblématique salamandre. J'ai peine à me consoler des ruines entassées autour de la *place Saint-Michel*, qui n'a pas gardé pierre sur pierre, et dont l'une des maisons les plus historiques, celle qui fut le théâtre de la plus navrante nouvelle de Diderot, *Ceci n'est pas un conte*, est tombée la dernière. Par bonheur nous avons pour tout cela des compensations. Si l'on détruit la demeure de Gardeilh et de Mlle de Lachaux, les personnages de Diderot, la maison de celui-ci nous reste, au coin des rues Saint-Benoît et des Saints-Pères. Si l'on démolit le petit logis de la rue de l'hirondelle, auprès on conserve Saint-Séverin, on le répare, on le débarrasse des masures environnantes, on met au grand jour toutes les grâces de son architecture. Si l'hôtel de la Reine-Blanche tombe rue du Foin ; si le boulevard Saint-Germain et la rue des Ecoles, poussant toujours leurs lignes parallèles, renversent au passage bien d'autres demeures célèbres ; en revanche *Saint-Julien-le-Pauvre*, ce joyau du XIIe siècle, dernière parure du quartier de la *rue Galande*, est épargné ; *Saint-Nicolas-du-Chardonnet*, effleuré par la rue des Ecoles, jouit enfin de l'air et du jour que cette grande voie lui apporte, et relié ainsi aux beaux quartiers, s'étonne de voir que Paris n'est pas seulement la ville des chiffonniers !

La *place Cambrai* n'est plus. Elle a disparu avec son voisin le *cloître Saint-Benoît*, et avec l'*enclos de Saint-Jean-de-Latran*, que dominait la haute tour de la Commanderie. Faut-il s'en plaindre ? Non certes, puisqu'on y gagne de voir le collége de France s'étaler monumentalement sur la rue des Ecoles qui le met en communication directe avec la vieille Sorbonne. Le quartier des Mathurins a été entamé de toute part ; doit-on le regretter ? Ce serait avoir bien mauvaise grâce, puisque les *Thermes* et l'*hôtel Cluny* n'ont pas été touchés, et qu'ils ont au contraire été dégagés par ces démolitions intelligentes qui permettent aujourd'hui d'admirer à l'aise, dans toute sa grâce extérieure, le charmant hôtel du XV⁰ siècle si bien fait pour être, ce qu'il est devenu, le musée de l'archéologie française ; et, dans leur vénérable majesté, les ruines du palais romain, dont l'éternité vient de prendre pour parure la verdure immortelle du lierre. Ce square sans égal, incomparable, qui comprend dans une même enceinte cette belle ruine romaine, et un hôtel, chef-d'œuvre des derniers temps du moyen-âge ; où les pieux débris se mêlent aux buissons et aux fleurs ; où l'on parcourt vingt siècles d'art et d'histoire dans un demi-arpent de jardin ; où l'on s'isole dans le Paris du passé, sans pourtant perdre de vue l'admirable Paris d'aujourd'hui, dont, à travers la grille gothique, on peut étudier l'agitation si active au confluent de deux de ses nouveaux boulevards ; oui, ce square de Cluny, vraiment unique au monde, consolerait de bien des regrets, si l'on en pouvait avoir pour les masures qu'il a fait jeter par terre. Or, je le répète, il en est ainsi partout dans l'immense transformation de ce quartier : depuis la *place Maubert,* dont la partie du boulevard Saint-Germain, qui vient du quai de la Tournelle, entame déjà l'extrémité, jusqu'à la *place Saint-Michel,* qui, moins heureuse, n'existe déjà plus. Vers la place Maubert, que trouvons-nous ? Des cités de chiffonniers, pandœmonium d'ordure et de vermine, s'étageant dans leur infecte misère, sur le versant de la montagne Sainte-Geneviève. C'est justement ce qu'on va démolir. On ne fera pas grâce aux bouges et aux tapis-francs, mais on épargnera, du moins nous l'espérons, ce qui reste dans la *rue de la Bûcherie* des bâtiments construits sous Louis XV, pour l'ancienne École de Médecine ; et tout près, dans la *rue de l'Hôtel-Colbert*, la maison avec bas-reliefs de Thibaut Poissant, que l'on croyait avoir été construite pour le ministre de Louis XIV, mais qui le fut réellement, vers 1648, pour M. Goret de Saint-Martin, maître des comptes. Je regretterais, dans la *rue Jean-de-Beauvais*, l'atelier des Estienne, les illustres imprimeurs, la maison « où j'ay esté né, » comme dit Henri ; mais il y a si longtemps que le vieux logis, à l'enseigne de l'*Olivier*, n'existe plus et a été remplacé par quelque masure de charbonnier ! Il m'en coûterait de voir disparaître, dans cette rue et les environnantes, les demeures vénérables où l'industrie du livre s'exerça d'abord, où les successeurs de Gering imprimaient les volumes que devaient relier les prédécesseurs de Pasdeloup ou de Derome ; mais l'imprimerie, confinée par ordonnance sur ces hauts quartiers du savoir, en est descendue depuis longues années pour disperser ses presses par tout Paris, et c'est à peine s'il se trouve quelques relieurs au mont Saint-Hilaire, où jadis ils étaient presque tous. Il ne reste même plus trace sur ce sommet ni du fameux puits banal, que, du nom du curé son fondateur, en appelait le *Puits-Certain*, ni du pâtissier célèbre dont on estimait tant les pâtés, Ainsi, comme pour nous épargner des plaintes, il s'est trouvé que tout était parti avant l'arrivée des démolisseurs. Au lieu de choses dignes de regrets, nous n'avons plus dans ces quartiers, dont les plus basses industries avaient enfin fait leur repaire, qu'à en voir balayer ce qu'avaient si longtemps fait condamner les nécessités de l'assainissement et de la sécurité de la ville. Ne pleurons donc sur aucune ruine : il n'en existe plus par ici de vraiment respectable. Quand l'*Ecole Polytechnique* tombera devant la rue des Ecoles, qui déjà y touche presque, il y aura longtemps que rien ne subsistera plus des colléges de Boncourt et de Navarre dont elle occupe la place ; et, qu'entr'autres choses, la charmante chapelle du second de ces colléges aura disparu. Ce ne sera plus même un souvenir. Personne n'y pensera, comme personne n'a pensé a l'une des demeures de Racine, si menacée, quand on démolit presqu'entière-

ment la *rue des Maçons* ; à J.-B. Rousseau, quand le boulevard Saint-Germain
effaça la partie de la rue des Noyers où
il était né ; à Germain Pilon et à Jacques
Amyot, lorsqu'en détruisant la place
Saint-Michel on remua si profondément
le sol sur lequel s'étaient jadis élevés les
logis du grand sculpteur et du grand
écrivain.

La fontaine Saint-Michel, près de laquelle se trouvait l'emplacement de ces
deux illustres demeures, n'était guère à
conserver que parce qu'elle indiquait
l'endroit où l'on vit, jusqu'en 1684, la
vieille *porte Gibart.* Elle-même ne
méritait pas de regrets. Si l'on en pouvait avoir, ils seraient facilement con-
solés par la vue de *la nouvelle fontaine Saint-Michel,* placée en face du
pont dont le nom lui est commun.
Cette fontaine, où le mérite d'une
belle exécution rachète plus d'un con-
tre-sens de composition, est, toute
proportion gardée, pour le quartier
des écoles, ce que la *fontaine Cuvier,*
placée en 1839 au coin des rues Cuvier
et Saint-Victor, avec une statue de l'Histoire Naturelle, sculptée par Feuchères,
et maint attribut paléontologique, est

pour le quartier du Jardin des Plantes ;
ce que la fontaine Saint-Sulpice, achevée
par Visconti en 1847, est pour le quartier religieux dont elle est le centre, et
le plus bel ornement avec ses quatre
lions couchés et ses quatre prédicateurs
dans des niches : Bossuet, Fénelon, Massillon, Fléchier ; et ce qu'est enfin pour
le noble faubourg la plus ancienne de
toutes, la fontaine dont, en 1739, Bouchardon sculpta d'une main plus que jamais souple, gracieuse et savante, les
bas-reliefs et les figures : les Quatre
Saisons en pierre, placées dans les niches de l'hémicycle, et sur l'avant-corps,
le groupe en marbre blanc de la ville de
Paris, assise, ayant couchées à ses pieds,
appuyées sur leurs urnes, la Seine et la
Marne, le fleuve et la rivière. Cette fontaine de Bouchardon a le tort d'une situation impossible. Placée dans la rue
de Grenelle-Saint-Germain, près de la
rue du Bac, mais sans lui faire face, elle
manque complètement de perspective.
On ne la voit que par surprise et jamais
d'une manière satisfaisante, faute de
pouvoir se mettre bien au point pour la
regarder. On l'oublie, et nous allions
nous-même l'oublier, comme fit Voltaire

quand il écrivit, dans une lettre à l'architecte Guillaumot, ce passage, d'ailleurs si curieux, sur cette partie de Paris : « Je suis toujours fâché de voir le faubourg Saint-Germain sans aucune place publique ; des rues si mal alignées, des marchés dans les rues, des maisons sans eau et même des fontaines qui en manquent, et encore quelles fontaines de village !..... J'espère que dans cinq ou six cents ans tout cela sera corrigé. » C'est au mois d'août 1763 que Voltaire parlait ainsi, c'est-à-dire il y a moins d'un siècle, et l'on en a, de cette sorte, gagné cinq sur sa prévision ; car examinons bien : tout ce qui l'offusquait n'existe plus, et ce qu'il semblait désirer existe.

Si les places ne sont pas devenues plus nombreuses dans le faubourg Saint-Germain et dans le quartier des Écoles, les larges boulevards en tiennent lieu. Ceux-ci, pour se frayer passage, nous ont, comme je l'ai dit, coûté plus d'une maison célèbre ; mais, comme je l'ai dit aussi, presque partout où ils rendent les démolitions nécessaires, le mal était déjà fait. Quand le boulevard Saint-Michel entamera l'extrémité de la rue Saint-

Jacques et la rue d'Enfer, rien n'y sera plus à démolir. Des Chartreux, dont Lesueur peignit le cloître, il ne reste plus qu'une masure, au N° 2 de la rue de l'Est. Tout le couvent des Carmélites, où se retira Mlle de la Vallière, a disparu, sauf un pavillon. Celui des Feuillantines n'a laissé que de quoi loger un pensionnat, dans l'impasse où Victor Hugo passa son enfance. *Port-Royal*, qui d'ailleurs ne sera qu'effleuré, n'est plus reconnaissable, depuis qu'après avoir été une prison, sous la Terreur, il est devenu l'*hospice de la Maternité* ; et l'hôtel de Lauzun, près le Val-de-Grâce, est remplacé par une maison que personne ne regretterait si elle était condamnée, Le bel hôtel de Vendôme, dont on a fait l'*Ecole des Mines*, au N° 30 de la rue d'Enfer, mériterait plus de regrets, mais on n'aura pas à le pleurer. La cour sera seule un peu entamée.

Il n'y a pas jusqu'aux lieux de plaisir qui n'aient disparu de ce quartier. Le départ de l'étudiant-type, qui n'est plus guère par ici qu'à l'état de souvenir, a entraîné ces ruines. Plus de *Grande-Chartreuse*, plus de *Grande-Chaumière*. Il ne reste que la *Closerie des*

Lilas, au *carrefour de l'Observatoire,*
à côté de l'endroit où l'on fusilla le maréchal Ney, le 7 décembre 1815, et sur lequel une statue de bronze, dernier ouvrage de Rude, représentant le marechal dans une pose pleine de mouvement, fut inaugurée, comme souvenir expiatoire, le 7 décembre 1853. L'histoire ne parle plus guère à l'esprit dans ces rues reconstruites, mais dans quelques autres parties du même quartier elle est encore vivante. Si, dans la rue Saint-Hippolyte, près des Gobelins, à deux pas de la Bièvre, dont les bords plus fleuris méritaient jadis d'autres habitants que des tanneurs et des teinturiers, on a démoli, la maison dite de la *Reine-Blanche* ; en revanche, une autre demeure historique subsiste encore dans ces mêmes parages, *rue du Fer-à-Moulin.* C'est l'hôtel de Scipion Sardini, dont on a fait la boulangerie des hospices, mais qui conserve toujours ses six arcades surmontées de médaillons de terre cuite. Dans la *rue des Bernardins,* je regrette l'hôtel de Torpane dont les sculptures, qui datent de 1567, ont en partie été portées à l'Ecole des Beaux-Arts. *Rue des Fossés Saint-Victor,*

je demande ce qu'est devenue la maison de Ronsard, où Guillaume Colletet vint loger après lui ; mais je me console en trouvant dans la même rue, au N° 25, quelques restes du *couvent des Augustines-Anglaises*, bâti sur l'emplacement de la maison de Baïf ; et au N° 33, la vieille maison où les *Écossais* avaient leur collége, et qui gardait dans sa chapelle la cervelle du roi Jacques II, dans une urne de bronze doré. De toutes ces rues, qui ne sont pas complétement déshéritées de leurs souvenirs, celle où je me plais davantage est cette longue *rue Neuve-Saint-Etienne,* qui prend pied dans celle des Fossés-Saint-Victor et va se terminer rue Lacépède, dans le calme quartier du Jardin des Plantes, où *Sainte-Pélagie* n'a pour voisins que de petits rentiers et des pensions bourgeoises. Cette rue Neuve-Saint-Etienne est tout historique. Descartes y logea, Pascal y mourut au N° 22, dans un petit pavillon qui existe encore ; la maison de Rollin était au N° 28, où le rappelle un distique latin écrit au-dessus d'une porte ; Mme Roland fut élevée chez les *Dames de la Congrégation de Notre-Dame,* dont les bâtiments et l'église subsistent encore au N° 6, et enfin c'est dans une autre maison de cette rue que Bernardin de Saint-Pierre écrivit *Paul et Virginie.*

J'arrête ici cette promenade. Pourrais-je mieux finir que dans une rue pleine d'histoire, ma course à travers une ville, qui mérite qu'on dise d'elle ce que Cicéron disait de Rome : *Quacumque ingredimur, in aliquam historiam vestigium ponimus.*

FIN

TABLE DES MATIÈRES

———

— 426 —

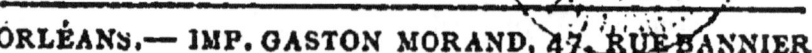

ORLÉANS. — IMP. GASTON MORAND, 47, RUE BANNIER

www.ingramcontent.com/pod-product-compliance
Lightning Source LLC
Chambersburg PA
CBHW070549030726
47505CB00001B/214